무엇을 어떻게 가르치면 교육이 되는가?

자신에게 묻는다
무엇을 어떻게 가르치면 교육이 되는가?

김민남 지음

도서출판 **참**

자신에게 묻는다
무엇을 어떻게 가르치면 교육이 되는가?

초판2쇄 인쇄 2023년 12월 11일
초판2쇄 발행 2023년 12월 18일

지은이 | 김민남
펴낸곳 | 지식과세상 사회적협동조합
주소 | 대구시 수성구 수성로 334
전화 | 053) 287-3339
편집디자인·출판 | 도서출판참 053)256-6695

ⓒ 김민남 2023
ISBN 979-11-87023-30-2

책값은 뒷표지에 있습니다

기획시리즈 발간에 부쳐

우리에게 디지털 시대에 적응하는 순발력도 긴요하지만, 넘치는 정보의 심층과 맥락을 해독하는 지적 안목도 여전히 절실하다. 지금은 평생토록 공부하는 '학습사회'다. 이런 지적 안목과 학습능력은 일차적으로 읽기를 통해서 길러진다. 우리가 책을 읽는 것은 결국 자신을 해독하는 과정이다. 삶이 앎으로 엮인 책들이 모여 세상은 그만큼 좋은 쪽으로 바뀐다.

이런 취지에서 사회적협동조합 〈지식과세상〉은 '읽고 쓰기'의 틈새를 메우는 '작은책' 시리즈를 기획했다. 그 첫 번째 기획으로 김윤상 선생님(경북대 명예교수)의 『토론으로 찾아가는 이상사회』(2021.01)를 냈다. 그리고 양승영 선생님(경북대 명예교수)의 『어느 지질학자의 삶과 앎』을 냈고, 이어 서종문 선생님(경북대 명예교수)의 『우리문화와 판소리』와 박찬석 선생님(전 경북대 총장, 지리학)의 『사막석유·테러·이슬람의 나라들』을 냈다. 작년(2022)에는 김민남 선생님(경북대 명예교수, 〈지식과세상〉 이사장)의 『교육은 교육전문가에게, 왜 그래야 하는데』와 김영용 선생님(경북대 강의교수)의 『노동가치 탐구』를 냈다. 이어 금년(2023)에는 김종길 선생님(경북대 명예교수)의 『경북대학교 일청담 분수대: 자유·정의·진리의 표상』을 내고, 이어 김민남 선생님(경북대 명예교수, 〈지식과세상〉 이사장)의 『무엇을 어떻게 가르치면 교육이 되는가?』를 낸다. 〈지식과세상〉은 이 기획시리즈가 당대를 사는 모두에게 말이 글이 되고 글이 곧 삶이 되는 그런 창구로 두루 활용되기를 바란다.

　이 책을 집필한 김민남 선생님은 경북대에서 평생 동안 교사를 길러내고 교육학 연구에 헌신해온 교육학자다. 이 책은 저자가 세종시 교육청 교사연수 강의를 비롯해서 그간 강의하고 담론한 내용을 종합적으로 정리한 것이다. 이 저술을 통해 저자는 말이 글이 되고, 글이 말이 되는 것을 스스로 실험했다. 저자는 종래와는 다른 '교육적 타당성' 질문을 제기하면서, 교육과 교육학에 대한 자신의 이야기를 여기저기서 쏟아냈다. 그 이야기는 '교육학이 되는 교육활동'으로 집약되어 있다. 그는 교육은 人才가 아닌 人材를 길러내는 사회적 활동이랬다. 무엇을 어떻게 가르치면 교육이 되는가? 그것은 긴 인고의 과정에서 군데군데 이정표를 세우는 것에 다름 아니다. 모쪼록 이 책이 교사들의 자기연찬 보고(寶庫)로 두루 읽혀지기를 바란다.

2023년 11월

〈지식과세상〉사회적 협동조합
기획시리즈 편집위원장 김병하

목차

기획시리즈 발간에 부쳐 ·· 5

서장. 미래 세대에게 상속할 자산에 대해 ················ 11

1. 형성

강의2. 서로서로를 묶어주는 사람 말: ······················ 32
　　　 교육이라는 낱말의 사용법

강의3. 사람에 대한 예의: ·· 53
　　　 교사가 지켜야 할 예의, 물음을 자아내는 (교과와 생활)지도

강의4. 계승과 확산, 전통은 만들어진다: ·················· 76
　　　 개체의 발달과 공동체의 발달은 병행한다.

강의5. 공교육, 교육현장에 대한 신뢰와 불신: ········ 101
　　　 학교는 학교가 아니면 가르칠 수 없는 것을 가르친다.

강의6. 교사의 세상이야기, 왜 혁신학교인가: ·········· 118
　　　 성공이 아닌 성취의 경험, 서사와 맥락

2. 발전

강의7. 교육은 어디에 있는가? (1) ···························· 146

강의8. 교육은 어디에 있는가? (2) ················· 169
강의9. 지식활동을 자극하는 환경을 조성함으로써 가르친다. (1) (2)
················· 192
강의10. 교육의 관점, 교육의 목적, 인간발달의 과학 ················· 235

3. 체계
강의11. 우리 교육제도를 어떻게 이해할까? (1) (2) ················· 272
강의12. 제도를 도입하려면 교육체계에 대해서도 생각해야지요. ··· 302
강의13. 사람과 질병의 관계를 묻다. ················· 322
강의14. 삶의 터 소멸의 시대, 민주시민교육 방법론 ················· 338

종강. 교육적 타당성 물음 ················· 353

남기고 싶은 이야기 ················· 368

참고문헌 ················· 375
찾아보기 ················· 379

빼앗긴 아침

배 창환

아이들이 하나 둘 엎드린다. 셋, 다섯....... 열
마침내 서른, 마지막 한 아이가 엎드리고
더는 엎드릴 아이가 없다
나는 혼자 교단에 서서, 한백겸의 '접목설'을 읽는다
잘못된 마음을 싹둑 잘라내고 새로 접붙여야 한다는
조선 선비의 수신을 담은 글을 조금은 비감한 어조로

하지만 아이들과 나는 요새 접목이 잘 안 된다
이건 마냥 세대와 문화의 차이만이 아니다
이른 아침 교실 공기는 언제나 훈훈하고 고요하고 따스하다
바깥에는 아직 화장술에 서툰 우리 아이들
붉은 입술 빛 단풍이 몇, 갈바람에 포르르 물결선을 그린다
누가 와도 못 말리는,
지금은 이불 속 캄캄한 잠이 지배 하는 시간

아이들은 욕망과 생존의 촘촘한 그물에 갇혀
참 편안히, 머리와 손발 다 내던지고 엎어져 잔다

갇혀 사는 일이 편히 느껴질 때도 때론 있는 것
이런 날도 살다 보면 앞으론 아마 드물 것이리
아이들이 한바탕 허깨비 꿈을 좇아가는 것도 이젠 옛 말,
적당히 일자리 구해 먹고 살 일 걱정하거나
그마저도 꿈이라고 자학하면서 늘어지게 잠이나 잔다
별명이 시체인 아이도, 왕방울 눈인 아이도 나란히 엎어져 잔다

그래도 나는 견딘다, 아이들을 지난밤에
이리저리 다 빼앗기고
나는 편히 잠을 잤고, 아이들은 그 무엇에 홀려 잠
을 못 잤으므로
잠잔 나는 불편하고, 잠 못 잔 아이들은 편안한 시간
혼자, 견딘다, 책을 창밖으로 내던지고 싶은 이 시간
남들 눈에 안 보이는 것이 잘 보이는 것도 슬픈 이 시간.....

서장

미래 세대에게 상속할 자산에 대해

〈유네스코 함께 그려보는 우리의 미래 2022〉 교육의 변혁적 잠재력을 요청한다.
인류와 지구는 위기에 처해 있다.
우리의 미래를 다시 구상하기 위해서는 모두 함께 긴급한 행동에 나서야 한다.
교육의 힘이 신대한 변화를 불러일으킬 수 있다고 믿는다. 인류는 이중의 도전 과제에 직면하고 있다. 한편으로는 모든 아동, 청소년, 성인들이 질 높은 교육을 받을 권리를 보장하겠다는 미완의 약속을 이행하면서, 다른 한편으로는 지속가능한 미래로 가는 경로로서 교육이 갖고 있는 변혁적 잠재력을 완전히 실현해야 한다. 이를 위해서는 정의롭지 못한 부분을 바로 잡으면서 미래를 바꿔 놓을 교육을 위한 새로운 사회계약이 필요하다.

> 인류와 지구의 위기 시대
> 불의와 싸울 수 있는 힘과 미래를 바꿔 놓을 힘,
> 교육의 힘을 요청한다.
> 강건한 힘을 지닌 교육을 위한 사회계약이 긴급하다.

〈Why the Germans do it better, Kampfner, 박세연, 2022〉 독일은 의지할 곳이 아무데도 없었다.

독일인들은 절차에 대해 아무렇게나 하는 것이 아니라 똑바로 하는 것에 대해 그토록 열정적인 관심을 기우리게 된 것이다. 독일은 역사로부터 얻을 수 있는 긍정적 준거점이 거의 없다. 그것이 독일이 뒤돌아보기를 거부하는 이유이고 그들이 민주주의에 대한 모든 도전 과제를 실질적 위협으로 바라보는 이유이다. 그것이 내가 (독일과 복잡한 관계를 갖고 있는 많은 사람들과 마찬가지로) 1945년 이후로 독일이 도전 과제를 해결하고자 했던 진지함을 매우 높이 평가하는 이유이다. 무엇보다도 그것은 '기억의 힘'에 관한 것이다(독일은 왜 잘하지, 19).

> 모든 것이 파괴된 절망 앞에서
> 그들이 기댈 언덕은 마음의 의지처, 내면의 세계뿐이었다.
> 어제도 없다. 내일도 없다. 오늘 무엇을 할 것인가,
> 거기에 용서가 있고 희망이 있다.
> 마치 하느님 앞에서 일하듯 독일인들은 그렇게 오늘을 산다.

기억의 힘

역사상 유례가 없는 두 번의 전쟁과 파괴, 자신들의 고귀한 유산마저도 그들 내면에 감출 수밖에 없었다. '무엇이든 똑 바로 하자. 그것 이외에 다른 뭐가 있는가.' 처절한 현실인식과 거기서 비롯되는 책임감을 한 치 어긋남 없이 보여주었다. 그들은 무에서 유를 창조해야 한다는 절박함으로 자신들 내면의 세계를 다시 다잡고 세련시키는 고행을 감내했다. 이런 독일인의 생각과 행동 방식을 설명하는데 '기억의 힘'이라

는 개념 말고 다른 무엇이 있겠는가.

우리의 미래를 바꿔 놓을 교육을 위한 새로운 사회계약은 무엇일까?

우리는 예나 지금이나 젊은 세대에게 어떤 세상을 상속할지 숙고한다. 그 깊은 숙고에 미래의 기획이 드러난다.

'배워야 산다.'
'아는 것이 힘이다.'
외세와 봉건, 그 엄혹한 시련을 겪으며 민족 민중이 찾아낸 희망은 교육이었다.

젊은 세대에게 상속할 자산이 무엇인지 모르는 한국 사람은 아무도 없다.
개체의 발달과 공동체의 발달이 병행하는 세상, 그 세상을 향한 희망을 교육에서 찾았다.
그 둘이 따로 떨어지면 둘 다 멸망하거나 타락하게 되어 있다.

문제는 그 상속할 자산에 집중할 수 있는 방편을 잡아내는 일이다, 우리 속, '교육의 힘'을 다시 발견하고 결집하는 일, 어떻게 결집할 것인가? 우리 속, 교육의 힘의 그 무엇을 드러내 진술하면 사회계약이 될까?

커가는 손자 모습에 눈 뗄 수 없으나
가끔씩 세상일에 고개 돌려보게 되면

갈수록 머릿속엔 걱정이 쌓인다.
....
아침마다 눈 뜰 수 있다고 감사할 일은 아니지.
그 뜬 눈으로 세상 바르게 볼 수 있어야 고맙지.
좋은 세상 손자가 살 수 있게 해야 사람도리지.
김 규원의 시 〈손자의 세상〉에서

배창환의 시는 세대와 문화의 차이만은 아니라고, 더 멀리 깊이 보자고 말하고 있다. 뭘까? 교육문제를 사람문제로 받아들이지 않는 것이 문제, 학교가 특별한 장소가 아닌 것이 문제 아닐까?

우리가 겪고 있는 사람분별의 파행에 대해 문제제기 하면서, 위기의 시대, 전환의 시대에 요청되는 더 깊고 넓은 변혁적 잠재력인 '교육의 힘'에 대해 상상력을 불러낼 참이다. 정의롭지 못한 부분이 무엇이고 미래를 담보하는 사회발전 프로그램이 될 수 있는 교육의 힘에 대한 상상력을 불러낼 참이다. 일단 다음과 같이 교육이 지닌 변혁적 잠재력을 온전히 실현할 교육을 위한 사회계약의 대강을 적는다.

'교사책임교육' 시스템을 구축한다.
　교사의 교육방법론 실천이 교육이다.
　교사의 교육과정 작업을 거쳐 교육이 이루어진다.
　교사의 교육과정 작업은 가르치는 프로그램으로 구체화 되며, 그런 이유로 교사의 교육과정 작업은 공개, 개방된다. 공개와 개방은 '비판 받을' 용의를 표명함이다.

학교는 기초교육에 빈틈이 없다.
　기초교육의 그 기초는 아이들'의' 지식활동을 교실의 중심에 놓는 일이다.
　그 의지, 뜻을 일관되게 지속시켜줄 시스템을 요청한다. 그래야만 한다.
　사람다움의 특성, 품격이 배어나는 삶을 사는 수행 정체성, 人才가 아닌 관심사-일에 열중하는 人材의 시대이다,
　사회정치적 성공이 그 사람의 '신분증명'이 되는 시대는 지나갔다.

성공보다 성취의 경험에 따른 '수행 정체성'이 그의 신분증이 되는 시대이다.
　관심사 일을 할 수 있는 개인과 사회의 관계,
　관심사-일의 개념(이론)은, 개인의 능력과 그 능력을 발휘할 수 있는 기회를 넓혀가는 시스템으로 작동하는 사회를 포함한다.
　역할을 가지고 참여하는 개인과 그 참여하는 개인들이 사회를 구성한다고 선포한다.

　학교교육이 첨단기술을 가르친다고? 기술은 내달린다. 내달리는 기술을 아이들이 어떻게 따라잡는가. 기술의 바탕을 이루는 기초, 즉 물리적 사회적 세계의 기본질서를 '학습경험'하도록 지도하는 기초교육이 절실하다. 첨단기술 시대라고 한다면 더욱 그러하다. 교육정책 기조는, 역할을 가지고 참여하는 人材 교육을 위한 사회 인프라를 더 없이 확충하는데 집중한다.

국가가 약속할 것, 국민이 약속할 것

국가가 교육을 수행하는 것은 아니다. 국가가 기업을 하지 않는 것과 마찬가지이다. 국가는 교육을 잘할 수 있는 인프라를 제공하는 것이다. 그것에 한정하라.

교육의 사회적 목적이 교육의 국가적 목적과 동일시되고, 그 결과는 사회적 목적을 완전히 불분명한 것으로 만들었다. 사회적 과정, 사회적 기능으로서의 교육은 우리가 마음에 두고 있 는 사회를 규정하기 전에는 확실한 의미를 가질 수 없다(Dewey, 민주주의와 교육, 167-8).

경제야, 발전이야, 힘이야, 이런 신세타령은 그만하자. 인류와 지구의 위기, 지역소멸의 위기를 마주하여 직시할 때이다. 큰 글자로 적을 수 있는 '마음'이어야 한다.

탈 발전 운동은 경제 위주 세계관의 우위를 끌어내리려는 시도다. 탈 발전 운동은 경제 효율성을 끌어올리기 위해 노동 교육 토지를 기능화하려는 세속적 오류에 반기를 들면서 문화 민주주의, 정의의 가치에 행동할 권리를 앞세운다(Sachs, 반 자본 발전 사전, 이희재, 2009).

왜 엎드려 잘까?

쉽게 하지 않아서 잘까? 아니면 배움을 얻을 것 같지 않아서 잘까? 쉽게 하면 자지 않을까? 쉽게 할수록 더 많은 아이들이 엎드려 자지는 않을까? 쉽게 하지 않아서 엎드려 자고, 쉽게 하니 그래서 깨어 있고, 그게 원인일까? 결과를 원인으로 착각한 것은 아닐까?

쉽게 짧게 해라. 이 코드가 '공식적인' 사람관계의 문화적 패턴이 된 것 같다. 대중을 상대하여 설명하는 자리이건 학술적 전문분야의 토론 자리이건, 빨리 끝내달라는 주최 측의 요구와 함께 시작하고 끝을 맺는다. 심지어 어느 특성화 학교 교사는 교육과정 작업의 기준점이 '간편하게' 라고 대놓고 말한다. 얼마든지 쉽게 할 수 있다. 의미를 새기게 하는 문맥을 지워버리면 쉽게 된다. 그런데 그걸 사람 말이라고 할 수 있을까? 사람 말이 아닌 것은 가족 간에도 마찬가지이다.

'아빠 돈' 대학생 딸이 아침 등굣길에 아버지에게 하는 말입니다. 덜 떨어진 딸아이의 등교를 알리는 '신호'sign language이지 이게 어찌 '사람 말'이라고 알아듣고 응답해야 하겠습니까, 늘 그러려니 하고 지내다가 그 날은 참지 못하고 소리를 질렀습니다. 따지면 사람 말을 애써 가르치지 않은 저의 잘못이지요.

왜 엎드려 자는지, 답을 찾아야 한다. 그게 답이 되게 풀어낼 수 있는 문제를 출제해야 한다. 그래야 우리들 모두가 함께 나설 수 있다. 이렇게 문제를 출제하면 어떨까?

지식전수의 장이면 잔다. 청강생이 되면 잔다. 사물에 의미를 부여하는 살아 있는 아이들의 지식활동의 현장이라면 모다 깨어 있지 않을까? 쉽게 혹은 어렵게, 그것이 문제가 아니라 배움이 있는가, '이해했어, 설명할 수 있겠어, 나의 것이 된 지식이니 적용의 도구가 되겠어.' 그것이 문제이다. 익숙한 것은 쉽다. 낯 설은 것은 어렵다. 아이들은 익숙한 것만 찾을까? 낯 설은 것에 직면하고 연습하여 익숙한 것으로 다지는 배움의 과정을 오히려 즐거워하지 않을까? 학교에 배움의 과정, 활동이 없다. 애씀의 내적 보상인 즐거움이 없다.

교사와 아이들의 관계가 실재한다. 교사 따로 아이들 따로 존재하지 않는다.

지식을 대상화 하는 시험나라에서 빚어진 오랜 익숙한 교실관행에 대해 문제 제기한다. 지식을 소유하지 않고 '지식을 살고 있다.' 살고 있다는 것은 지식이 때로 도구로 사용되고 때로 물음을 이끌어내고 있다는 것이다. 그래서 자신을 살고 있다고 느낀다. 교육문제는 사람문제이다. 지식을 형성하는 그 경험이 삶을 풍요롭게 한다. 풍요롭다는 것은 의미를 부여하며 자신의 삶을 산다는 것이다. 이 간명한 공식을 이해하는 것이 그리도 어렵다.

교육문제는 사람문제이다. 사람문제라고 할 때의 그 문제는 사랑이다. 생물학적 사랑을 넘어 사랑의 사회화, 사랑의 넓이를 펼치는 일이다. 뇌과학으로 설명하는 사랑이나 유전자의 종족 보존으로 설명하는 사랑에 대해 그것대로 배우면 된다. 그러나 교육의 대상이 되고 목표가 되는 것은 사랑의 사회화이다. 그건 과학을 넘어서 있다. 교육적 관점을 취한다는 것은 보이는 물질적인 것 너머 보이지 않는 정신의 성장을 믿는다는 것, 정신이 성장한다는 것은 사람을 분별하는 관계에 마음이 아프고 마음이 분하고, 그 아픔과 분함을 구체적으로 드러내는 행동이 발전한다는 것이다. 근본적 사랑 그 이상의 다른 의미는 없다. 체제이건 국익이건, 사람문제로 귀결되지 않는 한, 그것은 전쟁을 부르고 기후위기를 부른다.

오늘 제기된 사람문제와 교육문제는 무엇일까? 다음 두 문장으로 다시 질문한다.

사물은 가치를 가지지만 사람은 품위를 지닌다. 人才가 아닌 人材다. 人才를 人材로 다시 개념화하자.

당대 기술과 철학에 소홀한 사회는 반드시 쇠퇴의 길을 걷는다. 맞다.

아이들'의' 것, 지식활동이다. of가 중심이다. for와 by는, of에 활력을 불어넣는 조건이다. 맞춤형 인재 맞춤형 교육? 그것은 아이들'의' 것을 벗어나도 한참 벗어난다. 그것 아닌 다른 철학이 있는가. 철학은 사람을 다시 생각하자는 뜻이다. 서둘고 밀어붙인다고 첨단 기술이 번창하는가. 기술도 사람의 것이다.

'어떻게 하면 노벨상을 받을 수 있나요?' 참 부끄러운 질문이다. 노벨상 받는 철학과 기술이 따로 있다는 말인지. '생각만 하는' 연구소 말고 뭐가 있나. 전쟁에 휘말려 들면서도 어째 그런 '연구소'를 상상할 수 있었는지, 그 한가한 유머가 미국의 힘이 아닌지.

페스탈로치의 유산, 민중교육 이념과 교직정신

사람이 되고 사람으로 산다. 사람이 된다는 것은 '사회적으로' 다시 태어난다는 것이다. 사회적으로 다시 태어난다는 것은 생존을 넘어 사람다운 삶을 살려는 의지와 시스템을 두고 하는 말이다. 사람다운 삶은 정신적 성장, 즉 지적 도덕적 성장을 지향한다는 것이다. 인간다운 삶의 요구는 교육의 목적으로 진술될 수 있어야 한다. 쉬운 것 같은데 지극히 어렵다. 역사적으로, 사람다운 삶을 교육의 목적으로 진술하고 행동한 사람들은 자신의 목숨을 걸어야 했다.

교육의 목적은 지적 도덕적 성장, 그 '지적 도덕적'이란 아픔과 분함의 마음상태state of mind를 표상한다. 교육은 명리를 쫓는 과정일 수가 없다. 명리가 교육의 목적일 수가 없다.

'공'교육에 대한 절박함, 가르치는 이의 절박함

'교사는 어디서 교육의 전문성을 구하는지?' 흔히 가르치는 일의 지식과 기술에서 구한다고 하는데, 경주 〈꿈을 키우는 학교〉 교사가 이렇게 물었다. '그 지식과 기술은 어디에 있는지?' 가르치는 자의 절박함이 전문성을 구성한다고 대답했다. 고3의 절박함에 자신의 감정을 이입하여 스스로 그 절박함을 끌어안은 '일타강사'야말로 거의 완전한 입시 맞춤형 전문성을 갖추고 있다. 그들의 현실감각과 거기서 비롯된 책임감에 놀라움을 감추지 못한다. 그런데 교사의 전문성은 어디에 있는가? 절박한 아이들이 없기에 절박한 교사도 없다는 것인가? 프레이리는 어째서 교사에게 'armed love'를 요구했을까? 사회적으로 다시 태어나게 하는 일에 어떤 경우에도 권력의 개입을 허용하지 않는, 오로지 당대 지성에 의해 통제되는 교육이어야 한다고 믿는 페스탈로치의 교직정신은 무엇일까?

교권과 학생인권을, 교사의 가르칠 권리와 학생의 배울 권리, 수업권과 학습권이라고 말하면 그 때 우리들 모두가 교육에 관해 공유할 가치가 무엇인지 생각하고 토론할 공간이 마련되지 않을까? 다양한 형태의 교육과정을 거쳐 교육이 이루어진다. 교육과정 작업은 공개와 개방의 합리적 공간에서 이루어진다. 학생의 학력은 교육과정 완성도 평가를 통해 사정된다. 가르칠 권리는 배우려는 권리를 지켜주기 위해 성립하고 정당화 된다. 이 교육학적 규범이 교사와 학생의 관계를 규율한다. 이 범위를 벗어난 교사의 행동과 학생의 행동은, '그'학교의 교칙에 따라 규제된다.

그럼에도 어째서 학교폭력이 횡폭해지기만 하고 목숨을 끊는 아이들이 늘어나는가? 어째서 학부모가 학교를 휘겼는가? 어째서 성적은 높은데 학습의욕은 바닥인가? 이럴 바에야 학부모가 학교를 휘젔고 아이들이 교실에서 엎드려 잔다고 한들 뭐에 그리 이상할까?

참으로 웃기는 지난 이야기
  '귀내' 마을이 있고 작은 산모퉁이를 돌면 'O귀내' 마을이 있다. 읍내 중학교 아침 자습 시간 늦게 뛰어 들어온 학생에게, 결근한 담임교사를 대신하던 학생부장 교사가 던진 말, '너 이 자식 어디 사노' 'O귀내'입니다. 뭐 이 자식 봐라, 내가 지금 웃기고 있나, 느닷없이 뺨을 치고 발로 차고, 하도 무서워서 누구 하나 입도 벙긋 못하고, 학생부장의 소동이 가라앉고 그게 마을 이름이라는 것을 알았지만 그 무서운 학생부장 교사는 단지 큰소리로, '이 새끼 들어가 앉아.' 그것으로 학생부장 교사의 웃기는 짓은 마무리 되었다.

30년 전, 시골, 교실폭력, 그 때는 맞고 지금은 틀리다. 교사의 혹은 높은 자리 윗분들의 폭력이 '문화'(공유하는 가치)이기에 그 때는 맞고, 한편 학생인권의 가치를 공유하는 지금은 틀리다. 인권과 폭력이 당대, 시골, '문화'라는 이름으로 맞고 틀리고 규정되어도 좋은가? 학교와 교육은 예나 지금이나 특별한 장소의 특별한 인간활동이다. 30년 전, 시골, 그 문화를 넘어선다. 다시 문화의 문제인가? 교권이 무너신 문화이니, 그 문화를 살리자고 하는가? 교권을 살린다고 할 때 도대체 그 무엇을 살리지, 다음과 같은 의문을 풀어야 그 답이 나오지 않을까?
  우리들 학교가 아이들의 삶의 서식지라고 말할 수 있을까? 조금 더 나아가 우리 사회가 청년들의 삶의 서식지라고 할 수 있을까?

다시 왜 페스탈로치의 유산인가?

교육이 동기에서 그리고 결과에서 차별의 벽을 쌓는 구조라면 그 교육은 파기되어야 한다. 차별의 벽을 허무는 교육으로 대체되어야 한다. 그 교육은 신분의 벽에 막혀 차별을 감내하는 아이들을 사회적으로 구원하는 일이 될 것이며, 우선 교직이 이 일에 무한 책임을 지고 나서야 한다. 그 교육은 시대와 불화하는 교사의 합리적 정신에 의거할 수밖에 없다. 교육은 '합법'이 아닌 '합리'의 정신에 의거한다. 오래 전 아이들의 배움이 교육의 중심에 놓여야 한다는 생각과 그런 프로그램은 있었다. 그것을 넘어 교육 그 자체 합리적 정신의 확장이며, 이 교육의 가치를 산출하기 위한 체제의 구축은 근대 기획의 필수적 조건이 되었다. 페스탈로치의 유산은 더욱 세련되어 지금도 진행 되고 있다.

청년의 삶의 서식지를 파괴하지 마라. 출산할 서식지를 파괴하지 마라.
  자연스럽게 출산할 서식지는 어디일까? 온전한 한 살이로 대를 이어가는 동식물의 서식지는 강과 들, 숲인데, 인간의 서식지는 가난마저도 물리칠 수 있는 '서로 의존하여 살아가는' 문명이 아닐까, 문화라는 이름으로 혹은 자아실현이라는 이름으로 마시고 떠나고 즐기는 오락국가의 풍요가 선진국 표준이 된 듯, 국력이라는 이름으로 사람을 갈라치기 하는 이 땅 권력 엘리트의 사회운영 철학을 두고, 선진 문명이라고 할 것인가? 그 문명을 두고 미래세대 청년이 살아갈 서식지라고 단정해도 될까, '아이를 낳아'라고, 누가 그런 말을 하는지 보세요? 그들은 누구이겠어요. 다 알아요. 나중에 그들 설거지 해 줄 아이를 낳으라는 소리일 거예요. 이런 교육환경에서 아이를 낳으라니. 지원의 언어로 덧칠한 출산 정책이 오히려 이런 야만의 문명을 가속화 하고 있지나 않은지, 동식물은 숲과 풀과 물이 흐르는 곳이면 어느 누가 돌보지 않더라도 저들 스스로 종을 이어가는 '한 살이'를 합니다. 우리도 일하고 가정을 꾸리고 자식을 낳고 그리고 묻히는, 온전한 한 살이를 영위하고 싶어요. 그 엄연한 법칙을 되살리는 시대에 맞는 작업을 해야 하겠지요. 선생님이 선언한 '서식지 파괴' 같은 사상언어가 절실한 시절입니다. '빛나는' 말이 사라져가는 오늘 더욱 그런 생각이 듭니다. 〈지리산책 교실〉에서

누가 청년이 살아갈 서식지를 파괴하는가? 청년의 삶의 질서를 교란시키는가? 어른들이다. 기성세대이다. 권력엘리트이다. 지금은 어떤지 모르겠다. 한 때 한국 중소기업들이 중국에 진출했다. 중국 도시에 한국인 전용 아파트 단지가 만들어지고 중국어 배우기 조기유학 열풍이 분 적이 있다. 중국대학 부설 외국어학원 당당자의 말, '한국아이들은 아침부터 엎드려 자요, 깨우면 하나같이 왜요'라고 대꾸하고 다시 엎드려 자요. 중국학생들과 섞이지 않아요. 한국아이들은 중국이 더럽다고 노골적으로 말해요. 아마도 집에서 어른들이 자주 중국은 더럽다고 아이들한테 가르치나 봐요.' 왜 이리도 무례할까? 왜 이다지도 난폭할까? 여기 한국은 아파트 평수에 따라 아이들이 갈라진다고 하더니 나가서도 그런 식 편 가르기는 여전한가 싶다. 중국이 그 정도 호락호락 하다면 동남아 저들에게는 오죽하겠는가. 왜 이다지도 쉽게 사람을 분별하고 규정지을까? 엎드려 자고 때로 난폭해지는 아이들을 문제 삼기 전에 사람을 평정하여 규정짓는 어른들의 야만을 문제 삼아야 하겠다. 거기서 아이들의 문제를 다시 진술하는 방도를 찾아야 하겠다.

우리 시대 가장 더럽고 가장 썩어 빠진 게 바로 언어라고 생각합니다.

> 자기 의견을 사실처럼 말하고 사실을 의견처럼 말하니까 언어로 사람이 소통하는 게 아니라 단절하는 비극이 벌어졌죠. 사실에 바탕을 둔 것인지 아니면 욕망을 지껄이는 것인지 구별하지 않는 채로 담론을 쏟아낸다(김 훈 2019 9 19).

엎드려 잔다. 학년이 오를수록 더 많은 아이들이 더 깊이 엎드려 잔다. 교실이 무너졌다고 한다. 대학 강의실이 먼저 무너졌다. 우리 교육의 모순이 한 덩어리로 뭉쳐 나타나고 있는 모습이다. 우리 사회의 변화(문제)이자 우리학교의 문제(변화)이다. 다른 말을 섞지 말자. 오로지 엎어져 잔다는 말 이외 다른 어떤 말도 보태거나 빼거나 하지 말자. 깨우는 문제만을 숙제로 받아 풀어내자. 문제를 어떻게 출제하면 우리가 모두 힘을 모아 그 문제풀이에 집중할 수 있을 것인지 거기에 생각을 모으자.

교육적 지향, 지적 비약과 기술의 응용이다.
 관심사-일의 일상, 거기에 함축된 교육학적 의미, 지적비약과 기술의 응용
 관심사-일, '자기를 살다.'

학교는 특별한 장소이다. 익숙한 것을 낯설게 한다. 낯 설은 것을 직면하고 연습하여 익숙한 것으로 세련시킴으로써 나의 삶을 산다. 나는 나의 관심사-일을 몰입하여 할 수 있는 강건한 정신적 단련에 익숙하다. 일상을 영위한다는 지극히 평범한 욕망이지만 내 관심사-일에 몰두하는 한 나는 거기서 지적 비약을 맛본다. 나의 지적 비약은, 나의 일을

수행하는 기술을 새로운 낯 설은 문제상황을 처리하면서 진전된 기술 응용과 병행한다. 지극히 평범한 일상에서 경험한다. 나는 지적비약을 맛보며 세계를 다르게 보는 세계에 다른 의미를 부여하여 말할 수 있다. 사람 말의 힘은 나의 삶을 풍요롭게 한다.

사회발전 프로그램으로서의 교육

'역할을 가지고 참여함으로써 공동체의 구성원이 된다.' 교육이 추구하는 개인과 사회의 관계라고 나는 생각한다. 누구나 자신이 살고 있는 세상과는 다른 세상이 존재한다는 것을 인정한다면 그는 자신의 세상살이에 대해 겸허한 자세를 취할 수 있다.

듀이는 메인이 다수결을 대단히 많은 독립된 이기적 선택들의 합이라고 생각함으로써 볼 수 있는 것이 볼 수 없는 것보다 더 실재적이라고 가정하는 경험주의의 오류, 개인들은 존재하지만 '대중의 의지'는 허구라고 가정하는 것 말이다. 듀이는 정확하게 그 반대라고 생각했다. 통합하고 구조적인 성격을 가진 사회라는 것은 실재한다. 비사회적 개인은 모든 인간으로서의 특성들이 배제될 때 인간이 가지게 될 모습을 상상함으로써 얻었던 주장이다. 실재적 전체로서의 사회가 정상적인 사회이며 고립된 단위들의 집합으로서의 대중은 허구이다. 민주주의는 그것을 구성하는 원자들의 단순한 집합이 아니다. 원자들은 그 분자들과 무관하지 않기 때문이다. 그것들은 항상 더 큰 전체의 일부로 기능하고 있다. 참여는 모든 것을 바꾼다(Manade, 메타피지컬 클럽, 394-5).

사회적으로 다시 태어난다고 할 때 그 사회적이라는 도대체 뭘까?

역할의 양극화, 대물림, 이 엄청난 사회적 재난과 싸울 수밖에 없다는 뜻 아닌가? 어떤 이는 타는 목마름이 된 민주주의를 향한 싸움이라고. 나는 그럴지도 모른다고 다음과 같은 말을 더 보탠다. 중동 이슬람, 그들은 어째서 첨단 기술문명 시대에 '정교일치'의 이데올로기를 선포하고 지키기 위해 목숨을 버리고 있는가, 한 때 그들도 정과 교의 분리를 내세우며 서구식 근대화 산업화를 시도했지 않은가, 그 흐름은 완전히 실패했고 거기서 얻은 답이 정교일치의 '낡은' 체제인가? 중동 이슬람의 선택이 죽음의 테러를 부르고 있다. 그 끝이 어디일까? 권력엘리트의 부패와 민중착취에 대항하는 무기는 그래도 타는 목마름 민주주의뿐이라고, 그것이 역사의 흐름이라고 나는 생각한다.

우리들 청년의 삶의 서식지를 파괴하는 역할의 양극화도 이슬람 나라 그들의 난관만큼이나 심각하지만 그래도 과거로의 회귀는 아니다. 역할의 양극화를 풀어야 할 난제로 받아들이고 풀 수 있도록 출제하는 것이다. 이런 문항이면 어떨까?

'치우친 균형'equity으로 기울어진 운동장을 바로 잡는 방식에 대해 자유롭게 서술해보시오.
　　'아버지가 유 퀴즈에 출연 했어요'
　　'아버지, 직업이 뭐 예요'
　　'고층빌딩 외벽 청소부입니다'
청소부의 딸은 취업이 되었다. 아무도 아빠 찬스라고 시비 걸지 않았다.

　　경제는 생태계가 아니다. 경제규칙을 만드는 것도 인간이다. 경제는 정치적이다. 민주주의 국가에서 우리는 얼마든지 우리 입맛에 맞추어

경제라는 밥상을 차릴 수 있다. ...정부는 정치의 힘, 시민의 힘을 믿어야 한다(김민아 18 9 11 경향).

〈지식과 세상〉에서 같이 머리를 맞대는 분들은 대체로 이 문항을 진지하게 받아들이는 낙관론자의 편에 서 있다. 자신의 일을 하고 가정을 꾸려가는 일상을 영위하는 사람이면 모다 아마 그러 할 것이다. 그들은 삶의 현장을 구성하는 작업을 그다지 어렵게 느껴지지 않을 것이기에 말이다. 내 문제는 여기 같이 일하는 동료들의 문제를 풀지 않고는 풀어지지 않는다는 현실감각에서 비롯되는 자기주장의 초월이 문제해결의 밑이고 끝이라고 생각할 것이다.

그것으로 좋다. 일상의 삶을 살아가는 건강한 사람들의 지식활동을 신뢰한다. 건강한 인간에 대한 신뢰에 기대어, 전문가 교사는 아이들의 지식활동을 격려하는 환경을 조성함으로써 가르친다고, 그래서 아이들의 세계를 변화시키려는 대담한 욕망, 그것이 교육의 전문성과 교사의 자주성을 정당화 해주는 근거라고 교사 스스로 묻고 답할 것이다.

왜 교육의 자율과 교사의 자주인가? 미래 세대에게 상속할 자신에 대한 애타는 근심 말고 다른 어떤 것도 없다. 그러나 교사들 당신은 그 애타는 근심만으로는 부족해, 당신은 이렇게 자신에게 묻고 있어야 해. 민중교육 이념과 교직정신을 계승하고 확장하고 있는가, 그것이 당신의 가르치는 프로그램의 교육과정 맥락이 되고 있는가, 당신의 가르치는 프로그램은 사회적 발전 프로그램으로 평가될 수 있는가? 이렇게 묻자. 가르치는 프로그램을 세련시키는 일에 몰입하며 지적비약과 기술의 응용을 체험하는가? 일타강사는 고3의 절박함에 감정을 이입하여 스스로 절박한 심정이 되었다. 그는 고3이 처한 현안을 해결하는데 자신의 방법론을 실천했다. 그는 현안을 근본이 되게 풀었다. 그는 돈벌이로 시작했지만 과정에서 지적비약과 기술의 응용을 통해 작품이 될 만한, 절박한 아이들을 위한 자신의 가르치는 프로그램을 완성했다. 당신은 어떤가, 당신의 절박함은 어디서 구하는가? 당신의 교육적 삶, 당신의 교육적 관심사에서 구해야 하지 않을까? 지적비약이 없는 지극히 무기력한 교실경영에 길들여져 있을 수는 없지 않은가, '방법론적' 질문이다. 공교육 교사와 사교육 강사, 누가 더 앞장서서 아이들의 절박함에 응답하고 있는가?

당신의 가르치는 프로그램으로 당신의 절박함을 증거하라.

끝내 놓지 못하는 교육학적 질문

人才와 人材, 똑똑한 사람은 있다. 똑똑한 사람을 기른다. 맞다. 교육은 똑똑한 사람을 기르는 일이다. 그러면 모든 사람을 기르는 교육을 생각하는 것은 잘못인가? 교육은 우등의 길과 열등의 길로 딱 갈라져야 하나? 특정 人才가 불특정 人材를 대신한다. 우등과 열등으로 나누어진 역할의 양극화를 부르고 있다. 논리적으로도 잘 못이고 실제적으로도 잘못이다.

맺음

유네스코 2022
인류와 지구 위기 시대
급진적 경로 변경이 필요하다.
교육을 위한 새로운 사회계약이 시급하다.

사회계약이란 공적인 사회적 행위이자 공동재common good로서 교육을 강화하고, 공유지식과 새로운 지식에 접근하는 새로운 방식을 의미한다.

어떻게 이해할까? 키 워드는 변혁transformation이다. 교육은 근본적으로 인간의 정신적 성장을 지향하고 있다. 알게 모르게 가야만 할 그 방향으로 변화해 왔다. 변화를 도모했다. 이제 임계점에 다달았다. 한 단계 도약해야 한다. 도약할 수 있는 받침대마저 준비되어 있다. 도약을 결단한다. 도약한다. 사회계약의 약정서를 내 놓는다. 사회적 합의의 문건이다.

대학은 사회계약을 성사시킬 핵심역할을 맡는다. 그러기 위해 먼저 대학은 자체 혁신을 이루어야 한다. 대학은 공공재로서의 교육의 위상을 확보할 수 있는 토대, 토론을 위한 의제와 기초자료를 제공한다.

전환의 시기, 교육체계상 대학은 그 책임을 떠안아야 한다.

기초 자료와 의제
  학습경험에 대한 지식과 이해
  세계를 읽고 이해하는 다양한 방식, 다원적인 앎의 방식
  빅데이터와 변화하는 지식의 본질

연대와 협력의 교육학
  자신과 세상을 변혁하기 위한 협력하는 능력
  교사, 학생, 지식, 그 관계를 통해 이루어지는 교육

교육과정과 공유지식(문화)
  교육, 지식, 능력, 그리고 교육이 증진하는 가치, 이들 간 관계 확립
  교육과정은 교육을 뒷받침하는 두 필수 과정과 관련하여 규정됨
    -인류 공동 유산의 일부로서 지식을 습득하는 과정,
    -새로운 지식과 새롭게 가능한 미래를 집단적으로 창조하는 과정

지도원칙
 -교육과정을 통해 공유지식에 집중하고 기여할 수 있는 능력,
 -다중적 문해력, 디지털 문해력, 과학적 문해력, 문자 문해력, 생태적 문해력, 수리력

특별한 장소, 학교의 변혁
 대체 불가능한 학교의 역할, 인류는 인간다움의 품격의 진화를 위해 학교를 발명했다.
 필요한 변혁, 가능성을 실현해주는 매체로서의 학교
  -변화를 위한 플랫폼이 된 학교
  -교실에서 학습자 커뮤니티로

교육의 힘을 복원하는 사회계약의 기본 바탕을 다음과 같이 읽었다.
역할을 가지고 참여함으로써 그 사회의 구성원이 되는
근본적 민주주의
내 문제는 이웃의 문제를 풀지 않고는 풀어지지 않는다는
근본적 문화의식

1. 형성

강의2. 서로서로를 묶어주는 사람 말:
　　　교육이라는 낱말의 사용법
강의3. 사람에 대한 예의:
　　　교사가 지켜야 할 예의, 물음을 자아내는 (교과와 생활)지도
강의4. 계승과 확산, 전통은 만들어진다:
　　　개체의 발달과 공동체의 발달은 병행한다.
강의5. 공교육, 교육현장에 대한 신뢰와 불신:
　　　학교는 학교가 아니면 가르칠 수 없는 것을 가르친다.
강의6. 교사의 세상이야기, 왜 혁신학교인가:
　　　성공이 아닌 성취의 경험, 서사와 맥락

강의2. 서로서로를 묶어주는 사람 말 human language
교육이라는 낱말 사용법

나는 농촌 중학교 수학교사다. 나는 서울 강남 중학교 지리교사다. 지리교과(혹은 수학교과)의 무엇을 어떻게 가르치면 졸고 있는 아이들을 번쩍 정신이 들게 하지, 어째든 아이들을 깨워야 한다. 문제의 답이 뭘까? EBS수업을 따라 하면 그게 답이 될까? 전국 모든 교실이 그것을 따라하면 우리교육이 살아날까? 하늘로 머리 둔 교사라면 거기에 동의하지는 않을 것이다. 아이들의 학습경험을 확장하는 '교육방법론의 실천'이 교육이다. 그 신념을 가지고, 교사 저마다 자신의 가르치는 프로그램을 만든다. 그것 이외에 다른 답을 찾을 수 없다고 말할 것이다.

> 중대한 시험대는 교육이, 개인을 둘러싸고 있는 세계에서 그 개인이 어떻게 처신할지를 가르치는 일에 생기 있는 도구 혹은 제도인지 가리는 일이다. (듀이)

가진 자이든 못 가진 자이든, 잘 난 자이든 못 난 자이든, 그 누구도 사회적 세계와 물리적 세계를 벗어나 다른 유별난 세계에 살고 있지 않다. 그들은 자신들이 살고 있는 그 세계를 어떻게 대면하고 처신할까? 그들은 그 세계를, 제 멋대로 규정하고 처리해버릴 대상이 아니라고 인정한다. 그들이 살고 있는 세계의 질서의 대강을 알기는 하지만 지키고 행동하기 난감하다는 것을 또한 인정한다. 교육은 그 문제에 어떻게 대응할지 도움을 주는 제도적 장치임을 인정한다. 그러나 그들은 그 교육이 도움을 줄만한 그런 제도, 도구인지 확신하지 못하고 있다. 교육을 통해 받은 도움이 그 세계의 질서에 대한 앎의 확장인지, 그 질서에 근거한 행동의 선택인지 확신하지 못하고 있다. 당연히 교사들도 자신의 가르치는 프로그램에 대해 확신하지 못하고 있다. 세계는 변하고 그 만큼 그 세계를 대면하는 우리의 자세도 변한다. 그러기에 교사는 누구를 만나서도 교육이 무엇인지 묻고 묻는 자세를 취해야 하고, 그리고 그 물음은 자신의 가르치는 프로그램에 생기를 불어넣는 도구로 사용될 만큼 유효해야 한다.

정답이 아닌 물음을 앞세우는 가르치는 자의 자세

이렇게 가정적인 답을 제시하면 어떨까? 삶의 방향감과 이정표

   그는 세계에 대해 의미를 부여한다. 그는 자신이 의미 부여한 세계의 속내를 찾아 머릿속의 지도를 그린다. 그럴 것이라고 예측한 길을 걸으며 이정표를 새겨 넣는 지도를 그린다. 난관의 연속이다. 포퍼는 '삶은 문제해결의 연속'이라고 했다. 삶은 계속된다. 시작도 끝도 없다. 우리는 저마다 그 삶의 세계에 태어나고 살고 묻힌다. 각자는 방향을 잡아가며 이정표를 세우는 삶의 지도(삶의 지식)를 그린다. 이정표란 골격이 또렷한 인간 삶의 역경을 표상한다. 교사인 나는 가르치는 프로그램을 세련시키고 수정하며 겪는 지적비약과 기술의 응용을 이정표로 삼아 삶의 지도를 그리는 방식으로 존재한다. 삶의 세계에 대한 지도는 무수히 많다.

   그는 자신이 그린 지도에 대해 확신이 없다. 의미부여한 세계(심리)

를 가지고 출발하지만 지도(논리)를 완성하려고 애쓰는, '나의 삶을 온전히 살고 있다'는 실존적 확신이 있을 뿐이다. 자기주장을 초월하려고 애씀, 그것이면 족하다. 탐구자의 자세는 교육받은 자의 것이기도 하지만, 한편 탐구자의 자세는 교육의 길(과정)을 걷고 있는 교사와 학습자의 관계를 나타내기도 한다. 교육의 대상이자 목표는, 예측된 결과의 방향으로 길을 가며 풀 수 있는 문제를 확정하고(출제하고) 풀어내는 문제해결의 지성이라고 가정한다. 그 때 그 교육은 세계에 대해 어떻게 행위 할 것인지를 적극적으로 도와주는 도구, 제도가 된다고 믿는다.

35년 전 아니 60년 전, 우리 교사들이 고기를 잡아주지 않고 고기 잡는 방법을 가르친다고 외친 이유는 교육실천의 원리를 찾으려는 갈망의 표현이었을 것이다. 온 동네가 고기를 잡는다. 저마다 역할을 가지고 참여함으로써 공동체 구성원이 된다. 고기를 잡는 방법을 가르친다는 것은, '내 문제는 이웃의 문제를 풀지 않고는 풀어지지 않는다는 근본적 문화의식'에 기초한 삶의 방식이 교육의 대상이고 목표라는 뜻일 것이다. 그 때 그들 교사는 '교육은 교사의 교육과정 작업을 거쳐 이루어진다.'고 선언하고 나섰다. 그들은 스스로에게 무엇을 어떻게 가르치면 교육이 되는지 물었다. 우리 교사들은 교육적 관심을 표현하고 응답하는 동료교사 관계(교직)를 형성하는 역사적 경험을 했다. 그 교직은 교육의 대상과 목표를 명확하게 하며, 그것을 방해하는 어떤 세력에 대해서도 맞설 수 있었다. 교육은 교사의 교육방법론 실천이라고 할 때의 그 교육을 고집스럽게 밀고 갈 수 있다고 확신하게 되었다.

완제품 지식을 전수받고, 그 지식을 착실하게 쌓았는지 여부를 묻는 시험의 결과로 '사람을 분별하는' 교육체제와 사회체제에 상처를 입은 아이들, 싸울 줄 모르는 이 아이들을 대신하여 싸워줄 사람은 교사 말고는 아무도 없다. 표현하고 경청하는 교실관계를 고집하는 교사들이 싸움의 전면에 나설 수밖에 없다.

정답-진도-속도경쟁 프레임 해체

　교과지식을 매개로 학습의욕을 불러내고 지속시키는, 교육과정 작업에 열중하는 전문가 교사의 땀과 눈물이 교육을 만들어낸다, 그 교사는 당연히 학생평가권을 돌려받아야 한다고 믿게 되었다. 전문가 교사에 의한 교육통제, 그것 말고 다른 대안이 없다고 믿었기에 말이다. 하마 250년 전 페스탈로치는 교육은 당대 최고 지성에 의해 통제되어야 한다고 선언했다. 시대의 지성이란 '민초의 외침' 그 자체이다. 현대적 용어로 시대의 지성은 전문직인 교직을 지칭한다. '내가 아이들에게 다가가면 아이들도 내게 다가 올 것이다. 오늘도 그들에게 다가가는 마음의 상태이기 위해 나는 매일 아침 108배를 하고 학교에 간다'(어느 농촌 중학교 과학교사). 이 '교사 지성'이 교육의 핵심의미(개념)를 제시한다. 그 개념적 이해로부터, 행동의 규칙으로 번안될 수 있는, 교육의 실천원리를 도출할 수 있다. 그 원리에 따른 행동은 정답, 진도, 속도경쟁의 프레임 해체로 나타나게 되어 있다.

　충분한 것만 하자. 우리 교육에 필요하다 싶은 것들이 너무 많이 달라붙어 있다. '교육의 길'을 가고 있다는 신념을 가질 수는 없을까? 교육의 길이란, 교육의 본질이 가리키는 쪽으로 방향을 잡고 길을 걸으며 '이정표'를 세우는 과정이라고 하면 어떨까? 그 이정표는 하나가 아닐 터이고, 그렇다면 이정표는 전리가 아닌 일리만 있으면 성립하는 것이겠지, 일리 있는, 그럴만한, 이치에 닿는 reasonable 교육(활동)을 수행하려는 '탐구자'의 자세, 그 교사의 교육방법론 실천이 교육이라고 선언하면 어떨까?

    교사의 교육방법론 실천이란 아이들의 학습의욕이 매개되지 않는 학교교육은 있을 수 없다는 논리의 다른 이름일 것이다. 그 때 교사들은 아이들의 것을 아이들에게 돌려주는 교육활동에 대해 '함께 묻고 답하는' 교직'이 되겠지. 그럼에도 오늘 전문가 교사와, 학습을 의욕 하는 아이들이 맺는 교육적 관계가 사라지고 있다. 아이들의 성실과 유능을 추궁하는 교실관계가 교육현장의 역동을 죽여 놓고 있다. 교육이 아이들을 판정하여 분별하는 체제로 고착되었다. 마침내 교육은 청강생이 된 아이들의 귀에 쏙쏙 들어가는 답을 주는 요령으로 축소되었다. 이렇게 제 길을 잃어버린 교육이 변방과 중앙을 가르고, 중요 교과와 주변 교과를 갈랐다.

세종 특별 자치시 임전수 장학관과의 대화

    교육과정 자율과 다양의 문제에 직면하고 있습니다. 교과서는 교과주제를 큰 그림으로 제시하고 있습니다. 교육청과 학교와 교사가 교과 주제를 상세화 하고 지역화 해야 합니다. 문제는 관례화된 수업의 그 관례를 깨트릴 수 있느냐 하는 것, 더 큰 난관은 이 문제가 대입과 결합한 평가체제와 연결되어 있기에 교육청도 학교도 교사도 나서기 어렵다는 것입니다. 그럼에도 교육현장에는 분명 전과 다른 교육혁신 분위기가 스며들고 있습니다. 이럴수록 교육과정 작업의 범위를 명료하게 하는 일과 또한 교육과정 작업의 실무(능숙한 일처리)에 밝아야 하겠습니다. 교육청(장학진)은 교육과정 작업에 대한 교사(학교)의 의지를 세심하게 살피고 자극(보상)하는 일에 분별력이 있어야 하겠고 또한 의지를 불러내고 지속시키는 시스템을 구축해야 하겠습니다. 의지만으로 버티지 못하고 시스템이 중요하다. 그러나 교사개인의 의지 없는 시스템은 현장의 짐으로 변질된다. 교육청은 이런 이론적 맥락에 뜻을 같이 하고 있습니다. 교육청이 내심 우려하는 바는 과연 교사들이 다양한 형태의 교육과정을 이뤄낼 수 있는가, 그들의 교육과정이 다변 다층의 교육, 다원주의 교육을 실현할 만큼 유효한 것이 될 수 있느냐에 대한 근심입니다. 무엇보다 저마다 자신의 작업에 몰입하면서 한편 같이 모여 '교육이 무엇인지' 묻고 응답하는 자리, '무엇을 어떻게 가르치면 교육이 되는지' 묻고 응답하는 자리를 마련해야 하겠습니다. 밑으로부터의 교육혁신을 이루는 그런 일을 하려고 합니다. 부분적이지만 우리 지역에서 이런 분위기를 감지합니다.

아시겠지만 통일, 환경, 금융도 교육 기능에 포함되어야 한다는 압박, 훈육 불가능 상황, 아이들 간 문제를 법정 송사로 끌고 가는 직집직이고 노골적인 학부모 개입, 다양한 형태의 교육과정을 통한 다양한 학교(교육)와는 무관하게, 심지어 다양성을 말하며 획일을 부추기는 인재양성 교육정책, 이런 시대역행에 머뭇거리기도 하지만 그래도 우리의 길을 나가려고 합니다. 교육의 길, 교사의 길은 무엇일까요? 지금껏 현장 저들은 듣기만 했어요, 과업만 부과 받았어요, 과업 수행한답시고 애를 무척이나 썼지만 정작 이룬 것은 없는 듯, 새 정부 들어서면 다시 이런 저런 과업을 수행해야 해요. 교육은 국가 안에서 이루어지는 것이고 정부가 그 국가의 방향을 정하고 운영하며 교육에 대해 필요한 것을 주문하잖아요. 그걸 피할 수는 없지요. 그것과 별도로. 교육의 자주성이니 자율이니, 도대체 그것이 어떤 가치를 지니며 우리 교육활동에 어떤 의미를 부여하는지, 우리의 교육활동이 진정 국가에 도움을 주는 방식이 될 테니까요.

그와 나는 절로 교육의 역사를 되짚어보게 되었고, 페스탈로치에 멈췄다. 민중교육의 이념과 교직정신은 페스탈로치의 공헌이다(서양교육사). 18세기 후반 19세기 초반, 민중교육이념의 그 민중은, 당대 외롭고

서러운 대다수 민초를 지칭하며, 한편 인간성에 알맞은 교육의 그 교육은, 그들 민초의 삶을 사회적으로 다시 태어나게 하는 거대한 역사를 지칭한다고 생각했다. 그의 교직정신은 그 어떤 권력의 시혜가 아니라 가르치는 자의 기개, 프레이리 말을 빌려, 무장투쟁 같은 사랑 armed love 이라고 이해했다. 우리는 페스탈로치가 어째서 칸트 보다 더한 칸트주의자로 변신할 수밖에 없었는지, 과감하게 사유하는 계몽된 인간이란 '앎을 얻는 지극한 노력을 통한 자기해방'을 성취한 인간이며, 그 인간의 노력을 '교육의 실천의 원리'로 삼아 행동했기에 붙여진 이름이라고 생각했다.

교육은 국가를 넘어 선다. 오늘 국가라는 이름으로 온 세계가 처한 난관을 살펴보라. 과연 인류는 더 이상 진화할 수 있겠는가. 250년 전의 역사를 오늘 우리가 다시 생각하고 교육의 문제를 제기하는 담대한 교직정신을 되살릴 수 있는 전선에 나서야 한다. 시대의 문제이고 내 존재의 문제이다. 선언적 차원이라고 할지라도 기꺼이 시대와 불화하는 교사 이야기를 해야 하겠다. 그와 나는 오랜 시간 우리 교육의 미래, 인류의 미래에 대해 이야기 할 수 있었다.

세종 교사들과 거의 20 차례 강의도 하고 이야기도 나누는 굉장한 행운을 누렸다. 그 분들의 교육적 관심사를 현안으로 받아들이고 그것을 근본이 되게 풀어낸다는 논리로 강의안을 만들었다. 이전에 그런 경험을 해본 적이 없었다. 강단에 서 있다기보다는 광야에서 '거칠게' 말을 쏟아내는 그런 기분이었다. 강의에 임하여 그리고 강의를 끝내고 다음 강의를 기다리며, '물음'에 젖어든 내 자신을 발견하곤 했다. 나는 물음을 앞에 둔, 물음에 직면하는 방식으로 존재한다는, 그 때 그 시절의 나의 존재방식을 지금 다시 자각하고 있다. 그 만한 학습경험을 체험한 사람은 많지 않을 것이다. 나는 나의 학습경험을 대구 가톨릭 대학 교양교육 연구모임에서 노출시키는 그런 행운도 누렸다. 그럼에도 지금 그 때 그 시절 남겨놓은 강의안을 다시 살피며 참 부족했었다고 속으로 탄식한다. 의욕만 앞섰다. 능력이 따르지 않았다. 세종 몇 분들이 '강의안을 묶으면 뭔가 새로운 의미를 발견할 수 있을 것 같다'고 말했다는, 진짜인지 그저 하는 말인지. 어쨌든 그런 신나는 말을 전해 들었다. 이 참에 부족했던 부분을 보충할 수 있지 않을까, 모호했던 부분을 조금 명확하게 할 수 있지 않을까, 그런 생각에 그 분들의 제안을 반갑게 받아들였다.

그러면서 우리는 코로나 팬데믹이 초래한 '비대면' 현상이 우리 사회에 몰고 온 어떤 예기치 않은 결과에, 긍정적이든 부정적이든, 대해 이런저런 이야기를 나누었다.

> 우리들 속에 규범으로 자리하고 있던, 논리를 가지고 심리를 통제하는, 지식을 가지고 행동을 통제하는, 지성적 풍토가 위축되지 않을까, 개인적 라이프스타일이 우선시 되는 풍조가 확산되지 않을까, 학교교육schooling이 학교 울타리를 벗어난 '유사학교교육'이 도처에서 만발하는 시대로 접어들지나 않을까, 아무튼 이런 무규범 상태에서, 제어되지 않는 급속한 고도기술사회 프로파간다가 넘쳐날 것이라고 예단하기도 했다.

그렇다고 본질에 대한 고민이 시대고착의 빌미가 될 수는 없다. 우선 이렇게 말하자. '학교교육'은 학교라는 특정한 장소에 머물지 않는다. 여기저기 도처에 학교교육schooling이 일어나고 있다. 그럴수록 전통적인 학교교육 혹은 학교는 무엇이어야 하느냐고 먼저 물어야 한다. 그래야 도처에서 일어나는 학교교육에 대한 대응책을 준비할 수 있다. 그게 철학하는 자세라고, 도처에서 일어나는 학교교육에 대한 마땅한 어떤 대응책이 아직은 준비되어 있지 않다. 그렇지 않겠는가 하는 투의 반어법 질문만 하려고 한다.

  농업의 기술력, 본질이 바뀌진 않았다. 인구와 도시와 욕망의 시대변화에 적응하는 농업 기술, 씨앗을 뿌리고 거름을 주고 수확하고, 이른바 경작은 바뀌지 않았다. 광합성 원리에 대한 이해가 철저해지면서 다양한 행동규칙, 농법이 개발 진전되었다. 곤충 벌레의 침범을 막아 농약을 통제할 수 있었고 물과 햇볕의 조건에 따른 제약을 통제하는 농법을 진전시킨다(어느 농부의 대담 7 3).

  아이들'의' 것 지식활동, 그것이 교육의 중심축이다.
  그 교육의 본질은 바뀌지 않았다.

  2010년 대 중국 교육개혁 어젠다 대강을 읽은 적이 있다. 교육의 of 와 for를 인정하지만 교육의 by는 당이라고 단정하고 있었다. 그게 눈에 띄었다. 그들 사회주의 교육체제의 논리에 대해 생각을 했다. 아이들의 것을 중심에 놓고 아이들을 위해 자원을 집중한다. 그럴 수 있는 시스템이 결정적으로 중요하다. 당은 오류를 범하지 않는다. 질문한다. 아이들의 것이란 도대체 무엇이라고 규정하는가? 교육에서 아이들'의' 것이란 무엇인가? 교육자원을 집중하여 최상의 것을 산출한다고 할 바 그것은 무엇인가? 국익인가 인민해방인가 체제수호인가, 지상낙원인가? 그렇다고 하자. 그게 과연 교육의 기대할 수 있는 변혁적 잠재력이라고 단정하는가? 당의 무오류를 인정한다고 하자. 그 무오류가 사회 전 부문 구석구석 낱낱이 꿰고 있어야 한다는 것을 의미하는가? 당이 교육도 기업도 의료도 사법도 연구도 예술도 지도해야 한다는 것을 의미하는가? 국가사회 전체를 이끌어가는 밑그림을 그린다는 것, 그게 맞나? 나는 아니라고 생각한다. 교사와 아이들 관계가 교육을 구성한다. 거기에 간섭할 수 없다. 간섭할수록 교육은 망가진다. 이 엄연한 사실은 무슨 주의와 체제와 상관없이 통한다. 아이들'의' 것은 지식활동이다. 중국 아이들이건 한국 아이들이건 미국 아이들이건 지식활동이다. 아이들'의' 것을 명확하게 규정하지 않은 채 이런저런 교육론이나 교육정책은 말뿐인 헛수고이다. 아이들의 것을 중심에 놓을 때 for는 지식활동에 교육자원을 집중하고 효율적으로 관리한다는 뜻이며, 한편 by란 국가는 지식활동을 의욕 할 수 있도록 촉진하는 사회 인프라를 구축하는 책임을 진다는 것이다. 거기에 구축되는 교육의 변혁적 잠재력은 인종과 종파, 계층의 벽을 넘을 수 있는 자유와 평화를 희망할 수 있도록 해 줄 것이다. 평화를 향해가는 과정(애씀)과 평화를 실제로 얻어야 한다. 애씀으로 과업에 충실하다는 것에 만족하지 않아야 한다. 올림픽이야 참가하는 것 자체만으로 가치 충만하다. 그러나 평화와 공존은 참가만으로는 절대 안 된다. 실제로 이루어야 한다. 그렇다고 힘에 의한 평화, 그런 논법은 결국 전쟁하자는 강자의 속임수이지. 그게 어찌 평화의 방법론이 되겠어, 그 끝은 어디겠어? 전쟁을 통한 평화, 방향과 내용이 없는 방법론이다. 개인경쟁력을 통한 국력, 인재에 의한 국력, 그 국력을 이루면 모든 이가 혜택을 누린다고? 그것이 쉽고 효율적인 방식이라고? 진리와 정의를 묻어버리는 방법론이 어찌 아이들과 교사의 관계라는 교육방법론의 실천을 대신할 수 있다는 것인지. 교사와 아이들 관계를 부정하는 어떤 교육개혁론에 대해서고 과감하게 교사는 나서서 할 말은 해야 한다.

서로서로를 묶어주는 교육이라는 언어의 사용법

아이들'의' 것인 지식활동에서 시작하고 거기로 돌아가는 지난한 과정을 교육의 대상이고 목표로 진술할 수 있다.

날 것 지식활동을 통해 생각과 행동의 변화가 일어나고 있음을 자각하는 학습경험이 '교육 다움'을 규정하는 결정적으로 중요한 특성이다.

당신의 교육활동 혹은 교육논의는 아이들'의' 것 지식활동을 중심에 놓고 있는지, 그럴 수 있을 때만이 교육적 타당성을 얻는다.

인간학습은 지적비약과 기술의 응용이라는 정신과정 state of mind을 포함한다.

전과 아주 다른 '교육적 타당성' 질문을 가지고, 교육과 교육학에 대해 나의 이야기를 여기저기서 쏟아내고 있다. 나의 질문은 교육학을 성립시키는 탐구의 대상과 탐구의 방법론을 함축하고 있다고 믿는다. 이런 의미로 나의 교육과 교육학 이야기는 '교육학이 되는 교육활동' 쪽으로 편향되어 있다고 봐도 된다. 나의 교육언어 사용법은, 차별의 벽을 허물고 같이 사는 사회의 기획과 실천이 되는 교육, 공적 자원이 되는 교육의 전통을 이어받고 있다. 페스탈로치의 민중교육 이념과 교직정신을 오늘 우리의 것으로 다시 진술하고 있다고 생각한다. 나의 이야기는 교육은 人才가 아닌 人材를 길러내는 사회적 실천일 수밖에 없다고 선언하고 있다. 어느 교사가 말했다. '우리교육은 야단을 쳐야 아주 조금

바뀐다.'(대구 공립 대안학교 김병하) 그 말의 힘에 기대어, 나는 듣는 사람들이 발끈해주기를 기다리며 다소간 과도하게 나의 주장을 드러내기도 했다. 본질적인 것을 추구하는 방향감각을 분명히 하고, 그리고 스스로에게 묻는다. 무엇을 어떻게 가르치면 교육이 되는가? 그것은 방향감을 갖고 길을 가며 길고도 긴 과정의 이정표를 세우는 작업과 다름 아니다. 이치에 닿으면 돼, 정답이 아니라도 물음을 갖고 진전할 수 있는 일리 있는 답을 얻으면 되는 거야. 다른 누군가는 나의 것과 다른 일리를 얻을 거야. 그도 나도 이치에 닿는 활동을 하려고 애쓰고 있어. 그게 우리들 서로서로를 동료교사로 만들어주는 인연의 고리가 되는 거지. 이 물음을 정당화하지 못하면 그도 나도 교사이기를 포기하는 것과 진배없다고 거칠게 말했다. '교육의 질은 교사의 질을 넘지 못한다.' 이떤 교사는 이를 두고 꼰대라고 우스개 하기도 했지만 그러나 임장학관과 저는 이 선언적 언사를 실질이 되게 하자고 용감하게 말했다. 다만 그것이 개인교사의 자질론이 아니라, 피아제의 말을 빌려, 교육학이 되는 교육활동을 성립시키는 교직의 존재(서로서로가 되는 언어를 사용하는 지성이 되는 관계)를 지칭한다고 분명히 했다. 교직의 정신에 의해 수식되지 않는 교육은 교육이 아니라고 고쳐 말 하려고 했다.

교육의 '현실성' 자원이 필수적이다. 말과 문제풀이가 아닌, 사물과 지식활동에 주목할 수밖에 없다.

문해, 아프리카 문해, 아프리카를 공부하기 위한
reality words, school words아닌. 서사와 맥락

문해, '해독하여 읽는다.'라는 뜻이겠지요. 이즈음 문자 문해, 디지털

문해, 생태 문해 라고도 합니다. 해독하여 읽어야 할 긴요한 것들이 출현하고 있다는 말인 듯합니다. 문해, 글을 읽는 것은 세계를 읽는 것이다. 아프리카를 읽는 것은 세계를 읽는 것이다. decodification, 포장하여 감춰놓은 것을 폭로하고 고발한다, 자원의 저주? 아프리카인을 갈라치기 하여 지배하고 착취하는 특별한 방식이라고 해독해야 하지 않는가? 신사의 나라 영국, 예술의 나라 프랑스? 신사, 예술이라는 상징 조작은 저들이 아프리카에 저지른 죄악을 숨기려는 기만책이라고 해독해야 하지 않는가? 세계를 읽는 문해의 개념을 통해 해방의 교육학을 수립했다.

지리산책 아프리카 100회 강의를 맞이하며, 저는 '아프리카 문해'라고 새로운 낱말을 노트에 적고 슬쩍슬쩍 사용하고 있습니다. 검은 색, 상복, 자원의 저주, 부족사회, 부족 끼리 원수 대하듯 갈등 대립을 증폭시키는 기제로 작용하는 국경선, 선거라는 형식을 통한 극한적 갈등 대립 유발, 착취의 지름길이 된 개발 사업, 고유 언어를 대체하는 종주국 언어 등등. 아프리카 문해는 서구 이른바 문명국가들이 저지른 죄악을 배경으로 아프리카의 좌절과 희망을 전혀 다른 언어로 소통할 수 있어야 한다는 그런 상상에서 나온 낱말입니다. 낱말의 사용법을 대강이라도 만들어 우리끼리 사용하며 자꾸 사용의 범위를 넓히면 그 낱말이 하나의 문화로, 세계사의 한 장으로 등재되게 될 거라고 또한 상상했습니다. 어제 선생님께 묻고 답을 듣는 자리에서 이런 상상이 조금 더 간절해 졌습니다. 노예시장이 특정 시기 특정 장소에 국한 된 것이 아니라 아주 오래전부터 전 아프리카 지역에서 아프리카인들 사이에 벌어진 노예 전쟁, 노예 판매, 참혹한 동족 노예쟁탈전을 뒤에서 음흉한 웃음으로 조종한 역사적 문명국들, 특히 그 쟁탈전을 조직화하여 국제노예시장으로 구조화한 서구 문명국들, 그들의 죄악이 세계사의 절대 놓칠 수 없는 한 장이 되어야 한다는 강한 느낌이었습니다. 우리의 아프리카 문해는 반드시 인구에 회자되어야 하겠습니다. 우리 수능에도 출제되고 교과서에도 실려야 하겠습니다. 아프리카 문해라는 낱말의 이런 저런 사용법을 모우고, 그것을 명료하게 정의내리면 다시 새로운 의미들을 도출하게 되겠지요. 그러면 아프리카 문해는 이론적 개념이 되겠지요. 늦었지만 우리들 스스로 잠에서 깨어 저마다 자기 자리에서 떠오른 이런 저런 생각을 적어두고 나누었으면 합니다. 어쩌면 '아프리카 문해' 심포지엄도 열 수 있을지 모르겠습니다.

아프리카인의 역사적 치유 없이, 그 어떤 인도주의 그 어떤 휴머니즘 그 어떤 합창교향악도 나올 수 없을 것입니다. 아프리카 비극은 민 나라 판타지가 아닙니다. 우리의 관심사이어야 합니다.

사회적 리얼리티에 터한 교육체제

일생을 걸고, 자신과 싸우는 것 그리고 우겨넣는 세력과 싸우는 것, 그 싸움이 '인간화의 가치를 지키는 조건이 되는 것, 거기에 교육체제를 구축하는 원리가 있다. 거기에 함축되어 있는 교사와 학생의 개념에는, 공급자와 수요자의 단순한 교환관계가 아닌, 지도를 매개한 대화관계가 들어 있다. 역사적으로 지도를 매개한 대화관계는 시민사회의 힘을 얻어 제도화되었다. 교육은 규정보다는 교육담론(교육문화)을 참조체제로 하여 성립하는 합리성에 따르는 활동이 되었다. 이 합리성에 따른 활동이라는 특수성은 교사의 자주성 주장의 근거가 되었다. 우리는 이 흐름을 깊이 읽어야 한다. 그렇다고 교사의 자주성이 온전히 지켜진 교육제도를 만들어 내는데, 모든 사회가 성공했다고 말하지는 않는다. 다만 시민사회는 이 교육제도의 필요조건이었다. 그 교육제도를 의욕 하는 사회적 지도력(교직)이 그 사회에 형성되어 있느냐를 묻는 것이 반드시 병행되어야 한다.

  선진 사회의 교육개혁은 이 흐름 위에서 이루어지고 있다고 믿는다 (서구사회를 결코 칭송하고자 함이 아니라, 우리의 현실을 더 잘 들여다보기 위한 지적 전략임을 알아주었으면 한다). 그들의 교육개혁은 오늘의 밖(정치와 경제)의 요구에 따른 충격을 흡수하고, 학교체제에 달라붙어 있는 비효율과 비능률을 털어내는 일이라고 말할 수 있다. 그들에게 교사에게 쏠린 권력의 편향을 학생 쪽으로 돌림으로써 그만큼 학부모의 교육관여를 넓히려는 것이다. 거기에는 사회의 요구를 교육현장에 더 끌어들여야 한다는 현실인식이 들어 있다. 이데올로기 논쟁은 중요하지만, 이데올로기적 요구를 삶에 적응시키는 지성과 도덕성 문제에도 우리의 관심을 돌려야 한다. 이 지점에서 Bantock(Freedom and Authority in Education, 11)이 현실에 대해 지나치게 낙관주의를 표명하고 있는 듀이 진보주의에 가한 비판을 새겨듣는다.

  내가 보기에, 듀이의 진보주의 개념은 박탈당한 사람들의 입장에서 학습을 부추길 유인가를 찾아내려는 시도에서 나온 것이다. 나는 이러한 교육설계는 사회적 리얼리티에는 전혀 기반을 두지 않은, 그런 사회적 사고에 너무 깊이 연루된 것이라고 본다. 모든 진보주의자들처럼, 듀이는 허용과 지도 사이를 오락가락했으며, 그의 지도란 문화적 해방보다는 집단주의(공동체)를 옹호하는 선에서 이루어졌다.

  진보의 법칙이 자신과 싸우며 일생에 걸쳐 자기 삶을 형성하는 인간을 인도하는 엄중한 지도가 되어야 한다는 뜻인 것 같다.

우리의 교육개혁을 어떻게 이해하고 실천해야 하는가? 우리의 교육론과 체제에는 근본적으로 교사와 학생의 관계 개념이 들어 있지 않다. '우리 교육은 구조적으로 1) 고비용과 저효율의 문제를 안고 있으며, 2) 교육의 자주성을 훼손함으로써 교육의 본질과 본연의 모습에 일탈해 있다. 교육의 타당성을 잃게 될 때 효율의 의미가 없게 된다. 3) 교육의 책무성이 결여되어 교육의 실패에 책임지는 기관과 사람이 없다' (이종재, 교육체제의 구조조정방안, 25). 그렇다면 우리는 교육개혁을 하지 말아야 하는가. 오늘 교육개혁은 우리에게도 중요한 흐름이고 피할 수 없게 되어 있다. 무엇을 어떻게 개혁하는가?

민주주의, 교육은 정치이다. reality words

어떤 사람이 하나의 성인으로서 또는 부모로서 응당 가져야 할 사회적 기반을 가지지 못하고 국외자로 떨어져 나가 있을 때, 그 사람의 자녀는 즉시 희망을 상실하게 된다. (프레이리)

이제 교육에 대한 걱정을, 특정한 세력에게만 위탁하지 말고 그리고 밀실에서 하지 말고, 과거와 미래의 조망을 가진 사람이면 누구나 광장에 모여 함께 하자는 것이다. 교사·학생관계를 중심에 놓으려는 사람들은 분명 우리 역사의 과거와 미래를 조망하고 있을 것이다. 그것이 오늘 교육에 리얼리티를 불어넣는 유일한 길이다. 그것은 우리 사회의 광범한 '보수화'경향과의 싸움을 포함한다.

정주영과 전태일의 걸음과 낱말, 다른 세상을 바라보는 눈

정주영 같은 천재 기업인과 전태일 같은 천재 노동자가 함께 동네 음악회에서 연주자의 연주에 대해 이 점이 아쉬웠다는 둥, 이 부분에 반음을 낮추니 듣기 좋았다는 둥 이야기 나누는 세상은 상상할 수도 없는 이상세계인가? 왜 그는 작은 책을 쓰지 않았을까? 최단기간 굴을 뚫는 그의 '해봤어' 경험칙이 통하는 세상만 있는 것이 아니라 수학적 논리적 사고 없이는 뚫어내지 못하는 세상도 있다는 것을, 이 기업가 천재가 모를 리가 없을 터인데. 그의 경험칙이 통하는 세상은 그 시대의 것일 뿐이라는 것을 그 천재가 몰랐을 리가 없다. 그의 책은 분명 참회록이었을 것이다.

전태일이 가혹한 노동 때문에 죽음을 택했을까? 이 노동자 천재도 억압으로부터의 해방을 이루는 세상 말고 다른 세상, 말하자면 '앎을 통한 자기해방'의 세상도 있다는 것을 능히 알 고 있었을 터인데….

송진경(대구 초등 교사)은, '다른 세상을 바라보는 눈, 그 눈이면 그 누구든 모여서 이야기 나누는 세상일 터인데, 누구든 얼마든지 희망해도 되는 세상살이인데, 왜 그게 먼 나라 이야기 같이 들어야 하느냐'고 질문했다.

실존의 경험, 성취의 경험, 감정을 넘어 교육의 문제로

사람이 사는 것 자체가 정치라는 말이 있습니다. 과도한 일반화라고 치부하면서도 한편 일상을 살면서 문득 내가 지금 뭘 하고 있어, '문제'를 의식하며. 방향전환, 결단의 계기를 갖게 되는 것, 그것이 정치의 원형이 아닌가 싶어요. '철학적 성찰을 통해 번쩍 드는 든 정신'(야스퍼스) 그는 실존이다. 실존을 체험한다. 실존은 철학적 성찰과 같이 있다. 시대는 실존이기를 요청한다. 오늘을 철학하도록 요청한다. 당신의 신념

을 확신하지 마라, 번쩍 드는 정신에 의한 결단이 당신의 확신이다. 아이가 우물에 빠지려 한다. 당신은 그 아이에게 달려가 손을 내민다. 그것은 인간의 내적 자발성, 측은지심일 것이다. 한편 물에 빠져 허우적거리는 사람을 구하려 물에 뛰어 던다면 내가 죽을지 모른다고 망설이는 심리도 인간의 것이다. 인간의 내면의 움직임을 도덕의 법정에 세울 수는 없다. 저곳에 연기가 피어오른다. 불이 났다고 확신하는 그 확신은 잠정적이다. 보증을 기다리고 있다. 더 기다리고 자료를 필요로 한다. 듀이는 인간의 탐구, 보증 받은 확신warranted assertion을 얻으려는 성취의 경험에 더 큰 중요성을 두었다. 듀이에 의거하여, 사람들의 가치판단을 (교육의) 문제로 제기할 수 있다.

역사적 경험으로서, 교사와 학생의 교육적 관계가 어떻게 가능한지를 우선적으로 숙고해야 한다. 그것과 동시에, 시장모형에서 성립하는 교사와 학생의 지위, 다시 말해 독점적인 공교육체제가 아닌 다층 다양한 유형의 교육에서 성립하는 공급자와 수요자의 지위를 경험케 하는 일이다. 이 일은 교육현장에서 교재와 활동을 구성하는 권능을 교사에게 주는 데서 시작한다. 교재와 활동을 구성할 수 있는 조건이 교사의 전문성이라면, 한편 그것을 구성할 수 있는 여건은 '교과서와 시험' 뿐인 닫혀 있는 학교체제를 과감하게 열어 제치는 교육행정의 민주주의이다. 교사의 전문성은, 교사 개인의 자질이기도 하지만 보다 중요한 것은 자신의 전문성 발휘를 의미 있게 하는 사회역사적 비판이어야 한다. 전문성은 교육이라는 인간 삶에 내축되어 있는 인간해방의 엄중성에 대한 자각을 포함하기 때문이다. 여기에 교직의 기원이 있다. 이 교직은 긴 사회역사적 과정을 거쳐 형성되었다. 우리는 이 긴 과정을, 정치적 결단을 통해, 다소간 혼란을 참으면서, 단축할 수 있다. 이 혼란스러움을 당분간 참고 기다려 주는 사회적 관용이 있어야 한다. 사회적 관용을 위한 언론의 대국민 설득기능을 기대할 수 있지만, 그러나 우리의 언론은 그럴 용의도 그럴 능력도 없어 보인다.

인간 삶의 중요한 영역일수록 당사자들을 중심에 세우는 것, 그것이 오늘 우리가 해야 할 정치이다. '인간임'의 가치가 걸려있는 삶의 기본적이고 중요한 영역이 있다면, 그것들은 교육과 의료와 사법이라고 하는데 모두 동의할 것이다. 적어도 이 세 영역에서, 한 사람 한 사람이 해방을 맛볼 때(사람대접을 받을 때), 그는 문화 창조의 품격을 고민하며 일생에 걸친 발달하는 존재로 다시 태어날 것이다. 진지하게 세상을 살려는 합리적 인간이면 누구나, 그것에 민감한 것이 최소한의 윤리적 선택이라는 것을 알 것이다. (이훈도와 주고받은 대화)

나는 뜻을 같이 하는 동료 친구들과 함께 사회적 협동조합 〈지식과세상〉을 운영하는 일에 힘을 보태고 있다. 〈지식과세상〉 상설교실인 지리산책(박찬석)에서 진행된 100회가 넘는 아프리카의 비극에 대한 강의와 토론은, 나에게 인류적 과업으로서의 교육에 대한 새로운 시각을 주었다. 그리고 매월 첫 화요일 노학들이 모여 나누는 이런저런 담론도 나의 생각을 녹 설지 않게 한다. 또한 〈지식과세상〉 운영회의에서 주고받은 고민은 나의 귀중한 자산으로 축적되어 있다.

시작에서 마무리까지 함께 해 준 친구이자 작은책 편집을 책임지고 있는 김병하 교수님, 궂은 일 마다하지 않은 홍순환님, 김채원님, 이 분들의 도움이 없었다면 이 책은 나올 수 없었다. 고마움을 표시할 말이 쉽게 떠오르지 않는지만 〈도서출판 참〉 윤지현 대표님께 감사의 인사를 드린다.

교육에 관심이 있는 분들에게 함께 이야기 나누는 자리에서, 오늘 우리들 모두가 '말하고자 하는 바의 것, 즉 주제를 선명하게 제시하고 그리고 말하려는 바의 관심사, 즉 대상의 한계를 분명히 설정하는 방식으로 강의안들을 엮으려고 한다. 교육은 교육전문가에게, 그럴 수밖에 없다는 논리를 싸고도는 편집을 하려고 한다. 실린 글 하나 하나는 교육현장의 난관을 풀어가는 문제해결의 열쇠일 수 있겠다는 생각이 들도록 편집하려고 한다. 역부족이었다. 여러 편의 글을 간추리고 뽑아서 묶었다. 강의는 죄다 연관되어 있지만 따로 떼어 읽어도 된다.

세종 강의노트를 묶어 책으로 편집하면서 나의 내심의 작업가설은 이러하다. 강의집은 '교사연수'의 길잡이일 수 있도록 만들어졌다. 교사양성은 pre-service와 in-service로 제도화되어 있다. 무엇보다 in-service에 대해, 가르치는 기법을 넘어 학술수준의 교과지식과 사상성에 대해, 즉 교육과정 작업에 대해 관심을 끌 수 있는 토픽, 화제를 중심으로 주제, 메시지를 드러내려고 했다. 교육은 세계를 변화시키는 일이라고, 그 일은 교사의 전문성, 교육과정 작업에 의존한다고 말했다. 그러면서 교사는 시대와 불화할 수밖에 없다고 또한 말했다. 시대에 발언해야 한다고, 그것은 근 현대 교육의 초석을 이루고 있는 역사적인 민중교육의 이념과 교직정신의 계승으로 나타난다고 말하려고 했다.

열쇠 문장

기초교육

　아이들'의' 지식활동이 표현되는 교실관계는 실재한다.

교사책임교육론

　교사의 교육방법론의 실천이 교육이다.

개인과 사회

관심사 일에 열중하는 그 개인의 능력과 그 능력을 실현 할 기회를 넓히는 시스템으로서 사회, 그 관계이다.

나의 교육학 강의는 이 열쇄 문장을 바탕으로 하고 있으며 또한 이 열쇄 문장에 포함된 가치를 상론하고 있다고 봐도 된다.

맺음, 시험국민의 나라, 공통감각 common sense

한 나라의 국민이 되는 데 국적만 필요한 건 아니다. 한나라 국민이 공통적으로 기억하고 공유할 만한 이야기, 그 이야기가 사람들을 결속시켜준다.

학교 안이건 밖이건 대한민국 사람들 모두에게 공통되고 생애의 교육과정이 하나 있다면 단연코 '시험'이다. 시험을 통해 배웠고 시험을 통해 지식을 선정했고 시험을 통해 인생의 순간을 결정했다. 천 년 세월 동안 과거 시험으로 인해 만들어진 양반의 삶과 국가권력, 일제 시대를 통해 사회적 일상 공간에까지 뿌리내리게 된 다양한 경쟁시험, 그리고 해방 이후 객관식 위주 시험방법이 학교와 사회를 장악하게 된 시간, 오랜 세월 동안 한국인들에게 시험은 통제의 좁은 수로에 갇히게 하는 수단이자 그 수로를 타고 상승할 수 있는 수단이었다. 좁은 수로 속에서 더 빨리 더 효율적으로 세상에 적응하고 보상받거나 시험에 실패해 사회에서 버려졌다. 시험으로 인해 좌절하고 희망했던 역사만큼 우리들은 시험과 관련된 모든 것들에 요란스럽게 반응하지만 동시에 시험이 중요하기 때문에 당황스러울 만큼 손쉽게 시험주관자에게 제압된다. 시험 순응적 몸과 의식이 되었고 시험이란 일단 잘 쳐야 하는 국민 공통 과제였다. 〈시험국민의 탄생〉을 저술한 이경숙의 탄식

강의3. 사람에 대한 예의
교사가 지켜야 할 예의: 물음을 자아내는 (교과와 생활)지도

　오래 전, 황량한 벌판에 짐승인 듯 사람인 듯 백골 사진, '죽음의 일상과 삶의 덧없음'이라고 적은 한 컷 사진, 책상머리에 두고 조금 오래 오며가며 쳐다 본 적이 있다. 죽음은 멀리 있지 않고 고개만 돌리면 거기에 있다. 긴 세월 온 세상, 돌보지 않은 채 여기 저기 흐트러져 있다. 삶은 잠시 그 곳에 머물며 한 점 남기는 흔적이다. 사진을 찍은 사람도 사진을 보는 사람들도 아마 이런 상상을 하리라고 생각했다. '비극의 의식'이라는 낱말도 떠올랐다. 이런 문장도 떠올랐다. 비극은 정의를 독점하는 사람이 -당대 보통 사람들이 지닌 정의감보다 낮은 수준의 정의감을 지닌 사람- 만들어내고, 한편 희극의 주제는 당대 같이 살아가는 사람들보다 정의의 발달 단계가 높은 '바보들'이 저지를 수밖에 없는 실수이다. 정의의 감sense of justice이란 '사람노릇'이라는 일상의 의미, 사람을 갈라치기 하지 않으려는 감성을 드러내고 있을 것이며 또한 사람에 대한 예의를 표명한 말일 것이다. 비극을 의식한다는 것은 바보일지언정 그래도 사람노릇 하며 살아야 한다고 자신에게 다짐한다는 뜻이라고 읽었다. 지금도 민초들은 '때려서라도 사람 만들어 주이소'라고 선생님에게 간청한다. 사람에 대한 예의가 살아 있는 관계라면 그 어떤 난관에도 굶어죽는 사람은 생기지 않는다는 민초의 삶의 지혜라고 나는 읽었다.
　오늘, 조선 그 때 그 시절보다 사람을 갈라치기 하는 벽이 더 높고 두터워진 듯, '사람노릇' 그 자체 죽은 언어가 되어버렸다.

비극의식 없이는 인간에 대한 예의도 없다.
강자의 치기만 넘실댄다.

식민지 근대화론자들은 이렇게 말한다.
'조선 망국, 힘이 없어 망했다. 썩어 문들어져 망했다.' 그들의 속내는 아마도 이런 것일 터이다. 힘을 얻을 수 있다면 무엇인들 못하나, 무릎을 꿇어도 된다. 일본 식민지 지배 없었다면 오늘 우리 이만큼 됐겠어. 현실을 봐. 힘이야. 서럽고 외로웠던 시절의 그 무참히 짓밟힌 인권 타령, 그게 밥 먹여줘, 십만양병설을 떠올려봐, 그게 설이 아니고 행동이었으면 그게 밥이야 인권이야. 인재를 키우고 인재를 대접해야 돼, 노벨상 받으면 국격이 올라가게 되어 있어. 수출도 잘되고 대접도 잘 받게 돼. 또 어떤 이는 이렇게 탄식한다. 힘이 있으면 침략하나, 침략하고 억압하고 수탈하는 자들을 부러워하고 당한 자들을 저주하는가, 이제 우리도 힘을 길렀다고 만만한 자들을 깔보고 뭉개고 있구나. 그래서 그런지 '인간교육' 운운 얼치기 이상주의자들이 우리 교육과 사회의 발전을 가로막고 앞서가는 인재의 발목을 잡는다고 저주인 듯 비난하는 사람들이 여기저기 있다. 어째서 저들은 다정하고 연약한 심성에 '이다지도 원한이 깊은가?' 저들은 공동체 구성원이기에 충분하다고 할 만큼 자신의 역할을 다하고 있기나 할까? 가르치려드는 자들 아닌지 모르겠다. 도대체 이런 반문명, 반인간의 행태는 어디서 오나?

특별한 유언

1967년 8월 모든 사람들의 간절한 기도, '살아서 돌아오십시오,' 지하 갱도에 매몰된 광부 김창선, 19일간 버틴 죽음을 직감한 김창선의 그

'평범한' 유언, '보조금 잘 챙겨서 형수한테 전해라 형수는 잘 모른다. 아이들 학교 잘 보내고, 벗어놓은 바지 주머니에 돈 320원 있다.' 그 평범함의 특별함, 듣는 모든 사람들에게 삶의 덧없음, 죽음의 일상성을 각인시켜주었다. 그 평범함이 지독한 외로움 서러움의 특별함인 것을 알았다. 그의 마지막 언어에는 어떤 원한도 없고 썩어 문들어졌다는 저주도 없다.

강자는 죽음 앞에서 무슨 특별한 말을 할까, 특별한 사연을 남길 삶을 살았다고 유언인 듯 말하고 세상을 등질까? 비극의식이라고는 털끝만큼도 없는데.

쓸쓸하고 외로운 어느 노인의 지독한 사랑

노인 시설로 실려 간 어느 할머니, 택시기사가 전해준 이야기를 옮겨 적습니다, 기차역, 할머니 한 분이 건네준 주소로 이동, 아파트 입구 대기하던 며느리, 여기 어디라고 와요, 기사님 이 주소로 좀 데려다 주세요. 다시 그 주소지 며느리의 시퍼런 얼굴, 이 주소를 적어준 그 사람에게 다시 데려다 주세요. 여기 있을 곳 아니지요, '뭐가 이래' 욕설하듯 했더니 극구 말리는 할머니가 하도 가엾어 그대로 차를 돌려 경찰 지구대로 할머니 모셨지만, 경찰은 경찰대로 개입할 문제가 아니랍니다. 가정사 잖아요. 이런 일 자주 있어요. 여기 두고 가시면 독거노인 시설로 보내겠습니다. 한 동안 잠을 이루지 못했습니다. 할머니와 관계없이 며느리들, 그 뒤에 숨은 자식새끼들, 이런 쌍 놈과 년들에게 욕이라도 하고 뺨을 때렸어야 했는데....분하고 불쌍하고, 그 분들의 문제이지만 또한 우리 세상문제인 것 같아요. 어디에 대고 욕을 퍼 붓고 싶은데 그게 어딘지 모르겠어요.

자아실현의 오용 남용

　대구 팔공산 계곡 동화천가에 살고 있다. 많은 그 곳 주민들은 동화천 갓 길과 올레 길을 산책한다. 10년 넘게 산책을 하지 않다가 이즈음 다시 산책을 나간다. 10년과 오늘 너무 달라진 산책 풍경에 놀란다. 거의 대부분 남녀노소 가리지 않고 신발을 벗은 채 올레 길을 오르고 내리는 분들 틈에 끼어 산책한다. 개들을 피해 다녀야 할 만큼 개들 천국의 동화천 갓길을 산책한다, 무엇이 이런 변화를 일으켰는지 궁금하기 짝이 없다. 나는 맨 발 산책과 개 천국 산책을 '비도덕적 (신체와 정신의)건강주의 신드롬, 문화적 패턴'(Banfield, the Moral basis of a backward society)이라고 이름을 지었다. 건강에 대한 관심은 예나 지금이나 같다. 같다 싶으면서도 조금 다른 것은 신체의 건강과 함께 정신의 건강에 대한 근심이 더 커진 것 같다는 느낌이다. 정신건강주의는, 먹고 마시고 떠나고 노래하고 춤추고 꾸미고 드러내고 금기를 부수고, 온통 트롯 노래만 부르는 듯 즐기는, 오락사회를 나타내는 징표 아닌가. 풍요를 즐기라고 멍석을 펴주며 팔짱끼고 웃고 있는 자들은 누구일까? 멍석에 자리 잡지 못하고 구석으로 한 없이 밀려나는 자는 또 누구일까? 의상미를 추구하는 것과 그것을 상품으로 되치기 하여 명품 시장을 번창시키는 것은 다르다. 내가 그것을 소유하고 치장하고 다니는 것은 시장의 문제이지 의상미의 추구는 아니지 않은가? 소비가 미덕이고 소비가 나라 경제를 살리고..., 그것은 정권 홍보물이지 어째 인간 삶의 문제가 될 수 있는가. 자본주의이니 당연하다고? 자본주의를 선택한 모든 나라가 다 그런가? 이런 변화를 낳고 확산시키고 고착시키는 그들의 정신세계 state of mind를 구성하는 가치관, 세계관에 대한 심층적 탐문을 필요로 한다.

네델란드 국왕, 아프리카 노예제 사과

　노예제 반성 사과, 자국이 부를 쌓는데 이용한 가혹하기 그지없는 아프리카 노예제에 대해 사과했다. 이미 지나간 것이니 '미안해'라고 사과하면 된다는 듯이 가볍게 사과했다. 오늘 아프리카인들이 겪고 있는 참담한 고통에 대해 어떻게 책임을 지겠다고 공표해야 진정한 사과가 아닌가? 적어도 물질적 보상, 배상이 따르는 사과라야 하지 않는가? 국익을 앞세우는 강대국들은 사과의 기본 문법, 예의마저도 잊어버린 것 같다.

영국여왕의 장례와 아프리카의 비극

　거창한 상례, 그게 문명국의 문명인가? 문명국들의 진탕 먹고 마시는 야만의 잔치 아닌가? '개처럼 묻히고 쉽지 않아서 장례의례를 만들었다.' 어느 누구의 죽음도 특별하지 않다. 참으로 평범한, 김창선 같은, '인간의 말'을 들려주는 특별한 장례를 치를 수는 없었을까? 아프리카에 저지른 죄악에 대해 눈시울을 적시는 인간적 언어를 보여주었으면 어떨까? 강자의 길을 너무 오래 걸은 탓인지 온 영국이 상상력 빈곤을 노출하고 말았다.

우주 쓰레기

　인간이 가는 모든 곳에는 쓰레기가 남는다. 남겨진 쓰레기가 결국엔 인류에게 위험으로 돌아온다는 것을 지구 안에서 경험했다. 이제 인류의 활동 범위는 지구 밖으로 늘어났다. 우주에도 인류는 쓰레기를 남기고 있다. 2020년 12월 30일 기준 2만 2055개의 인공우주물체가 지구궤도에 남아 있습니다. 9월에 비해 738개의 인공우주물체가 늘어났습니다. 그 중 운영 중인 인공위성은 약16%인 3576개이고 나머지는 우주 쓰레기로 지구 궤도에 남아 있습니다(최은정, 우주 쓰레기가 온다, 25).

 우주에 자원이 넘쳐난다고, 강대국들은 우선 달의 자원을 캐내는 일에 선두가 되고자 우주 쓰레기를 쏟아낸다. 국력, 국격의 지표가 인공위성 발사인 듯, 선진 강국이다 싶은 나라들 너도 나도 쏘아댄다.

학교다움의 예의 그리고 교육자원

 입학식, 졸업식이 사라졌다. 가정방문도 사라지고 봄 가을 소풍도 사라졌다. 사은의 날도 사라졌다. 가을 운동회도 사라졌다. 조례 종례도 사라졌다. 학급일지도 사라졌다. 수업일지도 사라졌다. 학급회도 전교회도 사라졌다. 언제부터 사라졌을까? 어떤 이유로 사라졌을까? 일제 잔재라서? 아이들에게 자유를 주기 위해? 교사의 잡무를 줄이기 위해? 아무튼 교사와 아이들이 수업 이외에 만날 수 있는 어떤 다른 기회가 남아 있는지, 학교 밖의 사람들은 모르는 그런 은밀한 때와 곳을 새롭게 만들어냈는지?

 어느 교사는 '아이들에 대한 자료가 아무 것도 없다'고 한 숨을 쉬었다. 교육자원은 뭘까? 돈인가? 모이면 돈타령이다. 교육자원이 돈과 인력으로 고정되면서 관료지배의 교육체제로 전락했다. 교육자원을 모을 수 있는 모든 기회를 잡무라고 걷어찼다.

 '학교는 특별한 장소이다.' 학문은 생성되는 것이야, 학생들이 스스로 문제를 확정하고 연구하여 발표하고 토론함으로써 학문의 세계에 진입하는 거야. 학문의 자유, 학교의 자유는 보장되어야 해. 학문에 기초하여 모든 교육체제를 구축해야 해. 근 현대 교육을 성립시킨 중요한 명제이었다. 풍부한 교육자원 없이 가능하겠는가?

학교는 거기에 걸 맞는 예절을 갖춰야 하겠지. 예, 예의, 예절, 따지면 사람관계를 표상하는 낱말이겠지. 앎의 생성을 매개하는 사람관계라면 그 관계를 지속가능하게 하는 시스템도 있을 거야. 거기에 예가 반드시 있어야 하지. 예는 절로 발생하기도 하고 필요해서 만들어지기도 하지.

사람(관계)에 대한 이해가 곧 (소프트)교육자원이다. 예는 관계의 문제, 관계의 구속에서 개인의 자유를 향유하는 문제이다. 일제 강점기 우리 학교의 예는 저들 필요에 의해 강요된 것들이 많겠지. 개발독재도 마찬가지 일터이고, 그 때 그 예는 교육의 본질을 사그러 들게 하는 강압적인 통제 장치이기도 했다. 그렇다고 학교의 특별함을 부정하는 예, 예의까지 모조리 피기해야 하는가? 학교의 특별함을 지키는 예의, 교육의 자율성 교사의 자주성을 지키는 예의는 반드시 요청했어야 했나. 교사의 자주는 교사와 아이들 관계를 중심에 놓으려는 예의, 방법론이다. 그 예의를 갖춘 교사가 나서서, 학생이 갖추어야 할 예의, 학부모가 갖추어야 할 예의, 국가가 갖추어야 할 예의에 대해 발언하고 행동했어야 한다. 무엇을 버리고 무엇을 취하고 무엇을 새로 만들어야 하는지 고민했어야 한다.

사람에 대한 예의를 잃어버리는 기제, 사람을 규정하는 습벽, 도대체 당신은 누구인데 다른 사람들과 그들의 삶을 한마디로 잘라서 규정하려드는가? 사람에 대한 예의를 잃은 사람들은 그 누구나 상대를 일단 규정하고 대접한다. 그들은 너무 쉽게 학력과 경력이라는 울타리 안과 밖에 위치한 사람들을 가려내고 그에 맞게 대접한다. 사람을 자의적으로 규정하는 습벽은 삶과 분리된 교육의 원인이고 결과이다. 개인도 국가도 강한 경쟁력으로 남보다 우위에 서야 만이 그 때 비로소 인격을 논할 수 있고 국격을 내세울 수 있다고 훈계한다. 그것이 선진사회로

가는 길이라고 한다. 그게 맞나, 그래도 될까?

여기 사람에 대한 예의를 적나라하게 보여준 생생한 '사건'이 있다.

동산병원 의사 김동은의 〈당신이 나의 백신입니다〉를 읽었다. '츤분튼은 불법 체류자가 아니고 미등록 이주 노동자입니다. 이주 노동자는 일터도 옮기지 못하게 하는 이상한 법 때문에 불법이 된 것뿐입니다. 아픈 사람을 어떻게 불법 사람과 합법 사람으로 나눌 수 있습니까?' 전화통을 들고 한참 동안 울분을 토했던 것 같다. 그날 저녁 병원윤리위원회는 취소되었다.

3월20일 아침 8시, 드디어 츤분튼 형제의 콩팥 이식 수술이 시작되었다. 10번 수술방에서는 비뇨기과 수술 팀이 형의 한 쪽 콩팥을 떼기 시작했다. 맞은 편 11번 수술 방에서는 이식 혈관 외과 수술 팀이 대기하고 있다가 형의 한 쪽 콩팥이 도착하자마자 동생의 몸속에 이식하기 시작했다. 의료진의 관심은 모두 이식을 받은 동생의 소변 줄에 가 있었다. 소변이 잘 나오는지 여부가 수술의 성공과 실패를 보여주기 때문이다. '선생님 소변이 나이아가라 폭포처럼 나오는데요' 수간호사의 환한 웃음에 모두 환호를 질렀다. 나도 모르게 눈물이 주르륵 흘렀다.

'만성신부전증 이주노동자를 도와주실 수 있나요?' 2015년 1월 초 포항의 한 종합병원 내과 선생님의 전화를 받았다. 건강보험이 없어 치료비를 감당하지 못해 그 병원에서 내보내려 한다는 것이었다. '다음 주에 캄보디아로 강제 추방될 것 같아요.' '추방한다는 말은 곧 죽음을 뜻하는 말이었다.'

'일단 우리 병원으로 보내세요.' 사람을 살려야지, 20대 캄보디아 노동자, 평생 투석 치료 받거나 신장 이식 수술 방법 밖에 없다. 캄보디아에 있는 형의 신장 기증, 그 까다로운 한국행 비자발급, 4천만 원 수술비, 츤분튼은 살아났다. 지금 동생 츤분튼은 포항의 자동차 부품공장에서 형은 캄보디아 시골 고향에서 건강하게 잘 살고 있다.

깊고 넓은 온정의 손길 없이 어찌 이런 일이 가능하겠는가. 하나의 사건이지만 그것이 대구사회에 끼친 선한 영향의 크기는 가늠할 수 없다.

김동은, 그는 여기 자기가 일하는 병원으로 보내라고, 사람의 생명, 그것보다 우선하는 가치가 도대체 뭐가 있느냐고, 그는 생각하기 전에 행동했다. 그는 자기 이름으로 입원시키고 숨 돌릴 틈도 없이 백방으로 뛰었다. 그 짧은 시간에 이식할 신장을 구하는 일 등, 하느님 도움 없이는 불가능한, 난관을 뚫어내는 그의 행동은 인간에 대한 예의라는 순결성 말고 다른 무엇으로도 해명될 수 없을 것이다.

그는 예의라고 하지 않고 '당신은 나의 백신입니다' 라고 판타지 같이 말했다. 사람에 대한 예의가 따로 정해져 있는 것은 아니다. 그것은 여럿이 함께 살아가는 규범에 대한 관심과 다름 아니며 그 관심은 다정하고 연약한 심성과 병행한다는 신념과 다름 아니다. 김동은 지극히 풍부한 (소프트)의료자원을 갖춘 의료기술자이다. 그런 기술자는 자신의 의료활동을 통해 지적비약을 쉼 없이 체험한다. 그는 지식인이다.

인간에 대한 예의, 존재와 소유

스스로 존엄하지 않으면 다른 사람의 존엄을 인정하지 못한다. 독일

최고의 뇌 과학자 게랄트 휘터의 〈존엄하게 산다는 것〉 책을 읽어, 김동은의 인간에 대한 예의에 들어 있는 의미를 다시 생각한다.

최고의 학교에서 우수한 성적을 거두어 명망 있는 대학에서 공부를 하고 역시 우수한 성적으로 졸업한 이들, 이들은 곳곳에서 승승장구를 거듭해 마침내 책임자의 자리에 앉았고 이 두 편의 다큐멘터리 영화가 보여주고 있는 만행들을 순순히, 그것도 강한 확신과 엄청난 동기부여를 가지고 추진해나갔다. ‥‥

무엇보다 내 마음을 흔들고 며칠 밤을 지새우게 만든 것은 이들이 바로 이상적인 교육환경이라고 표현하는 곳에서 성장한 엘리트들이라는 사실이었다. 그 교육이 스스로의 존엄함에 대한 인식조차 심어주지 못했음을 이들이 몸소 증명하고 있었다. 소위 엘리트 학교, 일류대학이라고 불리는 곳에서 이들이 경험한 것은 진정한 의미의 교육이 아니었다. 이들은 그저 이익의 극대화라는 목표를 실현하기 위해 타인을 넘어 다른 모든 생명체를 대상화하고 이용할 수 있도록 영리한 지식과 능력을 습득했을 뿐이다(존엄하게 산다는 것, 186-187).

스스로의 존엄함은 어디서 오나, 대책이 아니라 기다림이다. 방법이 아니라 what to teach이다. '자아 형성과 자아 성찰의 과정에 급행은 없다'(위 책, 190). 필요로 하는 것만큼의 여유다. 그냥 던져 놓는 것이 아니다. 문제풀이로 몰아붙이는 것도 아니다. 묻고 말하게 두어라, 묻고 말하는 환경을 조성하라. the academic and scholastic '학술적인 것'을 가지고 놀게 하라. 지식을 소유하게 하지 말고 지식활동을 하게 하라. 묻고 말하기 위해 반드시 자기와 같은 다른 사람을 필요로 한다. 서로에게 영향을 주고받는다. 거기에 존엄이 있다.

교육의 의미를 다시 묻다.

　존엄한 사람의 기본적인 특징 중 하나는 섣불리 나서지 않고 주의 깊고 신중하다는 것이다(위 책, 195). 이들은 자신의 존엄을 해치려고 위협하는 상황에서만 모습을 드러낸다. 그러나 그 분들에게 오늘 우리 사회의 문제 상황을 다시 한 번 깊이 생각하도록 간청한다. '다른 사람들을 희생한 대가로 특권과 권력, 영향력을 얻은 그들은 오늘날 우리 사회의 발전 방향을 결정할 힘을 또한 갖고 있다'(위 책, 196). 사정이 이러하다면 신중하다는 것은 개인적 미덕으로 머물지 않겠는가. 한 사람의 말과 행동을 통해 드러난 존엄함이 사회의 발전에 큰 영향을 끼치던 시대도 있었다. …그런 시대는 이제 지나가고 없다. 오늘 디지털 글로벌 사회에서는 먼저 목소리를 높여 주목을 받고 …모범이 되기도 한다.
　인간으로서의 존엄한 삶을 살고 있는 사람들이 일어나야 하는 시대가 온 것이다. 사회 모든 영역에 필요한 변화이지만 그 중에서도 가장 시급한 것이 바로 교육이다(위 책, 197).

　　존엄함이란 인간이 다른 인간을 대하는 방법, 인간이 인간을 위해 책임을 지는 태도의 문제이다. 얼마나 존엄한 관계를 맺느냐의 문제이다(위 책, 198).

　존엄은 요청이 아니라 엄연한 뇌의 운동이다. 존엄은 누가 주고받는 가치가 아니다. 인간의 품위이다. 인류는 품위의 진화이다. 존엄이라는 자연을 훼손하는 현실사회에서 존엄을 지키기 위해 '나는 존엄한 존재라고 선포하고 나서야 한다.' 스스로 존엄하지 않은 사람이 다른 사람을 존엄을 받아들일 리가 없다. 김동은은 광야에서 존엄을 선포한 선지자이다. 그럼에도 그는 선지자 같이 굴지 않는다. 다른 이의 존엄을 끝

1. 형성 63

내 지키는 행동으로 자신의 존엄을 보여 줄 뿐이다.

어떻게 가르치나? 그의 보여준 놀라운 행동을 듣는 사람들의 감정에 호소하면 그게 가르치는 일이 될까? 그의 행동을 지식으로 갈무리 하여 가르친다. 그의 가치 결정에 이르게 된 경로, 상충하는 가치들을 비판적으로 분석하고 평가하는데 작용한 원리, 원칙이 도대체 무엇이기에 그런 가치결정을 했는지, 정의 원리와 거기서 빚어진 생명의 가치, 존엄성이라고, 그의 선택의 방식을 형식화 하게 될 것이다. 도덕적 정조, 속에서 발현하는 자발적 측은지심이라고 할 수는 없다. 그것으로는 '한 순간 확 뛰어들 수는 있지만' 그러나 뛰어들지 못하는 문제상황도 얼마든지 있을 수 있다. 시작과 지난한 과정과 끝을 가지는 인간사를 해결하려고 한다면. 지성의 힘, 실천이성의 명령이라야 가능하지 않을까. 무엇보다 그래야 가르칠 수 있다. 행동은 가르치지 못한다. 행동에는 설명할 수 없는 우연적 요인들이 여기저기 끼어들기 때문이다. 그 행동을 무슨 수로 가르치나. 교육과정 용어로 이렇게 말하자.

그의 선택과 행동은 가르쳐야 할 충분한 이유를 갖고 있다. 감동을 지식으로 격을 높여야 할 충분한 이유를 갖고 있다. 무엇을 어떻게 가르치면 될까? 존엄의 뇌 과학을, 아니면 삶과 질병의 관계를 묻는 인문학을 가르쳐야 하지 않을까? 학술적인 것 the academic and scholastic을 물음의 형태로 제시하여 학습경험 하도록 하는 것 말고 다른 것이 없다.

최상의 예의, 물음이 먼저다. 일반화를 서두르지 않는다.

지식을 전달하는 방법에 마음을 뺏기지 말라고, 어떤 경우에도 당신이 하는 짓이 지금 무엇을 왜 하는지 스스로 대답을 하는 것이, 그것도 수시로 그렇게 하는 것이 곧 가르치는 일을 성사시킨다, 그림을 그리는 일도, 연구를 하는 일도, 춤을 추는 일도 그러하다. 춤사위에 이렇쿵저렇쿵 하기 전에, 왜 당신은 춤을 추고 있는지 물어야 한다. 그 물음의 본 뜻은 당신의 춤을 오락으로 만들지 않고 여럿이 공유 공통감각(문화)으로 아름다움을 나눈다는 미학을 의식한다는 것이다. 박학을 자랑 한다, 오락을 즐긴다. 그게 아닌 문화, 공통감각을 가지는 것, 그것은 당신의 활동은 '추구하고 있다'는 형식을 갖추고 있으며 그 형식은 풍부한 내용을 담을 수 있는 그릇임을 분명히 보여 주는 것이다. 추구하고 있다는 것은 내가 답을 주는 것이 아니라 물음을 주고 답은 각자가 찾는다는 메시지이다.

깨우침의 진화

교육이 무엇인가라고 묻는, 깨우침(의식)의 진화 evolution in awareness 가 있어 왔다고 나는 믿는다. 자 보자. 오늘날 민주사회라고 하면 반드시 교육문제를 대중 앞에 명쾌하게 제시하는 문화비판자들이 있다. 남미에 파울로 프레이리, 프랑스에 피에르 보르듀, 미국에 닐 포스만, 영국에 A. H. 할시, 바로 그들이다. 지금 모든 선진사회에는 교육에 대한 생생한 공적 논의가 실질적으로 진행 되고 있다. 그럼에도 불구하고 여전히 교육문제를 지성적으로 깊이 파고들 공적 광장이 없다고 말하고 싶다. 이러한 광장이야말로, 앞서 논의한 교육에 대한 정치성 짙은 토론(politicized debate)을 이끌고 또 그 토론을 한 층 지성적으로 고조시킬 수 있을 것이다(Bruner, the Culture of education, 31).

무장투쟁, 혁명이 아닌 토론과 합의를 통한 세상의 변화를 약속하는 민주주의 사회라면, 교육문제를 명쾌하게 제시하는 문화비판자들이 있고, 있어야 한다. 왜 문화비판인가? 교육은 아이들의 세계를 변화시키는 사회적 실천이다. 교육은 what to teach를 매개로 세계를 변화시키는 일에 몰입한다. what to teach는 the academic and scholastic, 묻고 물어 답을 구하는 인간 특유의 지적 작업일 수 밖에 없다. 교육 자체가 문화비판 이다. 무엇을 가르치고 어떻게 가르치는지, 그 자체 교사의 문화비판 행위이다. 과연 현실 정치권력은 그 교육을 인정하겠는가? 그들의 말뿐인 교육개혁에 기대를 걸 수 있겠는가?

교육은 정치이다. 교육 안의 문화비판에 대해 교육 밖의 '문화주입'에 대해, 메타 문화비판은 필수적이다. 깨우침의 진화 메커니즘은 문화비판이다. 교육은 정치이다. 이 방법론적 명제가 지닌 파괴력을 받아들여야 한다.

the academic and scholastic, what to teach, 교사가 지켜야 할 최종적 예의

학술적인 것이란 묻고 물어서 답을 구하는, 본능을 박탈당한, 인간 특유의 짓이라고 규정한다. 그것은 절로 오지 않는다. 교육이라는 인간적 수고를 거쳐 발달한다. 교육은 학술적인 것과 불가분 관계이다.

물을 가르친다. 물의 무엇을 어떻게 가르치려고 하는가? 지적 비약과 기술의 응용을 경험하도록 가르친다. 이것이 가르치는 일의 원리이다. 이런 논점에서 인류문화와 연관하지 않는 교육과정이란 생각할 수 없다. 가르칠 내용 subject matter은 학문적인 것 the academic and scholastic 이고 그것을 구할 수 있는 원천 자료는 학문 예술 도덕, 곧 인류문화이다. 인류문화는 세계를 향해 있는 물음이다. 문제는 아이들이 몰입할 수 있는 물음을 제시하는 것, 가르칠 내용을 물음의 형태로 조직하는 것,

그것이 문제이다. 드러내 말을 해보라, 드러내 행동을 해보라. 사람마다 다를 거예요. 나는 어떻게 하지, 과학교사들은 어떻게 아이들에게 그것을 드러내 보여주지? 일단 나는 삶의 경험을 소재로 가르치면서 그 경험을 학술적인 질문으로 제시하는 방법이라고 생각한다. 그 질문을 어떻게 만들고 아이들의 사고를 자극할지, 그것이 교육과정의 핵심일 것이다.

물음을 만들어낼 단서, 원천자료로서의 비판에 투철한 문화
(학문 예술 도덕)

문화비판으로서의 자유와 존엄의 물음, 그리고 공통감각

　교육이 길을 잃었다고? 사람에 대한 예의가 흔적도 없이 사라진 세상이면 거기에 교육이 있을까? 가정은 기본 공동체이다. 의와 식과 주에 기반을 둔 생존의 체계는 공동체 관계의 기원을 이해하는 주제이다. 인간 삶은 가정이라는 생태환경, 즉 공동체 관계에서 숙성되는 내적 질서감을 이해하지 않고는 제대로 설명될 수 없을 것이다. 내적 질서감은 같이 사는 사람들 관계를 지속시키는 '소리 없는 명령'이다. 사람에 대한 예의는 내 속의 명령인 내적 질서감으로 나타나며, 그 질서감에 형체를 입힌 것이 가정의례일 것이다. 밥상과 밥상머리 대화는 사람노릇의 표준일 것이다. 그 사람노릇에서 빗어지는 구속과 자유는 상호존중을 표상한다.

　춤은 사람 속 내밀한 자유의 표출이지요. 자유가 아닌 춤을 추라고 강요하는 기득권 무용계, 그들의 무대 위에서 추는 춤을 거부합니다. 기득권 저들끼리 짜고 추는 춤에 끼어들어 춤을 추는 자유를 빼앗기고 싶지 않습니다.

지식과 이해의 물음, 그리고 공통감각

 나는 지리학 교수이다. 같다 싶으면 다른 것을 찾아내고 다르다 싶으면 같은 것을 찾아낸다. 같고 다름이 세상을 구성한다. 땅에 뿌리내리고 산다. 땅의 조건에 순응한다. 삶은 땅의 산물이다. 땅의 조건과 맞서 투쟁하듯 삶을 산다. 땅을 경작하듯 동아리지어 살아가는 삶의 방식을 경작한다. 그 길고 험난한 과정을 거치며 한국인이 되고 독일인이 되고 케냐인이 된다. 인류라는 낱말은 어디서 어떻게 살고 살았든 다들 비슷비슷 하다는 의미를 전달하지만 한편 한국인은 한국문화라는 동아리를 지어 살면서 독일인과 다른 느낌 생각 뜻을 소통한다는의미에서더욱진지해지기를당부한다.

 가장 몹쓸 병은 제 스스로를 업신여기는 병이다. 제 삶에서 빚어낸 말을 잃으며 저도 모르게 몹쓸 병에 걸린다. 우리말 모국어를 가르치는 프로그램은 서구 저들의 것과 사뭇 다를 수밖에 없다. 저들의 접근방식이 잘 못되었기에 그렇다는 것이 아니다. 〈김 수업, 우리말은 서럽다〉를 읽으면 우리말이 우리 얼굴(얼)임을 알았고, 지금 보여주는 내 꼴은 나의 말(글)의 결과라고 생각하니 부끄럽기 짝이 없다.

 학문이건 예술이건 도덕이건, 그것들은 같은 걸음 같은 낱말이 되어 모두를 하나의 동아리로 묶는 (인류)문화이다. 그 문화를 사는 사람이라면, '내가 누군데…' 이런 야만스런 처신을 상상할 수 있겠는가? 다시 교육의 관점을 말한다. 만약 당신이 신체의 건강을 염려한다면 자연의 힘을 어떻게 지켜야 하는지도 숙고해야 한다. 또한 당신이 정신의 건강을 염려한다면 세상에 대해 슬퍼하고 분노하는 지성이어야 한다. 그럴 수 있을 때, 맨발 산책도 반려견 산책도 우리 모두의 공동 관심사가 될 것이다.

교육의 이념은 사랑의 사회화라고 말해도 조금도 이상할 게 없다.

문화비판을 매개한 지식활동

학습경험의 확장에 개입하는 것을 '교육적'이라고, 그것만이 교육에 속하는 일이며 또한 가치 있는 일이라고 전략적으로 판단한다. 학습경험은, 문화를 매개한 지식활동을 통해 생각이나 행동에 변화가 일어나고 있다고 스스로 깨닫는 학습자를 상정한다. 교사는 자신의 가르치는 프로그램이 학습자의 학습의욕과 학습활동에 집중하고 있는지, '교육적으로' 타당한지 묻는다. 오로지 '그' 물음을 묻는 교사만이 학습자인 학생들과 마주할 수 있다. 그 교사와 그 학생들은 교육적 관계를 맺고 있다.

문화와 아이들의 지식활동

아이들의 경험의 특성은 '놀라움'이라고 생각한다. 아이들에게 이미 알려져 있는 것은 없다. 아이들은 사물에 말을 걸고 사물에 이름을 준다. 발견과 성취가 아이들의 경험을 구성한다. 정신이 번쩍하는 놀람이다. 그의 행동은 그 자체 질문과 응답이다. 부싯돌로 불을 붙이는 원시 부족에게 도움을 준답시고 성냥을 선물하면 무슨 일이 일어날까? 성냥은 장난감이 되지 않을까? 성냥은 그들에게 그들 자신을 움직이는 행동 즉 질문과 응답을 불러내지 않기 때문이다. 그들에게 도움의 손이 될 수 있는 방법은? 그들의 질문과 응답의 행동을 불러내는 방법은 무엇일까? '불씨를 보존하는 이런저런 방도, 궁금중'아닐까.

아이들에게 스스로 행동하여 '성취하는' 경험을 제공할 환경을 만들어주라. 고기를 잡아주지 말고 고기를 잡는 방법을 제시하라. 그 방법은 직접 가르치는 것이라기보다는 환경을 만들어 주는 것일 터이다. 고기를 잡아주면 한 끼를 먹고 고기 잡는 방법을 가르치면 평생을 산다. (탈무드 지혜)

놀라움은 언제 어떻게 오는가? 놀라움은 성취의 경험에서 온다. 성취의 경험을 통해 사람들은 자기주장을 초월하는 경지를 맛본다. 그 경지는 '몸을 던져 살고 있다'는 자각 없이는 오지 않는다. 그것은 몸을 던져 도전하는 활동을 통해 자신의 생각이나 행동에 변화가 일어났다는 것을 자각하는 학습경험에 내재한다. 그 도전은 안에서 발현하기도 하지만 밖의 요청에 대한 응답이기도 하다. 다시 변화를 자각한다는 것은 어떻게 가능하지? 말의 힘, 사물에 의미를 부여하는 말의 힘 때문에 가능하다. 말의 힘은 삶의 경험에서 내축된다. 인간이면 그 누구나 스스로 말(의미부여)을 '자연적으로' 학습한다. 그 학습은 그야말로 자연적 성취의 경험이다.

'모든 학문의 시원은 놀라움이다. 우리는 이렇게 배워왔다. 왜냐하면 놀라움에서 질문이 샘솟기 때문이다. 그리고 질문은 응답을 찾아 부르고 응답도 이 때 찾아진다'(Ringenbach, 하느님은 음악이시다, 김문환, 8).

이로써 하느님께서는 인간에게 '자유로 와라, 바르게 서라'라고 말하는 것이 너무 이르다는 것을 더욱 분명히 깨달았다. 왜냐하면 피조물로서 인간은 자유를 우선 '학습'해야 했다; 인간에게 이러한 자유의 위탁을 위한 전적인 책임을 부과한다는 것이 무용했음을 하느님께서는 보셨다. 인간은 그의 천성으로 해서 거의 불가피하게 좌초하지 않을 수 없었다 (위 책, 12).

제도종교에 별스런 관심을 두지 않지만, 위에 적은 잠언 같은 말은 참 좋아한다. 학습해야 한다. 학습을 한다는 것은 뭘 어쩐다는 것일까? 너의 삶에 내축된 세상과 소통하는 너의 자연적 학습능력을 마음껏 사용하라. 너는 어느 누구에게서도 사물에 말을 거는 요령을 배우지 않았다. 너의 말의 힘에 놀라지 않는가? 말을 하라. 너의 말은 너의 삶, 생명을 증거 하는 거야. 그 학습만이 인간의 것, 인간다움의 조건이야. 그 인간의 것을 빛나게 갈고 닦는 거야. 놀라움에서 가장 고상한 말을 잉태하게 되는 거야, 답하는 존재가 아니야, 답은 하늘의 것이니 하늘에 돌려줘. 질문만이 인간의 것이야, 인간은 탐구하는 자세로 존재하는 거지. 그게 학문이라고, 인간은 자연적으로 학문하게 되어 있고 학문하기를 좋아 해. 조용기는 학문이라고 하지 말고 問學이라고 적어야 한다고, 묻고 그래서 배우게 된다고 했다. 그의 교육학적 상상력이 놀랍다.

성취의 경험, 방향감과 이정표

성취의 경험에서 물음을 자아내는 놀라움(학습의 힘)이 온다. 그러나 단기적 개인적인 목표 혹은 성과를 거두어들이는 성공의 경험에는 인간학습이 들어있지 않다.

자전거를 싫어하는 아이는 없다. 시작할 때 넘어지지 않게 잡아주는 그 정도 연습이면 어느 아이도 자전거를 탄다. 넘어지고 다치며 탄다.

며칠이 지나면 자전거 묘기를 부린다. 아이들의 '적응력'은 놀랍다. 고된 훈련을 통한 적응이 아니다. 자전거 작동 원리의 이해를 통한 적응도 아니다. '내가 자전거를 타게 되었다'는 성취의 경험이 지닌 설명할 수 없는 힘이라고 볼 수밖에 없다. 교육의 관점에서, 성취의 경험은 현장을 구성하는 활동을 통해 생각과 행동이 이렇게 달라지고 있음을 '깨닫는' 학습경험'으로 대치한다. 학습경험의 핵심은 성취의 경험이다.

인간학습, 동물의 것과는 달라도 너무 다른 human learning

인간학습에 가치중립은 없다. 진실의 길을 탐색한다. 물리적 세계의 질서, 사회적 세계의 질서에 응답하려고 한다. (콜버그)

자지주장의 초월과 탐구자의 자세

그것이 교육에 대한 진보주의자적 질문을 구성한다. 그 질문을 통해, 교사도 아이들처럼 놀라움에 젖어든다. 교사도 아이들도 학습경험의 맛을 즐기는 학교생활을 영위한다. 이러한 개인과 사회의 관계를 교육적 맥락에서 공동체라고 부른다.

그 아이의 자연적 지식활동에서 시작하고 거기로 돌아가자. 교사는 아이들의 날 것 지식활동이라는 텍스트를 읽는 콘텍스트를 가져야 한다. 그의 가르치는 프로그램은 '내가 이런 주제로 이렇게 접근하면 이런 결과를 예측할 수 있어. 그 예측된 결과를 방향타로 삼아 부단하게 수정하며 나가고 있어.' 그의 콘텍스트는 그의 프로그램에 그대로 나타난다. 아이들의 날 것 지식활동은 아이들의 삶의 경험을 반영한다. 교사는 아이들의 행동을 예측가능하다고 생각하지만 예측한 대로 귀결되지 않을 수 있음을 인정한다. 그래도 그것은 방향이다. 방향을 잡아 조심스럽게 길을 가며 굽이마다 이정표를 세운다. 방향은 있지만 확신은 없다. 그 지적 불안이 그로 하여금 말을 나눌 동료교사를 찾게 한다. 서로가 서로에게 동료교사가 된다. 관계가 실재한다. 관계의 맥락에서 교사들은 묻고 물으며 길을 가는 교직이 된다. 인간의 문제는 정답이 없다. 학습은 답을 꼭 찍어 주는 것이 아니다. 물음을 생성시킨다. 탐구자의 자세, 이것이 교육적 인간상이다. 모든 교육사상이 그러했다. 교육에 파당 정치가 개입하면서 이 질서를 무너트렸다.

교육의 문제는 개인과 구조를 함께 살피는, 미래를 생각하며 과거와 현재를 가늠하는 분별력과 상상력에서 온다고, 그것은 현장을 구성하는 교사의 고달픈 전문성에서 온다고, 나는 믿는다.

모든 교과지도 모든 생활지도는 정신의 성장이라는 관점에서 조직된다. 인간 삶의 난관 앞에서, 교사의 지도는 '애달프고 분하고' 그 마음의 상태state of mind를 지향하고 있다. 인간은 문화-교육을 필요로 하는 유일한 존재, 자기해방을 성취하는 근본적 문화력(앎의 형성)을 갖춘다. 그것 없이는 야성으로 살아야 한다. 그 문화력이 쉽게 이루어지겠는가? 죽으라고 고생해야 겨우 얻어진다. 교사의 교육과정 작업은 아이들이 겪는 죽을 고생을 경감시켜주는 일, 그 이상 아무 것도 아니다. 교육과정 작업이 가능한 것은 모든 문화는 기본적으로 지식에 기반하고 있기에 가능한 것이다. 아이들을 지식전수, 청강생으로 만들고 남 따라 장에 가듯 몰려다니게 하는 것으로는 가당치 않다.

관심사-일을 살고 있는 사람의 정체성은 세상에 대한 질문이다. 그 질문이 그로 하여금 자기주장을 뛰어 넘게 한다.

무엇이든 의심이 있으면 물어라. 내가 열반에 든 뒤에 '그 때 물어 볼

1. 형성 73

'₩걸' 하고 후회해서는 안 된다. 편안하게 벗이 벗에게 하는 것처럼 물어라. 이 말씀을 세 번이나 하시니까 아난 존자가 '아무런 의심이 없습니다.'라고 했지요. 그처럼 아무 질문이 없으면 조용히 그냥 있으면 되는 겁니다. 그래서 법회가 5분 만에 끝날 수도 있고 100분보다 더 길어 질 수도 있습니다. 단, 질문이 자기 관심사에 대한 내용이니 귀담아 들을 것이기 때문에 많은 공부를 할 수 있을 겁입니다(법륜, 답답하면 물어라, 18-19).

맺음, 사물은 가치를 따지지만 인간은 품위를 지닌다.
예는 사람들 서로서로를 맺어주는 매체, 언어이다.
예는 난관에 처한 삶에 연민의 감정을 이입하는 넉넉함, 타자의 시선이다.
예는 개인의 자산이기도 하지만 사회의 자산이기도 하다.
예는 삶의 근본에 책임이다. 밥이 삶의 근본이 되는 시대라면, 그 때 밥은 개인의 책임이기도 하지만 국가의 책임이기도 하다(예절원, 송미화).

가정의 역학이라는 말을 들은 적이 있습니다. 집안의 균형추가 어디로 쏠렸는지 그 개념적 표준을 가지고 집안에서 일어나는 문제를 해명하려는 그런 이론인가 싶었습니다. 논리를 가지고 심리를 통제하는 기술을 개발할 수 있다는 합리도 거기에 들어 있는 것 같습니다. 교육에도 완성된 지식의 체계를 손상하지 않고 그대로 전달하는 것과 지식을 형성하며 겪는 심리(탐구의 과정 모색의 과정)를 이야기체로 구성하여 경험하게 하는 것, 두 수업이론이 병행하고 있습니다. 매력이 있는 곳(중심, 수도)에 사람들이 몰려드는 것은 자연스러운 현상, 매력(인력)

의 작용은 판자촌 같은 척력보다 앞서는 것 같습니다. 사람들 관계만큼 매력과 척력이 첨예하게 부딪치는 경우는 없겠지요. 거기에 다른 무엇이 매개된다고 해도 잠시 뿐, '사람냄새'라는 말도 있잖아요. 사람 관계의 역학은 사회심리학적 연구의 대상일 것 같습니다. 그럼에도 관계를 넘어, 개인이 지닌 매력 카리스마도 인정해야 할 것 같습니다. 총장선생님의 매력은 그 어떤 첨단 기술의 매개물을 능가하잖아요. 저는 그 쏠림의 심리도 결국 논리에 의해 통제되고 있으며 통제되어야 한다고 생각합니다. 그런 의미로 본성이라기보다 문화(사람다움의 진화)가 아닌가 생각합니다. 우리의 서울 쏠림은 통제되지 않은 욕망(심리)의 실체라고, 우리 한 시대의 특수한 문화였다고 생각합니다. 문화이기에 바꿀 수 있습니다. 문화라고 개념화해야, 비전 전략 정책의 여지가 있습니다. 거주 이전의 자유, 그 자유를 현실이 되게 하는 일에 우리는 왜 실패하고 있을까? 왜 누구의 이동은 쉽고 합법이고 누구의 이동은 어렵고 불법인가? '불필요한 장벽을 부수는 인간의 상상력'을 철학하는데 너무 지적으로 게으른 까닭은 어디에서 찾아야 할까? 사람에 대한 예의에 대해 다시 생각하게 됩니다.

강의4. 계승과 확산, 전통은 만들어진다
개체의 발달과 공동체의 발달은 병행한다.

근, 현대 교육의 본류는 민중교육의 이념과 교직정신이다. 페스탈로치는 민중교육의 이념과 교직정신의 형성에 역사적 자취를 남겼다(Reble, 정영근 외, 서양교육사). 칸트 자신보다 더 훌륭한 칸트주의자인 페스탈로치의 교육원리와 방법은 칸트가 현명한 전문가였다면 칸트 자신이 능히 개발해냈을 법한 그런 것이었다(Boyd, 이홍우 외, 서양교육사, 477).

교육열망, 깨달음의 진화

그 엄혹한 봉건과 외세에 맞서, 사람노릇 하고 살아야 한다는 민초의 외침, 사람을 귀하게 여기는 말과 행동이 국민을 만들고 나라를 만든다고 외쳤다. '사람에 대한 예의를 잃는 것은 세상을 잃는 것'이라고 자신들을 먼저 가르쳤다. 깨달음의 진화, '업신여김을 당해도 그 이유는 알아야지, 나라를 뺏겨도 이유는 알아야지, 우리도 말을 하자, 세상을 알아야 해,' 그것이 우리 민초의 교육에 대한 열망으로 나타났다. 밑에서 솟아나는 그 힘을 막을 자는 아무도 없다. 오늘 우리는 교육열망에 대한 새로운 전통을 만들어야 할 전환의 시점에 있다. 누가 책임을 지고 나설 것인가? 민초를 대변하는 시민세력, 시대와 불화하는 교직이라고 나는 본다.

학교다움을 지키는 예, 예의를, 정신 혹은 전통이 되게(규범 규칙이 되게) 만들어라. 그 정신의 핵심은 세계를 읽으려는 애씀이다. 눈앞에 보이는 것에 마음을 빼앗기지 않음이다. 그 마음의 상태에서 빚어지는 진중함의 표현이 곧 인간에 대한 예의라고 이해한다. 세계를 읽으려는 관심은 내 속의 질문으로 나타난다. 나는 과일을 좋아한다. 같은 사과인데 어떤 사과는 유달리 당도가 높다. 왜 그럴까? 등이 굽은 노인이 그 큰 장작을 단 한 번에 큰 힘들이지 않고 쪼갠다. 어디에 힘을 가하면 이런 결과가 나오지? 생활의 달인, 장인, 마이스터, 고행을 감수하고 얻은 그들의 기술의 응용력, 지적 비약을 생각하지 않고 기술의 응용을 상상할 수 있는가? what to teach와 분리된 how to teach는 성립하지 않는다. the academic and scholastic을 조롱하는 성적 올리기 수업이 가져올 교육과 문화의 파괴를 사상할 수 있는가? 정신적 성장을 가정하는 교사의 교육방법론의 실천이 변혁적 잠재력을 지닌 교육의 힘으로 계승된다고 상상할 수 있는가? 그저 주어지는 것은 아무 것도 없다. 정신은 전통으로 만들어지고 그리고 계승된다.

사회학적 상상력과 전통
  우리가 알고 있는 판소리의 역사가 20세기 후반에 만들어진 발명품이라고 생각한다. '판소리의 정의'는 20세기 초까지 있던 대중음악의 한 양식이 아니라 20세기 후반에 연구자들이 만들어낸 허구의 대중예술이다. 아마도 이런 모습이었을 것이라는 추정과 함께 이런 모습이었으면 좋겠다는 희망사항까지 덧붙여서 연구자들이 만들어낸 것이 오늘날의 판소리라고 말할 수 있다(이윤석, 조선사 스무고개).

20만년 현생인류 호모 사피엔스는 교과서에 기술된 생활양식 그대로 일상을 살았을까? 누군가 화석 한 조각을 찾아내어 미루어보아 이럴 거라고 교과서 것과 전혀 다른 모습으로 묘사하면 사실이 바뀌지 않는가? 과학이라는 것도 아주 작은 증거 자료 하나로 바뀌는 것이 아닌가? 사물 자체는 모른다. 사물의 표상을 사유한다. 인간의 것은 결국 이념이다. 우리가 진정 걱정해야 하는 것은 시대고착의 병이다. 시대의 흐름과 궤를 같이 하는 일에 조금도 게으르지 말아야 한다.

그 누구든 인간이 되어야 인간으로 산다.
   역사적으로, 인간본성의 그 인간은 민중이다. 교육은 억눌린 민중의 사회적 재생을 목표로 한다. 사회적으로 다시 태어난다는 것은 진실을 말하는 인간이 된다는 것이다. 페스탈로치는 민중이 가진 순수한 심성에 집중하는 교육, 그 교육을 완성하는 '수업'을 어떻게 체계적으로 구성할지(위 책, 277), 그 심성이 어떤 법칙으로 진척되는지, 아이들의 직관과 자발성에서 그 답을 구했다. 인간은 선하지 않다, 도덕적인 것에 대한 깊은 숙고를 통한 재생일 수밖에 없다.

   다시 人材를 생각한다.

어떤 사상도 이념도 슬픔과 분노의 감정을 바탕에 깔고 있다. 왜 슬픔과 분노일까? 사람에 대한 예의, 그 속에 담긴 연민의 표현일 것이다. 가르침은 근원적으로 사람에 대한 예의, 근원적 사랑의 원리에 따라 도출된 행동 규칙이다. 석가, 예수는 사랑을 행동 규칙으로 보여준, 가르침 그 자체이다. 가르침의 원형은 보여줌이다. 그들은 얼마나 시대와 불화했는가? 그들의 (지적 도덕적) 분노와 슬픔의 깊이를 상상해보라.

사랑이 만인의 감성인 것을 그들은 먼저 깨달았을 것이다. 그들은 연민의 - 슬픔과 분노의 감정을 넘어 보편적 사랑, 근원적 사랑의 원리에 쫓아 행동 규칙을 제정하고 오로지 '자신들의 이름으로' 그 규칙을 설파했다. 칸트는 우리는 어디에 있고 어디로 가고 있으며 어디로 가야만 하는지 묻고 묻는 물음, 본능을 박탈당한, 인간의 변혁적 잠재력인 물음의 힘을 과감하게 사용하라고 인간이성의 이름으로 선언했다. 듀이는 사상 이념이, 진영 싸움으로 흘러가버리는 인간사를 보며, 부디 '주의자'ist가 되지 말라고, '확신'의 함정에 빠져들지 말라고 간청한다. 사랑의 상실을 탄식하는 지극히 자연스러운 인간 지성을 손상시키는 짓은 그만두자고 간청한다. 그는 확신을 '보증 받은 확증'warranted assertion으로 대체하는 시스템을 구축한다. 인간 삶의 난관에 치한 사람들의 공통 감각common good에 의거하여 서로 영향을 주고받는 관계라면 그럴 수 있다고 했다.

    지금까지 해 온대로 우리전통의례가 그 맥을 이어가고 있다는 것을 알리는 일을 해 나가려고 합니다. 당연히 부모를 보고 따라 해오던 명절문화도 제사도 그 맥을 이어가는 것이 어려워진 것 같습니다. 누구를 탓하기보다 전통은 변하는 것이라고 합리화해보지만 너무 편의성만을 생각하는 것이 아닌가. 전통의례가 현대화 되어야하지만 오히려 현대인들의 성인의식이나 예식이 길을 잃고 있는 것이 아닌가. 의례의 절차 속에 담긴 부모의 자식에 대한 소원과 바람은 어느 시대 어느 나라에도 같지 않을까 싶습니다.

    사람에 대한 예의가 사라진 시대 같아요. 사람을 갈라치기 하는 현상은 조선 시대보다 더 굳어진 것 같아요. 뜻이 분명하면 그 뜻을 지속하려는 시스템을 구축하는 게 우리들의 일반적인 생각입니다. 개인이나 사회를 이해하고 분석하는 개념 틀이 그래서 의지(뜻)와 시스템(제도화) 인 것 같습니다. 뜻이 엷어지니 제도적 규칙도 귀찮은 것이 되어버립니다. 제도와 법규로 만들어지기도 하지만 규범으로 확립되는 경우가 더 많습니다. 때로 규범이 까다로운 절차로 나타나고 그 절차가 마치 뜻을 능가하는 형식이 되어버리기도 합니다. 이런 복잡한 과정을 분석하고 시대에 적합성 지닌 의지와 시스템으로 정리하는 것이 연구자의 과제라고 저는 생각합니다..

전통(정신)은 만들어지고 계승된다. 고착된 것은 정신(전통)이 아니다

계승되는 정신은 '人材'이다. 人才가 아니다.
거창고등 재학생이나 졸업생들은 으레 '거창고 정신'이라는 말을 아무런 어색함도 없이 주고받는다. 그 정신이 뭔지 말하라고 하면 머뭇거린다. 나는 〈거창고등학교 이야기〉에서, 표현과 경청의 교실이 살아있는 학교임을 읽었다. 나를 사로잡은 문장은 많지만 다음 세 문장만 적겠다. '삼류대학이 있는 것이 아니고 삼류교수가 있을 뿐이다.' '음악은 하되 음악가가 되지는 말라.' '역사를 거스르지 않는다.'
정신은 설명할 수는 없지만 생각할 수는 있다. 정신은 생각을 공유하는 사람들의 것이고, 정신이 사람들의 관계를 만든다. 정신을 따로 가르치나, 아니다. 거창고만이 아닐 것이다. 어느 학교라도 '학교의 특별함'을 지속적으로 지켜준 시스템으로서의 예의가 있을 것이다. 있어야 한다. 거창고 정신, 전통은 무엇일까? 그들이 모이면 하나 같이 나누는 학교 이야기는 전교생이 참가하여 산속을 헤집고 다니는 토끼몰이, 모두가 어떤 형태로던 역할을 가지고 참가하는 반 대항 축구경기, 전교

꿀지가 졸업생을 대표하여 3년 그들 학교생활을 뒤돌아보는 졸업식, 누구나 발언하는 학급회의, 강당에 붙여놓은 취업 철학, 그들은 모두이면서 한 사람 한 사람이었다는 것, 거창고 아니면 다른 어디에서도 경험할 수 없는 것이라고 자부한다. 만들어가는 학교다움, 거창고 졸업생은 그들이 사는 곳이 어디든 만들어가는 대상이라고 받아들인다. 주어진 것에 안주하지 않는다. 학교다움, 공동체다움, 세상을 만들어간다는 문제의식이 그들이 계승하는 정신(전통)의 특성이다.

그렇다고 거창고를 모범이라고 제시하지 않는다. 사람에 대한 예의를 기반으로 특별한 장소인 학교를 만들어낸 문제의식의 한 사례로 제시한 것이다. 그들이 지닌 '기억의 힘'을, 거창고의 정신, 그들이 만들어 온 전통이라고 적었다. 그들의 기억, 누가 어느 대학에 가고 어느 직장에 있고 그런 것은 없는 듯 했다.

특수학교 특수교육, 그 특수의 개념을 깨트려야 한다는 말씀, 매우 중요한 것 같습니다.

일반과 조응하는 특수, 특수를 행동의 강령으로 갖는 일반, 그래야 양쪽이 살아날 것 같아요. special, speciality, 성질상 일반과는 달라 특별히 취급할만한, 말하자면 학교나 성당 같이 일반적인 집단이 아닌 배움이나 기도 같은 특별한 질을 가진 학교나 성당 같은 곳을 지칭할 거예요. specific이란, 내용이 한정된 규정된, 말하자면 운전면허 같은 내용이 뚜렷한 특정의 목적을 나타내겠지요. 학교나 성당의 배움이나 기도는 무엇을 향하고 있나요? 세상의 이치, 하늘나라의 공존과 평화이겠지요. 근본적으로 그것은 특권세력과의 싸움입니다. 다만 싸움의 방식이 무력투쟁이 아닌, 문화투쟁이겠지요. 그것이 특수학교의 특수라는 상징에만 국한되지 않습니다. 세상에 우리의 눈을 멀게 하는 상징조작이 얼마나 많은지, 어쨌든 특수학교 교사들이 먼저 '특수'를 벗어나야 하겠습니다. 이 일이 더 시급하고 근본적이라는 생각이 듭니다. 우리 교사들은 함께 비전 선포식을 가졌습니다. '특수교육, 특수학교의 그 특수를, 특별한 장소인 학교의 그 특별함으로 만든다.' 말과 문제풀이로 가르치는 그저 그런 흔하고 흔한 교실이 아니라, 사물과 활동(과정)으로 가르치는 '특별한' 교실을 만든다(경주 아이꿈터 신경진).

人材가 되고 그리고 人才가 된다. 사람다움의 품격을 지닌 人才의 세상

권력나눔empowerment이 실제로 회사 운영하는 기준점이 되었다. 회사의 밑바닥 조직과 구성원에게 권한과 책임이 함께 부여되었다. 팀장이 알아서 사람을 채용하고 연봉을 책정하고 승진을 결정했다. 부서마다 들쑥날쑥 했지만 그 혼란이 자연스럽게 정돈되기를 기다렸다. 실제로 밑으로부터 자유를 관리하는 시스템을 요청하여 조직이 생겨났다. 회사는 설립부터 '사람중심'이라는 칼처를 명시적으로 표명했다. 플레이어 포커스 게임을 개발하고 회사도 문화경영을 선포했다. 게임 개발에 겪은 말할 수 없는 난관, 문화경영에서 빚어진 '인적 물적 낭비'도 만만치 않았다. 그러나 그것이 회사의 큰 자산이 되었다. 무엇보다 사람중심 회사라는 생각에 공감하는 인재들을 채용할 수 있었다. 지원자들은 학력과 경력의 장벽에서 자유로웠기 뜻을 가진 숨은 인재들이 전국 각자에서 모여들었다(오진호, 플레이어 중심주의, 105).

사람중심 그리고 문화중심

　전 세계 직원 5000명, 미션을 중심으로 버텀업으로 최소한의 시스템으로 극적인 성장을 이루었다. 서던 캘리포니아 대학생 브랜든 마크와 고등학교 2학년중퇴생 마크 메릴이 2006년 창립, 그들은 플레이어가 게임 개발과 운영과 영업에도 주체로 관여하는 게임행위자 중심주의, 사람중심 철학을 어떤 어려움도 이겨내고 관철했다. 당장의 성장을 원하는 목소리에 온 몸으로 싸웠다. 게임자체가 진화하면 좋겠어, 라이브 온라인 서비스를 운영했으면 좋겠어, ...그들은 성공을 넘어 진정한 성취를 갈망했다(위 책, 51).

　창업자이자 개발자들은 자신의 성취의 경험만으로 홀연히 자리를 떠났다. 지금은 세계에 우리의 문화를 보급하는 시기야, 니콜로가 그 적임자야. 다시 2017년 최고경영자로서 회사를 이끌던 니콜로는 2023년 12월 고향 프랑스로 돌아간다. 기술의 시대, 변화는 가파르다. 지금 이 시기 기술과 함께 새로운 철학이 요구되고 있어. 딜런 자데자는 더 잘 해나갈 거야.

　　미션, 플레이어 중심적인 게임 회사가 되는 것, 미션은 게임을 사상하는 모든 라이어터에게 율법이고 등대였다. 2006
　　매니페스트, 플레이어 경험이 최우선, 관습에 도전, 인재와 팀에 집중, 진지하게 플레이, 늘 배고프게 늘 겸손하게 2012
　　핵심가치, 플레이어 경험이 최우선, 꿈은 원대하게, 함께 이루는 성공, 뛰어난 실행력, 늘 배고프게 늘 겸손하게 2019

　사람에 대한 예의, 그 눈으로 그 통찰력으로 그 지혜로, 회사경영의 체계를 구축한다. 참여의 환경을 조성함으로써 창의와 협력의 가치를 창출한다. 구성원 모두는 저마다 지적비약과 기술의 응용이라는 '인간학습'을 경험한다.

　인간학습경험의 서식지를 파괴하지마라. 국가는 인간학습경험의 자유를 넓히는 기회를 확장한다. 그게 사회 인프라이다.

　개체의 발달과 공동체의 발달은 병행한다. 이 인간발달의 과학이 제출한 명제에 함축된 현실성reality을, 지금 여기 한국에서 더욱 절실하게 요청한다. 마크, 메릴, 니콜로 자데자, 그리고 이름을 일일이 적을 수 없는 동료 스텝들, 그들과 같이 살고 일했던 그 기억을 영영 잊지 못할 것이다(위 책).

　다시 생각한다. 기술의 응용이 철학을 수반하고 철학이 기술의 적용력을 더 높인다. 둘은 따로 떨어져 있지 않다.

　나는 인간학습의 특성을 지적비약과 기술의 적용이라고 규정했었다. 나는 학습의 사전적 정의를 비틀어, 인간학습은 지적활동을 거쳐 익숙한 생각이나 행동에 변화가 일어나고 있음을 '자각하는' 학습경험을 지칭한다고 적었다. 그러면서 우리들이 친근하게 대하는 삶의 구석구석 친근한 달인들 발견하고 친근하게 이야기 한다. 달인은 우리 기층문화를 설명하는 중요한 요소임에 틀림없다. 그 달인은 일본의 장인 독일의 마이스터와 맞바꿀 수 있다고 생각했다. 달인 장인 마이스터의 공통 공유 감각, 가치는 동기의 순수성 여부를 넘어서는, 과정의 애씀과 거기서 거두는 얼음은 그의 것이면서 또한 세상의 것이 된다는 것이다. 말하자면 과정에서 우러나는 지적비약과 있는 기술을 다시 조직하여 전혀 새로운 결과물을 만들어내는 상상력, 적응력은 그의 것에 한정되지 않고 세상의 모두의 것이 되는 가치로 자리매김한다. 나는 이것이 달인 장인 마이스터 같은 형태를 취하기도 하지만 정신성의 문제로 이론화 할 수 있다고, 그래서 그것을 교육의 대상과 목표로 설정할 수 있다고 생각한다. 형태를 취하고 있는 고정된 것은 겉으로 쉬워 보이지만 결코 쉬이 따라 할 수 없다. 형태를 취한다는 것은 그 시대 그 곳의 사회문화적 규범과 궤를 같이 하기에 그렇다고 본다. 기술은 첨단을 가고 철학은 뿌리로 돌아가는 성찰이라고 했다. 기술은 못 말린다. 그러나 철학은 뿌리 즉 사람의 문제를 다시 성찰하는 문제이기에 붙잡아 고민할 수 있다. 첨단기술은 당연히 세계화를 욕망한다. 패권 국가들은 세계화-지구촌으로 재편한다. 작은 나라들도 세계화를 서두르는 것이 시대의 철학인가? 그럴수록 사람문제를 마주 세워 다시 찬찬히 뚫어지게 바라보는 것이다. 사람과 삶은 시각을 달리할수록 그만큼 달리보이고 달리 대접하면 달라진다. 특권의식에 병든 사람이나 수치심에 쫓은 사람은 다소간 어려울지 모른다. 감정에 치우친 사람은 일에 몰입하지 못하고 그래서 지적비약을 맛보지 못할 수 있다. 앞에서 말했듯 이 경향성을 듀이는 경계하여 말하기를 '무슨 주의자 ist'의 반사회성에 대해 그리고 그 반사회성은 계급사회의 구조적 부산물이라고 했다. 뜻으로 살지 않고 거짓 빌려온 신념체계로 사는 고착된 인간의 정신지체 현상이다. 그는 세상을 알려고 하지 않는다.

개인의 발달과 공동체의 발달은 병행한다는 교육이론을 제안했다. 인간발달의 교육이론은 상아탑 같은 이상촌에서 유통되는 그런 것이 아니다. 일상의 삶을 영위하는 사람들 관계를 표상하고 있다.

역할을 가지고 참여함으로써 사회의 구성원이 되는, 일상의 삶을 경험할 수 있겠는가, 그 삶을 사는 그 개인과 사회의 성격을 지역공동체 community라고 규정하면 어떨까. 지역공동체는 문화와 교육에 의해 충분히 통제될 수 있다. 듀이는 국가사회를 지역공동체의 연합체로 구상했다. 왜 이런 생각을 했을까? 그가 살았던 19세기 후반 20세기 전반 계급사회의 노동자 농민의 피폐한 삶, 제국주의의 식민지 지배, 그 참상을 상상해 보라. 민주주의는 인류를 구원하는 유일한 길이었고, 저마다 역할을 가지고 참여하는 공동체를 이루어가는 근본적 민주주의이어야 했다. 비록 그의 민주주의가 실현되지 않았다고 할지라도 오늘 다시 미래의 기획이어야 한다고 나는 생각한다.

전통의 계승, 사회적 조건

18세기 후반 교육을 국가적 기능으로 보는 관점이 압도적으로 보일지 모르지만 사실은 그렇지 않다. 본성에 맞추는 교육은 교육에 관한 모든 관행과 사람들의 편견을 완전히 뒤집어 놓지 않으면 안 된다.... 또한 어려운 이론작업이 기다리고 있었다. 독일어권에서 지도이념으로서 꾸준히 그 기반을 다져나갔다. 칸트의 이론에서 그 이념이 분명한 형태로 드러나는 것을 볼 수 있으며 나중에 페스탈로치가 올바른 교육방법을 경험적으로 모색하는 과정에서 아동의 본성에 상당히 합치하는 학교를 세움으로써 실제적인 명확성을 띠게 되었다(Boyd, 474).

인간성 humanity, 인간다움의 특성을 깨우치는 人材교육 역할을 가지고 국가목표에 동원되는 人才교육을 대체하다.

교육의 목적은 아동으로 하여금 자신의 삶을 규율하는 법칙을 자신의 내부에서 찾을 수 있도록 해주는데 있다(위 책, 475). 외적 제약도 내적 법칙으로 전환될 수 있는 한 진정한 자유를 가져다 줄 수 있다. '전환될 수 있는 한' 단서를 놓쳐서는 안 된다. 구속 그자체가 선이 아니라 자기결정능력을 가진 존재에게 그 궁극적 정당성이 입증될 수 있는 그런 구속만이 선이라는 것이다.

아동은 현재의 사태에 비추어 교육될 것이 아니라 인류가 이룩할 수 있는 가장 개선된 상태를 기준으로 하여 교육되어야 한다. 교육은 인간성이 최종적인 완성단계로 발달했을 때의 그 이상적 상태를 목적으로 삼아야 한다. 그의 주된 관심은 교육의 여러 단계를 밟아나가는 동안 학생 개개인의 경험에 어떤 일이 일어나는가에 달려 있다.

교육문제는 사람 문제

칸트와 페스탈로치는 독일적인 문제를 세계의 문제로 격을 높였다. 산업의 문제도 정치의 문제도 사람의 문제로 귀일한다. 사람의 문제는 교육의 문제로 출제할 때 풀어진다는 것을 아주 세밀하게 이론과 실천으로 증거 하려고 했다. 지금도 그것은 유효하다.

페스탈로치는 천부적 교사(하늘이 내린 불멸의 영웅)일까? 사회가 그를 영웅으로 만들었다.

직관과 자발성에서 그런 활동의 근거 발견,
직관과 자발성은 수업과 교육의 궁극적 원리

인위적인 것, 공허한 입놀림이 아닌 사물에서 얻는 배움
모든 인간이 가까이 할 수 있는 인간도야, 직업도야
도덕적인 것에 대한 깊은 숙고를 통한 재생, 인간본성의 내적 힘
인간이 되는 것은 사회적으로 다시 태어나는 것

기적 같은 짧은 기간에 독일은 기사회생, 새로운 생명으로 우뚝 선 프로이센의 영도 하에 위대한 국가로 발돋움 하였다. 독일의 국가 지도자들은 사태의 긴박성에 걸 맞는 천재성을 발휘하여 ....새로운 교육을 창안하는데 집요한 노력을 기울였다(위 책, 498). 임금이 보잘 것 없는데도 아주 낮은 부르주아지 층일 뿐인데도 교사직을 열망하는 젊은이들이 넘쳐났다. 루소 칸트 피히테 헤겔 헤르바르트에서 도출되는 교육이론과 철학은 지적으로 존경받을만한 것이었고 그리고 페스타로지의 실천은 건강한 매력이었다. 교육은 독일 국가체제의 중추가 되었다. 독일 교사들은 페스탈로치의 사상을 추종하여-사범학교와 대학에 기반을 둔 교육학연구소에서 쌓은 사상-교실에서 그러한 변화를 일으키고 있었다. 프랑스와 영국에서 공장과 철도가 그런 변화의 견인차였다면 독일에서는 교실이 그 진원지였다. 페스탈로치를 따르는 사범교육이 활기를 띠었고 독일 전역에 퍼져나갔다. 19세기 중반에는 45개 사범학교, 대부분의 대학은 교육학연구소를 설치했다(Bowen, History of western education, 324).

　　베르린 대학, 학술원 창립, 학문은 생성되는 것,
　　궁핍의 시기에 이룬 영웅적 행위
　　1803년 학교와 대학을 국가기관으로 법제화, 교육입국론
　　자유롭고 고귀한 정신에 의해 중등교육 개혁
　　교사직 독자 직업, 3년제 교사교육 대학
　　위대한 정신의 해방자로서의 페스탈로치의 정신과 방법
　　체계적 보급, 페스탈로치 연구기관 설립
　　헤르바르트의 대교수학
　　프뢰벨의 유치원
　　시대와 불화할 수밖에 없는 지식인-교사
　　일등도 꼴지도 없는 교실
　　인간발달의 과학에 바탕을 둔 교육은 그 누구를 대상으로 하든

동일한 하나 밖에 없다.

독일이 지적 주도권을 잡고 있던 전성기는 지나갔다는 사실 -1760에서 1860년 위대한 창조의 시기는 이제 이상화된 추억으로 변하기 시작했다- 그럼에도 불구하고 독일은 여전히 거의 의심의 여지가 없는 지적 우위를 차지하고 있었다. 프랑스가 뛰어난 예술가와 소설가를 배출한 나라라고 한다면 독일은 사상가와 교수의 나라였다. 곧 독일은 지적 자본으로 살아온 나라라고 할 수 있을 것이다. 그러나 여전히 확고한 과학적 -역사적 훈련을 추구하는 모든 나라의 연구자들이 몰려드는 나라였다. 그러므로 1800년대 지적공동체와 지적 활동을 개관하고자 할 때 독일을 앞세우는 것은 당연하다 (Hughes, 의식과 사회, 황문수, 59).

전통의 계승, 사회적 조건

구텐베르크 혁명: 삶의 거의 모든 측면이 잠에서 깨어났다. 지배자들이 신민들을 세금과 표준화된 법으로 억눌렀다면 신민들은 이제 반란을 조직할 지렛대를 손에 쥔 셈이었다(Man, 구텐베르크 혁명, 남경태, 15).

구텐베르크의 지적비약: 일에 빠져들며 돈벌이 욕망은 엷어지고 그 자리에 민중에게 자기 삶을 살아가는 하나의 중요한 방편이 되는 책을 만들고 있다는, 지배자에 반하는 저항의 무기를 손에 쥐게 되리라는 깨달음awareness으로 더욱 일에 빠져들었다. 활판 인쇄술은 여기저기 있는 갖가지 기술을 종합하여 전혀 새롭게 탄생한 기술이다. 그것은 단순한 기계적 종합이 아니다. 어떻게 만들면 책을 구경도 못한 민중이

책을 읽으려고 의욕 할 수 있는지, 마침내 '그의 책은 인쇄물이 아니라 하나의 작품, 오늘 우리도 흉내 낼 수 없는 작품이 되었다. 유에서 유가 나온다. 무에서 유가 나오지 않는다. 민중에게 주는 귀중한 '방법론적' 선물이다. 문명사의 한 획을 그었다.

제이콥 브로노우스키는 〈인간등정의 발자취〉(2004)에서 활판 인쇄술은 지식의 민주주의, 모국어로 글을 쓰고 읽으며 때와 곳을 같이 하는 사람들이 공통감각을 촉진시키는데 크게 기여했다고 말했다.

왜 하필 독일인가, 르네상스의 이탈리아가 아니고.

활판인쇄술은 영감과 땀, 아이디어와 발명이 한데 어우러진 결과였다. 인간의 어떤 도전도 앎을 기반으로 앎에서 시작하고 앎으로 마무리, 앎이 기초, 그 때 앎은 학술적이어야 한다. 근본을 이루는 질문이어야 한다. 거기서 지적비약이 온다. 지적비약은 어디서 오나? 기술의 응용과 같이 더불어 온다. 활판 인쇄기술은 당대 독일 여러 삶의 부문에서 이용되고 있던 기술의 창조적 종합이었다. 또한 독일은 인쇄술의 확산을 위한 이상적인 무대였다, 어디든 마음대로 일했으며 몇 주일에서 몇 년간 걸리는 어떤 일이든 마다하지 않았다(Man, 287). 이 떠돌이들은 가는 곳마다 자신의 기술을 도제에게 가르쳐 인쇄술을 더욱 확산시켰다. 당대 인쇄소는 글을 쓰는 사람, 기술을 가진 사람, 책을 파는 사람, 자금을 대는 사람 등 여러 부류의 사람들이 모여드는 신흥 산업기지였다.

어째서 우리는 아닌가?

세종 동시대인, 대학 들어갈 무렵 세종 스물두 살 즉위, 명민함 헌신성 야망, 이타주의, 한국어에 알맞은 독특한 알파벳 문자를 1443-1444년 반포, 유례가 없는 탁월한 발명품 그래도 혁명은 뒤따르지 않았다. 한국의 엘리트가 자신들의 기반이라고 여긴 중국과 멀어진다는 생각에 대해 심한 거부감, 왕이 총기를 발휘하여 이룬 발명품이라 하더라도 보수주의의 무게를 극복하기에는 충분하지 않았으며 따라서 기술적 사회적 변화로 나아가는 계기는 그 어디에도 없었다(위 책, 156).

다시 어째서 우리는 아닌가?
500년 전이나 지금 달라진 것이 없다는 말인가?

학력-학벌기반 연줄사회와 문화(김부태, 2022, 69-83)
 한국사회의 정치 경제 사회 문화 교육의 여러 문제 현상 속에는 신가한 정신지체가 도사리고 있다. 이 '정신지체'의 개념으로 그 문제현상의 근원을 쟁점화 하여 이 시대의 문제현상을 해명해 보려고 한다. 정신지체란 한국사회의 하나의 사회현상으로서 온전한 사회화와 정치화가 차단되어 합리성이 결핍된 채 사고하고 선택하고 행위 하는 상태를 의미한다.
 그는 최근 대중매체에 회자되는 무슨무슨 피아를 학력-학벌기반 연줄사회의 특성을 극명하게 보여주는 한국엘리트의 삶의 문화적 패턴, 비도덕적 신드롬이라고 적고 있다.

'그랜저 금피아'... 벌써 5명구속
높아지는 '관피아' 비난여론
퇴역군인 30% 방상업체로...여전한 '군피아'

'교피아' 실태 단독 입수…113명 사립대 재취업해 53억 챙겨
법원 '모피아 포진한 금융계, 탐욕' 통제수단 오작동

돌고 도는 중앙 권력 인재들의 세상, 단지 분개하는 것만으로는 아무 것도 할 것이 없다. 어쩌면 더 패배주의 심연에 빠져들지 모른다. 그 희생자는 지역청년들이다. 우리는 이제 다음과 같이 질문해야 한다.

학력-학벌기반 사회의 실재는 어떤 성격을 갖는지,
학력-학벌이 매개하는 연줄사회의 문화적 특성은 무엇인지,
학력-학벌주의의 이데올로기적 성격은 어떠한지,

나아가 학력-학벌주의가 우리 사회를 구획지우고 있으며, 우리의 빛나는 사회문화적 전통을 파손하고 있다는 엄연한 사실을 직시할 것을 간청하고 있다.

봉건과 외세, 그 지독한 역사의 시련 앞에서 우리 민초의 강건하기 그지없는 정신, 어째서 이 밑으로부터 솟아 오른 건강한 정신이 전통으로 계승되지 못했을까, 변혁적 잠재력을 지닌 교육의 힘이 깡그리 소진되었을까, 구획화된 사회의 구조적 파생물이라고 할 수밖에 없다.

예나 지금이나 기득권층의 '보수주의'는 그들만의 정신지체로 끝나지 않는다. 나라의 품격을 가로막는 걸림돌로 작용한다. 어째서 나라 품격의 걸림돌인가?

연줄, 연고주의, '잘난 인물 하나면 돼, 집안 살리고 학교 살리고 동네 살리고, 뒷배 없이 되는 거 아무 것도 없는 세상이야, 전화 한통이면 돼.'

'○○식당 주인 딸 서울대 석사과정 합격'(동네 길 현수막)
'서울대 ○○○ 합격 경북대 78명 합격' (현수막 아래 졸업식 입학식)

'사람에게 가장 몹쓸 병은 제 스스로를 제가 업신여기는 병이다.' 학력-학벌 이데올로기는 이 몹쓸 병의 다른 이름이다.

김부태는 지난 40년 틈새 시간을 촘촘히 엮어 자료를 모으고 작은 논문들을 쓰고, 한국 학력-학벌 사회에 그토록 집요하게 매달렸다. 2000년대 중반 이후 사회 양극화가 계속되는 가운데 보수정부를 거치면서 학력-학벌문제에 대한 논의가 정체되었다. 학력-학벌주의에 의한 사회적 불평등과 차별, 학력-학벌 추구의 반교육적 상황은 여전히 건재해 있다. 이에 대한 지속적인 관심과 변화의 노력이 요구되고 있다. 이 책은 그 동안 이루어진 학력-학벌주의에 관한 여러 선구적인 학문적 실용적 논의들을 참고하면서 한국 학력-학벌사회의 상황을 진지하게 다시 바라보려는 노력의 산물이다. 민주화 시대를 거치면서도 지속되어 온 작은 노력의 산물이다.

우리나라의 지방을 생각한다.

한국사회는 서울을 중심으로 돌아가는 생태계에 가깝다고 느낄 때가 많습니다. 지방에 남아 학교를 다니고 일을 한다는 것만으로도 열패감을 학습하는 경우도 있었죠. 독일에서 지방이니 중앙이니 하는 말은 적절하지 않을지도 모르다고 생각했습니다. 여기 그들은 자신이 살고 있는 도시를 중심에 두고 살아가고 있습니다. 그렇게 할 수 있는 제도적인 뒷받침도 있습니다. 기본법 36조는 '연방의 최고 관청에는 각 주 출신의 공무원이 적정한 비율로 채용되어야 한다'고 규정되어 있습니다. 내가 사는 도시를 사랑할 수 있는 나라, 이것이 독일의 작은 도시들이 유난히 아름답게 느껴진 이유일거라 생각했습니다. (김찬호, 23 9 7 오마이뉴스)

독일은 그럴만한 역사적 뿌리가 있다고 하지만, 그 뿌리는 가꾸지 않아도 뻗어가는 특별한 힘을 지고 있다는 말은 아니겠지요. 그들은 제도와 규범을 통해 더욱 분권 사회체제를 세련시키고 있지 않은가. 오래 전 밑으로부터 분권운동도 일어났고, 정권마다 지역균형 정책을 기획하고 이행했다. 얼마를 더 기다리면 중앙과 변방의 구획화에 틈이 생길까. 더 견고해지고 있는 느낌이다.

독일인들은 많은 측면에서 그들이 더 잘하고 있다는 나의 주장에 동의하지 못한다. 그들은 자신들이 누군가에게 교훈을 줄 수 있다는 생각에 깜짝 놀란다. 내가 처음으로 그런 생각을 떠올렸을 때 실은 그것이 사실에 대한 주장이라기보다 검증해야 할 명제라고 생각했다. 그러나 그들이 최근 역사를 극복해나간 방식, 정치하는 방식, 기업을 운영하는 방식, 위기를 관리하는 방식, 서로를 또는 세상을 대하는 태도를 살펴보면 볼수록 그 생각에 확신을 갖게 되었다. 특히 이 어려운 시기에 현명한 국가라면 독일의 감성적 성숙함과 견고함을 결코 외면하지 못할 것이다 (왜 독일은 왜 잘 하는가, 410-411).

전통을 만들고 계승하는 사회적 조건에 대해 숙고한다. 다시 묻는다. 우리는 어디로 가고 있으며 어디로 가야만 하는가?

더 좋은 것이 좋은 것이다. better is good.

자주 사용하는 말입니다. 듀이의 〈논리학〉 책에 있습니다.
세상에는 최상의 것은 없다. 그저 좋은 것도 없다. 세상에 존재하는 것은 아주 조금이라고 변화하는 것들이다. 변화를 멈춘 어법인 best도 망상이고 인사치례로 good, good 하는 어법도 세상을 어지럽히는 것일 뿐, 세상에 존재하는 것을 고민하고 그것을 표현하기 위해 심혈을 기울이는 것이 과학 예술 도덕이라고 했습니다. 자에 대해 조금이라도 전과 달리 표현했다면 그것은 자의 존재의 실상을 제대로 파악한 것입니다. 사물이 의미를 가진 것이 아니라 인간이 그 사물에 의미를 부여하여 그 의미를 형상화 하는 것이 이 세상의 진화라고, 저는 이런 철학적 관점을 아주 좋아한답니다. 겁내지 말고 거칠다고 해도 그렇게 하는 것입니다. 그것이 어찌 소수 천재들 권력자들의 것에 한정될까요. 그 어느 누구도, 아이들도 그럴 수 있는 성향(능력과 태도)를 지니고 있습니다. 그것을 세밀하게 관찰해내지 못하는 어른들의 무능, 무례, 가르치려드는 난폭한 자세, 그게 진정 문제입니다. 전에 하던 대로 전에 배운 대로 꼭 그대로 해야 한다고 생각하지 마세요. 준비가 부족하면 부족한대로 당신이 만들어서 해보세요. 상대가 다르면 그 상대에 따라 다르게 해보세요. 지적비약과 기술의 응용을 체험할 거예요. 문화발전이 어떻게 이루어지는지 조금만 뒤돌아보세요. 소망과 결핍, 거기서 도출되는 지적비약과 기술의 응용이라는 창의의 힘일 거예요. 꼭 지켜야 하는 것은 없답니다. 있다면 사랑, 자비, 연대...이런 것뿐입니다.

어제 '무당과 굿' 발제를 들으며, 그게 사라져가는 전통이 아니라 여전히 살아서 왜곡된 형태로 우리 일상 곳곳에, 어떤 것은 독버섯처럼 시퍼렇게 번창하고 있다는 생각도 했습니다. 어느 일타 강사의 일 년 수입 백억이 넘고, 일타 강의를 들은 수강생 가운데 일타 점수를 받은 수강생은 극히 소수, 그게 분명한 사실인데도 수 천 명이 일타강사를 기웃거리고, 일타강사 왈 마음먹고 돈을 벌려면 백억이 아니라 천억도 된다고, 이게 무당과 굿 아니고 뭐이겠습니까? 대구 서문시장은 굿 당으로 자리 잡은 지 오랩입니다. 보수의 성지라면 성지로 가꾸어야지, 어묵이나 먹고 듣기 거북한 말만 쏟아내며 기를 받는다고 합니다. 오늘 우리 삶에 기능하는 유사 무당과 굿판을 찾아보세요. 모든 제도 종교들이 수능 백일기도, 외국인들에게 우리 종교제도를 어떻게 설명할까요? 성적우수아 규범 우리 교육제도를 그들에게 어떻게 설명할까요? '주술' 말고, 다른 것이 있을까요. 지성은 서로가 서로에게 정보가 되는 지식이 되는 관계이겠지요.

교육입국을 선포하다. 그러나 선포된 교육은
실력지상주의로, 정신주의로, 개인경쟁력으로 귀결되었다.
아이들을 체계적으로 분별하는 학교체제를 구축했다.
교육은 사회의 온갖 필요를 충족시키는 수단적 기능이 되었다.
사회문화적 역량을 희생시키며 사회정치적 성공을 향해 치닫다.
아이들을 시설 같은 학교에 가두었다.
교육의 공의 가치를 산출하는 체제 구축에 실패했다.
일제의 폭력은 두말할 것 없지만 민족세력도 이 체제 구축에
소홀했다.
그 이후에도 내내 교육을 통한 인간의 힘 형성에 무심했다.

교육적 타당성 물음, 배움, 이유를 가진 것 나의 정신으로 돌아가라.

오로지 '그' 물음을 묻는 교사만이 '학습활동'에 몰입하는 학생들과 마주할 수 있다. 그 교사와 그 학생들은 교육적 관계를 맺고 있다. 교육이 일자리 만들고 거기에 맞는 인물 양성하는 훈련소는 아니다.

교육적 활동에 참여하고 있는 모든 당사자들을 오로지 '학습자'로 받아들이고 대접한다. 학습자는 경험으로부터 배움을 얻으려는 태도와 능력을 표상한다. 교사와 아이들은 경험으로부터 배움을 얻는 동일한 한 가지 학습활동을 수행하고 있다. 한 가지 동일한 활동을 수행하고 있는지 거듭 묻고 그 물음에 쫓아 교실을 경영하려는 의욕을 일컬어 교육적 타당성 물음이 라고 했다.

교육은 아이들 하나하나에게 그 아이 자신의 대자연을 돌려주려는 인류적 작업이라고 말을 하라. 인간이 마음껏 꿈을 펼치는 대자연의 범위는 너무나 넓다. 좁디좁은 학교에서 보여주는 지능을 가지고 그 아이의 미래의 삶의 대자연을 규정하고 예측하는 짓을 하며, 그게 교육체제를 효율적으로 운영하는 방식이라니.

문화와 교육과정, 왜인가?

있는 것, 전해내려 온 것, 보존, 그것은 박물관에 고이 모셔야 할 가치(대상)이겠지요. 끊임없이 재해석, 재현 representation되어야 비로소 살아있는 문화(당대 그 곳 사람들을 하나로 묶는 공통감각)로 계승되는 것이 아닌가 싶어요. 계승되는 것은 정신이지 겉모습의 형태는 아니거든요. 전에 저가 읽은, '판소리는 1900년대 초에 만들어진 것이다.'에 대해 인용한 바 있습니다. 양반중심 정악이 주류 전통이었지만 주변 민초의 고된 노동과 거친 삶을 자연스럽게 흥얼거리던 노래를 밖으로 끌어내 대중의 문화로 계승한 것이 판소리이겠지요. 저는 당신이 보존의 가치를 넘어 정신의 계승이라는 차원에서 과감하게 현대적 감각으로 변화를 시도하시도록 격려하고 싶습니다. 서양 저들은 바이블을 철학으로 예술로 도덕으로 얼마나 넓게 깊게 변용했나요. 우리들 도덕경 금강경은 그저 거기에 존재하고 있는 유물인양 전해지고 있습니다. 명신보감을, 저의 글에 인용하여 조금이나마 재해석하고 싶어 찬찬히 읽었습니다. 일단 저의 글의 논지와 상통하는 내용을 아주 조금 발췌해 놓았습니다. 필요가 발명의 어머니라고 하잖아요. 동기는 순수하지 못하다고 할지라도 결과의 유효성도 있답니다. 어쩌면 그것이 사람들의 행동양식인지도 모르겠습니다.

청년에게 사회구성원으로서 살아갈 권리를 인정하는 것 말고 다른 무엇을 가지고 그 나라의 국력을 말하려고 하는지. 역할의 양극화, 대물림, 그것을 외면한 채, 특별한 소수를 싸고돌면서 국격을 말하는지.
페스탈로치의 정신은 계승되었다. 이순신의 정신은 계승되었다고 말할 수 있을까?
구텐베르크의 유산은 세계사의 한 획을 그렸다. 세종의 유산은 왜 세계사의 중요한 고비를 이루지 못하나?

이순신의 유산
소설 속의 이순신은 '삶을 살폈다.' 그는 머무는 법이 없었고 살아 있었다. 그는 물리적인 때와 곳을 삶의 때와 곳으로 되치기 했다. 군졸과,

민초와, 산야와, 바다와, 병기와, 군량과 연관했다. 함께 죽고 함께 사는 순교자적 정신세계와 굳게 연관했다. 군더더기라고는 없는 충분한 것에만 집중했다. 같이 사는 그 누구도 부담을 느끼지 않았다. 누구나 자기 삶을 살고 있다면 그 삶의 경험에 기대어 말을 할 수 있고, 말을 하고 사는 '문화사회'를 경영했다. 그는 지도자로서의 자기를 살고 있었기에 때로 사람들을 꾸짖기도 징벌할 수도 있었다. 그는 자기 자리를 지키고 자기를 살고 있는 사람들이 저지르는 실수에 대해 관대했다. 전쟁의 상황에서 실패는 용납하지 않았다. 그는 사람을 살리는 전쟁을 했지만 그러나 자신의 선택이 상의 명령을 어겼다는 것, 전쟁 상황에서 명령을 어겼다는 것은 용납할 수 없는 것이기에 감옥도 백의종군도 넘치고 모자람 없이 받아들였다. 배신과 모함이 가득하고 죽음이 어른거리는 세상에서 그는 경쾌한 몸과 마음이었다. 그에게 전쟁은 선택이 아니라 어쩔 수 없는 필연이었다. 그는 영구평화를 염원했을 것이다. 그가 어째서 전쟁의 영웅인가, 사람 사는 세상을 경영하는 천재 전략가이지.

우리는 이순신의 유산을 어떻게 관리하고 있을까? 계승하고 있을까? 아직도 우리는 그의 정신을 이어받을 '사회적 조건'이 성숙하지 않았다고, 더 기다려야 한다고 생각하고 있을까? (김훈의 칼의 노래를 읽고 적었다)

맺음, 개인과 사회

잃어버린 나의 25년, 그 때의 나를 기억하고 떠 올리면서, 동료 교사들과 같이 '자가 연수'를 시작했다. 교사가 대구 교육행정을 책임지는 자리에 올라야 한다고 웅변하고 다녔다. 북 콘서트 진행자로 나서겠다고 자청한 그 용기, 전에는 상상할 수 없는 나의 선택이다. 지도교수 앞에서 너무나 작아진 경험 밖에 없었으니 말이다. 진행을 하며 질문을 하고 다른 참가자들의 질문을 내가 다시 음미하여 중개한 그 경험은, 내가 학위논문을 작성할 그 때 떠올린 그 '찬란한' 관념들을 상기시켰다. 꼬박 일 년 경대 사범대 101호실 대학원생 연구실에서 출근하고 퇴근했다. 쩔쩔매고 있을 때 지도교수는 '논문의 서론'을 대신 써 주시며 참고하라고 하셨다. 진짜 참고했다. 몇 달이 지나고 나는 논문의 서론을 새로 적었다. 지도교수의 것을 용감하게 버렸다. 나의 땀이라야 나의 것을 만들지, 나의 학위논문은 낮과 밤이 없는 그 일 년의 소산물이다. 별 것 아니라고 남들이 할지라도 나의 것이니 그것으로 충분하다. 북 콘서트 진행을 하며 그 때 그 용감한 나의 행동이 생생하게 떠올랐다.

그는 여럿이 함께 표현하고 경청하는 교사교실을 만들고 이끌고 있다. 교사교실은 인생을 이야기하는 자리여야 한다고, 그것이 교직의 정신을 잇는 하나의 방편일 수 있다고 생각한다. '10년 수행한 분을 모시고 매주 인생과 우주 이야기를 듣고 있습니다. 학교문제와는 상관없는 인생과 우주이지만, 그 속에서 학교와 아이들을 떠올리는 감상에 젖어 드는 것도 좋아요. 낮과 밤이 함께 있다고 생각해보세요. 막 가르치려고 하는 낮과 조용히 눈을 감고 그냥 정지해 있는 밤을 상상해보세요. 동료가 있어야 낮과 밤이 있어요. 잃어버린 25년의 두 곱 세 곱을 보상받고 있습니다.(송진경의 서사와 맥락)

강의5. 공교육, 교육현장에 대한 신뢰와 불신
the academic and scholastic, what to teach
학교는 학교가 아니면 가르칠 수 없는 것을 가르친다.

교사라면 당연히 잘 가르친다. 뭘 어떻게 하는 것이 잘 가르치는 거지? 1 더하기 1을 주어진 한 주 배당된 수학 수업 내내 가르친다. 이게 잘 가르치는 전형적인 수업이다. 자전거 타기를 가르친다. 그걸 왜 가르치나? 그게 중요한 지식, 기술인가? 긴 시간을 들여 목이 쉬도록 고함치며 삶의 지식이 되게 가르친다. 요령을 가르치지 않는다. 진정 교사라면 당연히 잘 가르친다고 쉽게 말해도 될까? 아무튼 교사는 당연히 잘 가르친다. 그기에 만족하고 자랑하는 것은 우습다. 이야기 해야지, 아름답기도 하고 모질기도 한 세상을 콕콕 찔러보는 사상이어야지.

교육문제는 사람문제이다.
 그 어느 누구도 사람의 문제에 정답을 가지고 있지 않다고, 사람의 문제에 직접 관여하는 자라면 그는 자신의 선택에 대해 자책해야 한다고, 자책하지 않는 전문가는 자신의 삶마저도 뒤돌아보지 않는 야만이다. 전문가는 확신하지 않는다. 확신에 찬 사람은 선동가이거나 평범한 무사유 이거나 둘 중 하나이다. 전문가는, 누군가 선택하고 나서야 한다면 그렇다면 그 문제에 고심해온 내가 책임을 지겠다고 자임하는 자이다. 정답을 가졌기에 나서는 것이 아니다.

공교육의 개념적 개괄

public secular compulsory free, 사회에 이익이 되고, 합리적으로 일 처리 하고, 일정한 제도적 규칙을 지키고, 아이들의 필요와 요구에 따르는, 공적 형태의 교육

교육은 모두에게 열려 있다. 모두에게 열린 교육은 차별의 벽을 허물어트리는 의지와 시스템에 의해 가능하다. 이 의지와 시스템은 '통일과 계통'을 지닌 학교제도에서 구현되었다. 통일은 국민을 표상하고 계통은 발달을 표상한다. 통일과 계통은 모두를 위한 교육의 제도적 조건이 되었다. 모두를 위한 교육은 아이들의 학습능력에 초점을 맞춘다. 학습능력의 신장이 공교육의 목표가 되고 대상이 되었다.

학교교육은 입학과 졸업의 시스템이 학교교육을 구성하고, 또한 학교교육은 교육의 기회와 과정의 균등을 보증하는 제도적 약속이다.

교육을 거쳐, 국민이 되어야 하는 의무를 지며 그리고 국가사회 운영에 참여하는 구성원이 되는 권리를 누린다.

공교육의 목표와 프로세스는 공개와 개방의 원칙을 따른다. 공교육 전문가의 교육적 개입이 공교육을 지속가능케 하는 결정적으로 중요한 요소이다.

학교교육은 아이들의 학습의욕을 매개한다. 학교는 아이들의 표현과 경청을 '가치'로 받아들이는 특별한 장소이다.

교사는 교직생활 내내 in-service와 pre-service 양성된다.

교사의 공교육을 향한 절박함이 공교육을 가능하게 하는 중요한 힘

이다. 교사는 공교육을 향한 절박함으로 자기 존재를 살고 있는 공인이다. '공인이 공교육을 수행한다.'는 믿음에서 절박함이 발현한다. 인류가 수세대에 걸쳐 이룩한 인간성에 알맞은 인술 art로 이해된 교육(칸트, 페스탈로치), 그 교육개념 변혁을 거쳐 교육문제는 사람문제로 인식되었다. 한편 유인 보상 강화 시스템으로 작동하는 체제 편입 교육개념도 여전히 세를 얻고 있다.

쟁점: 교육의 내재성 대 외재성, 내적관계 대 외적 관계, 이론 의존적 교육활동 대 계층이동 욕구에 추동되는 교육활동

1870년대 유럽과 다른 미국 공교육 체제 구축에 대한 듀이의 심각한 질문

미국식 직능 계층사회, 대중문화와 척을 지는 '공식적 문화,' 거기서 비롯된 삶의 경험과 교육의 분리

듀이의 도전, 인간성에 알맞은 교육에 대한 시대적 재구성, 그 인간성의 핵심 의미로 파악된 학습의 자발성

당대 미국의 구체제, 그리고 듀이

공유가 아닌 그들 특권층이 '소유한' 문화적 규범

그들만의 매너와 관습은 다른 계급에 전파되어야 할 '문명사적' 명분

나라 전반에 문화적 지침guidance을 제공하고 관리할 특권적 지위를 지닌 '협회'Societies의 역할

1870년대 이후 몇 년 사이에 이 소사이어티의 '공식적'official 문화를 울타리 치는 장치들이 개발되고 정교화 되었다. 그 장치들이란 박물관, 심포니 오케스트라, 오페라 하우스, 학술단체들이었고, 그리고 취향과 사상taste and idea에 대해 비판적으로 평가하는 저널과 출판물이었다. 이 장치들은 소수 비평가들과 영향력 있는 학자들의 손에 쥐어졌다. 정신적으로 단련된 사람은 "브레이크를 밟을 수 있는 사람"이며, 결코 군중 심리에 영합하여 우매한 짓을 할 무책임한 감상주의자일 수는 없다. 대중적 말투로 고함치는 선동자일 수도 없다. 이 장치의 핵심에 대학이 있다.

듀이는 그 특권에 모반을 꾀하다.
  인간학습은 인간 삶에 내축 되는 가치이다. 말(글)과 수, 그것이 인간학습의 가능성 조건이다. 인간은 사물에 대해 말하고 헤아리며 '인간다움'으로 진화한다. 발달한다. 교육은 학습의 과정에 기초한다.(인간성에 알맞다, 지적 도덕적으로 성장한다.) 인간은 사물에 대해 말을 매개로 의미를 부여하고(물음을 묻고) 탐색한다. 관심사interest를 키운다. 인간의 역사는 근본적으로 학습의 능력, 말하고 헤아리는 능력을 신장시키려는 투쟁이었다. 학습활동의 자유의 문제, 그로 하여금 자신을 살게 하라. 사물에 의미를 부여하고 탐색하도록 하라. 자신을 산다는 것은 탐구자로 산다는 것, 풀 수 있는 문제를 출제하고 풀어내는 문제해결의 구체적 정신, 즉 지성이 된다는 것이다.
  학습의 과정에 기초한 교육이론, 자연적 인간 성향(능력)의 발로인 학습활동은 삶과 궤를 같이 한다.
  그 사람의 지식은 세계(사물)을 탐구하는 그 자신의 도구(지식에 대한 철학적 조망)이다. 지식은 활동이다. 활동을 거쳐 나의 것(숙지)이 된다.

아이들과 교사 관계를 중심에 놓는 교육현장을 구성한다.
　삶을 떠나서는 교육문제도 사람문제도 없다. 삶의 경험의 통일성 trying and undergone, 난관에 처한 삶, 난관을 뚫어냄으로써 살아남는다. 본능을 박탈당한 인간은 학습활동에서 얻은 지식과 기술을 이용하여, 난관을 풀 수 있는 문제로 출제한다. 더 나은 인간으로 발달한다. 변형한다. 학습활동을 하게 하라. 그의 학습활동을 돕는 시스템을 만들어라. 학습활동 하는 구체적 정신이 거기에 있다. 그 정신 이외에 다른 모든 것은 환경이다. 교사는 결정적으로 중요한 환경이다.

교육에 대한 진보주의자적 질문과 응답, 탐구자의 관심,
　인간 삶에 내재한 학습의 가치, 그 가치는 발현일 수도 있고 요구될 수도 있다. 그로 하여금 관심사-일을 하며 살아가게 하라. 그 일상의 삶에 학습의 가치가 배어든다.

　공교육, 대중교육, 태생적으로 전문가 교사에 대한 신뢰와 불신을 안고 있다.

교육의 내재성을 인정하면서도 교사와 아이들 관계라는 현장성에 대한 의구심, 그리고 상상력 없는 교사에 대한 불신을 깔고 있는 근 현대 공교육

대중교육에 대한 불신 그리고 교사(학교)의 전문성에 대한 불신이 높아간다. 미국에서 공교육은 기본적으로 tax-payer의 요구에 의해 통제되는 것으로 받아들여졌다. 유럽 전통적인 인간본성(영혼, 자기결정력)에 알맞은 교육을 대체하는, 미국적인 현실적 접근법이다. 이 접근법은 교육을 조작적으로 규정하며 수업을 강화하는 쪽으로 이끌었다. 교육의 효율을 높이는 방안을 만들어내고 교육의 성과를 측정가능하게 했지만, 한편 교육을 기법에 익숙한 관례화된 수업으로 고정 축소하는 결과를 낳았다. 그것이 아동중심이라는 상징으로 널리 회자되었다.

듀이의 진단과 처방

학술적인 것 the academic and scholastic 이 조롱의 대상이 되는 것에 대해 경고했다. 그는 학술의 조롱이 학교의 고립 그리고 문화의 태만을 보여주는 척도라고 생각했다. 즉각적 혁신 없이는 학교는 공허하고 비능률이 되리라고 두려워했으며 문화는 내부에서 취약해지리라고 마음 아파했다. 듀이는 1899년 '교사교육기관에 대해 생각한다'(1899)에서 이 기관들이 학문의 subject matter를 돌보지 않는다고, 그 까닭은 그들의 목적 object이 what to teach보다는 how to teach에 경도되어 있기 때문이라고 적었다(Handlin, John Dewey's challenge to education, the Dewey Society Lectureship 1959).

학술적인 것이 조롱 받는 곳에, 사람을 만든다는 것, 개조한다는 것, 사람을 분별하는 것, 반인간 반민주주의 규범이 자리를 잡고, 기법, 방법에 치중한다. 그 때 교육은 나중의 삶을 준비하는 정신단련으로 비약한다. 이른바 '아동중심'이라는 진보적 질문도 허구화 된다.

듀이의 교육 이야기는 미국 교육역사에 기록될 수 있는 '모반'revolt

이라고 읽어도 좋다. 그러나 그 모반의 특징을 이해하기 위해서는, 그 모반이 도대체 그 시대의 무엇에 반한 것against인지, 그 시대 '확립되어 있던 패턴'혹은 규범이 무엇이었는지를 알아야 할 것이다. 그럼에도 여전히 미국 교육의 앙시앙 레짐의 특징이 무엇인지 단지 막연히 이런 거라고 기억, 그 이상 밝혀진 것은 없다 (Handlin의 강의).

수단과 목적, 목적에 좌우된다는 것의 의미

사용된 수단에 대한 면밀한 검색이 가능해야 할 것이다. 그 수단을 통해 이루어 진 실질적이고 객관적인 결과가 진정으로 민중의 해방을 이끌고 있는지를 보여줄 수 있는 분명한 어떤 지표를 확인할 수 있어야 한다.… 목적이 실질적으로 도달된 결과를 의미하는 한, 그 목적은 분명히 채용된 수단에 좌우되고, 수단의 가용성에 대한 측정은 그 수단이 실질적이고 객관적인 결과의 기초위에서 조명되고 판정되어야 한다는 의미에서 목적에 좌우된다(Dewey, Means and ends, 69).

오늘 한국 우리들, 인재인물론

미래의 성공을 준비하는 교육, 학교교육의 성공이 미래를 담보한다. 입학과 입직이 미래를 구성한다. 학교에서 성공하는 아이들과 실패하는 아이들로 분별함으로써 교육의 동력을 구하다. 역할의 양극화가 사회질서의 근간을 이루다. 권력엘리트가 교육과 사회를 통제하다.

우리 교사의 사상적 모반, 민주주의 가치를 다시 생각한다.
서로 영향을 주고받는, 서로가 서로에게 정보가 되는 네트웍 관계라고 한다. 같은 관심사를 가진 사람들이 자연스럽게 자유롭게 모여들어 표현하고 경청하는 가상공간, 플렛폼이 여기여지 늘려 있다. 누구나 만들 수 있다. 누가 되니 안 되니 제지하지 못할 것이다. 누가 무엇이 말과 글을 독점하려드는가, 누구나 직접 자신의 생각을 제출할 수 있고 다른 이의 생각을 비판하고 받아들일 수 있게 된 문명 시대아닌가. 직접 민주주의가 눈앞에서 실현되는 듯, 누가 나를 대변해주기를 기다리지 않는다. 나는 내 삶의 경험에 기초하여 다른 세상의 문을 연다. 나는 거침없이 '내 자신'을 살아야 한다. 삶이 다른 무엇을 준비하는 수단일 수가 없다.

 나를 살고 있어야, 그 때 경험을 표현하고 경청하는 사회문화적 관계를 또렷이 의식할 수 있다. 그 관계를 의식한다면, 우리들은 정주영과 전태일의 삶을 새롭게 구성할 수 있다. 전에는 둘이 별 세계에서 살았지만, 오늘 우리들은 둘이 다르지만 함께 하는 삶을 생생하게 편집하여 제시할 수 있다. 누구든 자신을 온전하게 던져 참여하는 삶의 세상을 상상한다. 세계는 무수히 많다. 세계는 열려 있다. 자신의 경험, 알고 있는 몇몇 정보에 한정하여 자의적으로 만든 세계에 갇혀 살지 마라. 너의 세계에 대해 비판받을 용의를 표명하라. 오늘 아침 산책하면 풀을 뜯어 먹는 개를 봤다. '아니 개가 풀을 뜯어 먹네요, 집에서도 풀을 먹이로 주나요, 아니요 집에서는 줘도 먹지 않아요. 밖에 꼿꼿이 서 있는 풀만 뜯어 먹어요, 다른 개들도 그런가요, 전문가도 이런 개는 처음이랍니다.' 우연이 필연이 되는 세계의 질서인 듯, 그 경험을 원천자료로 나는 상상력을 발휘하게 될 것이다.

사회 안전망의 근간, 개체의 발달과 공동체의 발달

 높고 낮고, 앞서고 뒤지고, 빠르고 느리고, 개인을 추궁하지 않는 교육 시스템은 어떤 것일까? 아직 아무도 이루지 못한 그런 교육 시스템은 어떤 것인지 오랜 세월 수많은 사람들이 이렇게 저렇게 말했다. 질병의 고통에서 자유로운 사람은 없다. 더 높고 더 넓은 세계를 탐험하고 싶지 않은 사람은 아무도 없다. 사회가 질병을 관리하고 사회가 더 진전된 삶의 경험을 관리하는 그런 세상에 태어나고 거기서 살고 묻힌다. 인간은 자신의 세상을 자세하게 알고 싶어 한다. 앎과 행동, 개체의 발달은 공동체의 발달과 병행한다. 아이들의 정신적 발달을 소망한다. 그렇다면 그 아이들이 살아가는 사회를 아이들의 발달의 환경이 되게 하라. 무엇보다 학교를 그러한 환경이 되게 하라. 마찬가지로 질병으로부터 해방된 건강한 삶을 소망한다면 그렇다면 그 사회가 질병에 대해 책임을 나누어 가지도록 하라. 사회 안전망 개념, 그것은 국가사회 경영의 핵심 가치가 되었다.

가치를 살게 한다. 사회 안전망을 가정하면서 이 가설이 성립되었다.
   듀이의 〈경험과 교육〉은 덕이란 무엇인가를 묻고 있다. 덕이 무엇인지, 학습경험이 될 수 있도록 설계할 수 없는 덕이라면 그 덕을 가르치지 말아야 한다고 했다. 가르칠 수 있는 덕이 있다면 그 덕은 같이 서로 의지하여 있는 관계 맺음뿐이다. 그 관계(사회)를 구성하고 운영하는 것, 그 규칙을 적용하고 거기서 규칙을 다듬어가는 실제적 과정이 덕 virtue이다. 그 덕을 '학습경험 한다는 것이다.' 콜버그는 듀이의 덕 개념을 발전시켜 이렇게 말했다. '교육의 형식은 사회의 근본을 이루는 정의의 덕에 대한 가르침이며 그 가르침은 정의로운 학교를 필요로 한다'(Kohlberg, 도덕발달의 철학, 77). 정의의 공동체에서 아이들은 학습할 의욕을 불태운다. 그 학습은 대상 세계와 자유롭게 연관한다, 자연적 재능을 발휘한다(위 책, 40).

가치를 살지 못하는 학교(와 사회), 왜?

앎을 관리하는 학교(와 사회), 학교는 속도경쟁에서 살아남는 성공하는 아이들을 체계적으로 선별하는 체제로 기능했다. 아이들의 자연적 재능이 부정되었다. 학교는 투입과 산출의 모델에 따라 성과를 관리하고 효율을 추구하는 특수한 시설이 되었다. 심리학과 거기서 가공된 공학적 처방이 교육학의 지식과 기술이 되었다. 교육학이 교육심리학으로 축소되었다. 아이들의 대자연(생활세계)을 부정하는 교육심리학과 교육철학이 교육실제를 정당화했다.

> 실천의 과제와 직접 대면하지 못하는 심리학이론과 연구란 거세된 말 이상의 아무 것도 아니다. …조작적 의미를 가진 건축물을 짓는데 복무하는 심리학의 그 조작이란 결국 현재 진행하고 있는 실천의 조작이다. 철학자가 분석하는 개념과 방법은 근본적으로 전문철학자의 것이 아니라 일상적 실천에 관여하는 사람들의 것이다. 철학의 일상적 실천은 교육이다. 교사는 학생은 문화 철학 과학의 핵심개념을 이해하고 평가하고 전승하는 일을 기획한다(위 책, 25).

오늘 우리는(교사는) 어떤 세상에 반하고 어떤 세상을 꿈꾸고 있는지 이야기하는 사상일 수밖에 없다. 인간 삶(생명, 존재)을 돕는 교육은 어떤 형태를 가져야 하는가? 교육사상형성의 핵심 과제일 것이다. 우리도 교육사상형성의 역사를 체험하고 있다. 논쟁의 여지가 있음에도, '고기를 잡는 방법을 가르친다.' 고 선언하고 나선 현장 평교사들의 항거, 모반을 우리교육사상형성의 역사로 기억하고 있다. 지금도 보이고 보이지 않는 곳에서 그 모반이 이어지고 있다. 반세기가 지난 지금 새로운 현실에 직면하고 있다는 것, 인류와 지구의 위기, 민중교육의 이념과 교직정신의 가치가 시험대에 올라 있다는 것을 지적하며, 우리가 무엇을 할 수 있는지 묻고 있다.

오늘 우리는(교사는) 이렇게 묻고 가정적 답을 내놓는다.

교육은 어디에 있는가? 교육은 교사의 교육과정 작업을 거쳐 이루어진다. 학교는 아이들의 학습의욕을 불러내는 전체적 기획이다. 학교교육은 학습의욕을 매개로 형성된다. 학습의욕은 수치심, 좌절감의 문제와 연관하며, 그렇기에 학습의욕은 사회적 역할의 양극화 모순과 무관할 수 없다. 교육의 바탕을 이루는 학습의욕의 재생 그것을, 교사에게 맡긴다고? 그래도 될까?

시대와 불화하는 교직의 지성이 면면히 흐르고 있음을 본다. 교사들은 듀이가 그랬던 아이들을 분별하는 교육에 모반하기를 주저하지 않는다. 희망을 놓지 않아야 하기에 말이다.

    시대와 불화하는 사상, 교직
    교육의 다의성, 다원성
    다양한 형태의 교육과정을 통한 다변 다층의 다원교육
    교사의 교육과정 작업을 거쳐 이루어지는 교육, 공개와 개방
    학교의 학습의욕을 불러내는 전체적 기획
    아이들의 지식'활동'을 가치화 하는 프로그램
    수치심을 안겨주는 사람분별의 사회체제, 사회적 역할의 양극화
    교육의 다원성을 확보하는 결정적으로 중요한 제도적 규칙
    풀 수 있는 문제를 출제하고 풀어내는 지성, 그 지성을 교육활동의

논리라고 해도 된다.

말의 힘, 자기를 사는 사람은 세상에 대해 말할 수 있다.
　말의 힘, 인간 고유의 힘일 거예요. 서양철학은 어떤 조건에서 말의 힘이 성립하는지에 대한 깊은 사색이었다고 생각합니다. 논리 문법 수사, 이른바 말의 형식이 저들 철학의 토대가 아닌가 싶기도 합니다. 이 말의 형식을 숙고하며 일상의 말도 허투로 하지 않으려는 노력이 아마 저들의 교양, 그 교양이 저들 교육의 근간이었다고 생각합니다. 척하면 알아든는다, 일일이 알려준다. 말할 자리에서 말하지 않는 것조차 우리는 과묵의 미덕이라고, 시키는 대로 따르지 않고 거기에 말을 더 보태면 교양부족이라고 비난 받았습니다. 한국적 동양적 미덕은 말의 힘을 부정하는 것 같아요. 말이 관계를 구성하고 규제하는데…
　일방과 쌍방은 말의 관계를 나타내는 뜻이겠지요. 개인적 성향을 넘어 말의 힘에 대해, 그 힘은 언제나 상대를 의식함으로써 성립한다는 것, 상대를 의식하며 하는 말을 저들은 지성적intelligible(서로 알아들을 만한, 서로서로가 될 수 있는)이라고 했습니다. 학교에서 기본적으로 할 일이 어느 교과에서도 운동장에서도 그러해야 한다고 생각하고 있습니다. 정주영의 해봤어, 그 경험적 의미를 지닌 말의 무게, 그것으로 끝나버린 아쉬움, 그의 진취적이고 도전적인 경험은 은연중 교과 지식 교육과는 무관한 것이라는 생각, 인성 교육은 교과 지식 교육과 아주 다른 것이라는 생각을 심어줄 수 도 있다는 아쉬움이다. 교과와 인성은 별개의 것인가? 개체의 발달은 공동체의 발달과 무관하다는 것인가?

교과교육 이외에 인성교육을 위한 묘책이 따로 있다는 생각, 그 정체모를 묘책을 찾아 헤매는 일에 시간과 노력을 허비하면서 정작 교과교육을 소홀하게 취급하는 결과를 낳는다. 수학문제 하나를 수학답게 가르치는 바로 인간다운 인간을 길러내는 중요한 길임을 분명하게 할 필요가 있다(지정민, 미래교육학과 성리학, 대구가톨릭대학 국제학술대회, 15 6 3).

'수학답게'란 듀이가 말한 바 the academic and scholastic 일 것이다.

물음을 자아내지 않는 교재

한반도 평화 시계는 몇 시? 저는 들어도 몇 시인지 모르겠습니다. 제가 보는 시계는 '미국 동의'인데, 미국이 남북관계에 대한 분명하고 일관된 입장을 가지고 있는지, 미국의 국제질서 경찰 노릇의 현안에 따라 그 입장을 입맛대로 바꾸는 그것이 시계를 흐리는 게 아닌가 싶습니다. 완전한 돌이킬 수 없는 불가역 핵 포기를 내세우지만, 그것마저도 당겼다 늦췄다 식 전술을 구사하는 듯, 그 미국의 입장과 전술로 우리가 지불하는 유형무형의 대가는 계산하기 어렵습니다. 저만 아니고 많은 국민도 답답해 할 거예요. 어제 강의에 원칙에 따른 국민동의라고 하더군요. 국민동의의 의미가 뭘까요. 원칙도 또 뭘까요. 원칙을 천명하고 그 원칙에 의거하여 고집스럽게 행동한 예가 있기나 한가요. 아마도 '햇볕론'이 국민동의에 바탕한 남북문제 접근이 아닌가 싶습니다. 어쩌면 지금 정부의 한미일 동맹에 의한 북한 압박이 국민동의를 구하는 정책이 아닌가 싶습니다. 총장선생님의 '포괄적 교류'를 실질화 하는, 미국이 뭐라해도 중국이 뭐라 해도, 일부 극우 세력이 뭐라 해도, 밀고나가는 과단성이 국민동의의 참 뜻이 아닐까 싶습니다. 국민동의와 미국동의, 이것이 줄기찬 쟁점이 되면 평화의 시계를 갖지 않을까요. 원론보다 쟁점토론이 절실합니다. 명분과 과단성 지속성이 원칙입니다, 그 원칙이 국민동의를 끌어냅니다. 논리적으로 국민동의지만 실제는 원칙과 행동입니다. 의지 뜻이 시스템을 요청하지 시스템을 만들고 의지 뜻을 기다리지 않습니다. 저는 생활에서 그런 경험을 했습니다. 영어공부 시설요구, 시설 만드니 영어공부 하는 학생을 보지 못했습니다, 남북교류 공부방 ...시스템요구, 그러나 시스템 갖추어도 이루어지는 것은 없었다.

교육은 교육의 교육방법론의 실천이다.

   그것이 진리라고 단정하고 진리이니 두말없이 받아들여야 한다고 말하는 시대는 아니다. 진리는 그것을 탐구하는 사람들의 노력에 의존한다. 교육은 아이들이 탐구하도록 자극하고 인도한다. 이렇게 자극하고 지도하면 아이들을 탐구의 길에 들어서게 될 거라는 방법을 고안하는 것이 먼저이다.

   교육방법론은 학습활동의 기획이다. '재능에 주목하지 않고 '같이있음'의 특성에 주목한다.' 명량대첩의 역사를 집단탐구를 통해 가르친다. 교사는 역사학의 지식과 지평을 역사학의 방법에 충실하게 가르치려고 하며 아이들 집단이 일차적 문서자료를 분석하고 그 문맥을 읽어내도록 지도한다.

   교사의 교육과정 작업은 아이들의 학습능력(학습의 자발성)을 가정한다.

교육과정은 아이들을 학습자로 대우하는 한다는 것을 표명한다.
교육과정이란 아이들의 학습활동을 어떻게 이끌어갈지에 대한 기획이다. (방법론, 탐구자들의 진리, 이와 같은 절차를 따른다면 누구라도 동일한 결과를 만들어낼 수 있다. 그렇다면 그것을 그 조건 하에서 진리라고 하자는 약속) 교육과정은 학습활동을 자극하는 장기적 집중적 프로그램이다. 오늘 교육이라고 할 때 그 교육은 학교교육의 교육을 지칭한다. 그렇게 보면 교육에 대한 관점과 개념도 달라져야 한다. 교육과정이 상세한 설계도는 아니다. 대강의 약도이다. 직관이 요청된다. 준비된 자만이 직관을 가진다. 지침 매뉴얼을 생각하지 마라. 임기응변 교화 인습적 관행 지옥훈련 같은 것으로 교육활동이 축소되는 것을 차단한다.
교육과정의 핵심은 교수자원을 어디서 어떻게 구할지에 대한 교사의 방책이다.
교육의 과정을 '심리화' 하려는 흐름, 한편 교육이 과정을 교수의 '과학화' 하려는 흐름으로 이어졌다.

자원으로서의 현실성이란,

겪은 경험으로부터 축적한 '참됨'의 자각(실재의 인식)이다. 참됨의 자각이란 처한 난관에 대해 무엇을 모르고 무엇을 알고 있는지 명확하게 함으로써 처한 난관을 문제로 출제할 수 있다. 출제할 수 있다는 것은 난관을 뚫어낼 수 있는 현실적 대안을 찾았다는 것이다. 현실적 대안이란 가르칠 주제subject matter에 아이들의 관심을 집중시킬 수 있는 공동의 장을 말한다. 그 공동의 장은, 말하자면 집단탐구일수도 있고 지식형성일 수도 있고 또 다른 것일 수 있다. 그것은 가르치는 일의 목적을 이루는 데 필수적인 현실성 자원이 된다. 물론 그 자원은 아이들의 성장을 이끌 수 있다는 신념에 바탕을 두고 있다.

자원은 두말 할 것 없이 실재인 것, 현실인 것이 될 것이다. '그것이 참되다는 것을 실감할 수 있다.' 자원은 써먹을 자산의 형태로 소유하고 있는 것, 현실의 것이다. 자산이 될 만한 것이 뭘까, 경험한 것에 기초하여 실감할 수 것, 관능적인 것이다. 추상적 관념이 아니다. 겪은 쓰디쓴 감정, 해방이 아닌 해방감이라는 내용이 들어 있는 해방의 개념, 그것이 참되다는 것을 실감할 수 있어, 감각적으로도 그것이 실재한다는 것을 알 수 있어.

불멸의 영웅이라고 단정해버리면 명량대첩은 배워야 할 역사가 아니야, 고난의 전쟁을 겪은 사람들의 세상살이를 아주 조금이라도 같이 말할 수 있어야 해. 소를 키우는 경험으로, 일용직 경험으로, 기업경영의 경험으로, 교직의 경험으로, 자신의 세상살이(가치와 신념)를 드러내 말하는 것이다. 그들은 저마다 다른 말을 하지만 따지면 같은 동일한 말을 하는 것이다.

싸워서 빼앗긴 땅은 나중에 되찾을 수 있지만 눈치 보며 그저 내준 땅은 영영 찾지 못한다.

맺음

우리의 근대교육은 처음부터 끝까지 정치사회가 직접 규제를 하는 역사를 가지고 있다. 특히 일제강점기 식민지배 권력이 교육을 정치에 편입시켰다. 교육을 교육으로 두지 않고 권력이 정치에 편입시키면서 행정을 강화하고 그 행정을 보수화했다. 또 조선 민중을 시험으로 경쟁시키고 그 결과인 성적·석차로 통제하고자 했다. 일제는 관치교육이라는 체제와 성적·석차라는 시스템으로 조선 민중을 묶어놓고자 했다. 지금도 그 관치교육체제와 성적·석차 시스템을 자발적으로 계승하고 있고, 이것이 우리 교육체제의 모순의 기제로 작용하고 있다.

모순은 우선 인식되고 폭로되어야 한다. 폭로되면서부터 그 모순의 심각성이 사회적으로 공유되고, 그것을 타파하게 위해 모종의 혁신 정책을 구안해야 할 것이다. 모름지기 성적·석차 시스템을 고착시키는 모순 기제에 대한 분석은 여태까지 '검은 상자(black box)'로 남아 있다. 누구나 현장성을 파손하는 교육모순이 체제화 되어 있지만 아무도 이것에 대한 근본적인 대응책을 내놓지 않고 있다. 이 모순 기제의 분석과 제도적 대응책을 구안함으로써 새로운 사회의 리얼리티(reality)에 대해 전망하고자 한다. 이 저서가 전개하는 탐색과 선언은 인간화 성취를 위해 제안된 '역사적 프로젝트'라고 해도 좋다.

출간 중인 〈공교육 체제〉를 저술한 손종현은 자신의 책이 역사적 프로젝트의 일환으로 이루어진 것이라고 적었다. 그의 두 권의 책 〈한국공교육체제론〉, 〈선발과 교육과 기록〉은 200자 원고지 5000매에 달한다. 그는 책을 통해 자신의 '아프고 분한' 지성을 그대로 드러내고 있다.

강의6. 교사의 세상이야기,
왜 교사는 시대와 불화하는가?
성공이 아닌 성취의 경험, 서사와 맥락

왜 사상인가? 공교육 제도를 알았으면 충분하지 않은가? 교사의 진리를 향한 연대와 공분이교육의 사상을 구성한다. 교사의 교육사상은 진리를 묻는 물음, 탐구의 자세를 표명한다.

어떻게 사상이야기를 시작할까?

우리교육제도에 대해 설명해 보세요, 교사가 교사 자신에게 설명해 보세요. 오늘 겪고 있는 자신의 경험을 마주 세워 찬찬히 뜯어보며, 자신이 용납할 수 있도록 포괄적으로 설명해보세요. 설명의 체계를, '삶과 분리된 교육'이라고 가정하면 어떨까요?

삶과 분리된 교육의 귀결점

그럴만한 자리에 있는 사람일수록 대놓고 학교와 교사를 모욕하고 무시하더군요. 어째서 그들은 우리교육 그 자체를 부정하는지, 어디서 그 원인, 이유를 찾아야 하지, 그들 강자들의 목소리가 너무 거칠어서 그런가? '내 문제는 이웃의 문제를 풀지 않고는 풀어지지 않는다.'는 근본적 문화의식이 약자의 넋두리인 양 하찮은 것으로 취급되면서 그리 되었을까?

사상과 교육

새 교육은 반드시 새 사상이 있고 난 뒤에 생기는 것이요. 새 사상은 새 교육이 있음으로써 발전되는 것이다. 그런데 새 사상은 새 지식 또는 새 견문이 없이 싹틀 수 없는 것이므로 새 교육의 전제로 새 지식의 준비가 필요한 것이다. 곧 새 교육의 필요를 느낄 만한 예비지식이 없는 곳에서는 새 교육이 생길 수 없다. 조선의 새 교육은 서양식교육을 의미하는 것이므로 먼저 서양문화를 인식해야 하며, 그 문화에 대한 단편적 지식도 없다면 그 문물과 제도를 모방하려 하지 않을 것이다. 그러므로 정식으로 새 교육의 제도와 기관이 생기기전에 그것을 만들려는 사상이 있었을 것이라는 사실을 우리는 단언할 수 있으며 이 예비지식을 얻은 경로는 우리 교육사에서 뺄 수 없는 사실인 것이며 또 참고하지 않을 수 없는 생활사인 것이다(이만규, 조선교육사, 13).

삶의 현장 구성과 교육

사회정치적 성공을 향해 내달려온 우리들이 이제 삶의 의미와 목적을 고민하지 않을 수 없는 시대적 난관에 처해 있다. 교사는 자신의 삶의 의미와 목적이 무엇이라고 생각하고 있을까? '아이들의 것'을 중심에 놓는 학교는 삶과 교육의 분리라는 모순을 극복하는 대안이 되리라고, 염원하는 나날을 살고 있겠지. 그들은 교육목적에 따른 교육활동을 수행하며 나의 교육활동은 교육적으로 타당한지 자신에게 묻고 있을 것이다. 그때 비로소 학적 성격을 지닌 우리교육론이 구성 될 것이라고 믿고 있을 것이다. 그것만이 자신의 교육론 이야기를 겉돌지 않게 붙들어 매는 버팀목이라고 믿는다.

인간이 세계에 관한 그들의 앎을 조직하고 관리하는, 다시 말해 그들의 직접 경험을 구조화하는 데는 두 가지 방식이 있다. 하나는 물리적 사물(thing)을 처리하는 데 전문적으로(specialized) 쓰는 방식, 다른 하나는 사람들과 그들의 역경을 다루는데 전문적으로 쓰는 방식이다. 이 두 방식은 크게 논리 · 과학적 사유와 나레이티브 사유와 상응한다. 두 방식의 보편성은, 그 두 방식의 언어의 본질에 이미 갖추어져 있는 소여에 뿌리를 두고 있다(Bruner, the Culture of education, 39).

나레이티브 사유를 하는 사람이라면 그는 '꼭 사는 것 같은' lifelike 이야기를 할 수 있을 테고, 그런 이야기야말로 인간 삶에 깊이 침투해 들어갈 수 있을 것이다. 슈타이너 학교에서 이야기 접근법이 교육활동의 구성원리가 되어있는 것을 본다(고야스 미치코, 52-53). 푸에르토리코인의 민족 정체성을 찾는 싸움에서 이야기꾼이 무엇을 할 수 있는지를 보여주는 글이 있다.

> 이야기는 푸에르토리코인의 삶과 경험을 이전보다 훨씬 생기 있게 해주는데 사용 될수 있다. 이야기는 또한 교실 속의 교육을 해방시키는데 사용될 수 있다. 왜냐하면 이야기를 통해서만, 미국 사회에 만연되어 있는 거의 일방적인 푸에르토리코인의 부정적 이미지에 마음껏 도전할 수 있기 때문이다. 이 부정적인 면모를 그대로 묘사하는 것 자체가 오히려 이야기 구성자들에게 이야기구성을 통해 자신들의 삶의 장이 어떻게 뿌리 뽑혔는지를 드러내도록 부추길 것이다. 이야기구성자인 아구에호스는 이렇게 말한다. '자신은 민중들에게 깊숙한 내부의 가슴으로부터 참으로 세세하게, 그들 모습 그대로를 제시해 줄 의무감을 느낀다'(Nieto, Fact and fiction:stories of Puerto Ricans in U S schools, 135).

나레이티브 사유야말로 역사 공간에서 우리가 누구인지를 묻는 가장 좋은 방도라고 말하고 있다. 나레이티브 사유에서는 있는 것을 정직하게 있다고 하고, 그 있는 것이 제자리에 있기에 그것이 가치가 된다고 말하고 있다. 삶을 추상화하면서 -우리 모두가 죄인이라는 식- 어느새 나의 삶을 잊어버리게 되었고 삶의 현장이라는 말을 쓰지 않게 되었다. 어떻게 하면 '삶의 현장'을 우리의 사고와 행동에 질서를 부여하는 조망으로 채택할 수 있을까? 교육은 교사와 학생 사이에 피어난 것이건 밖에서 요구된 것이건, '떨림'이 있을 때 성립한다. 그 떨림은 체험이지 관념이 아니다. 이 규범적 판단이 나로 하여금 삶으로서의 교육이라는 명제를 숙고하게 했다. 삶과 교육 간의 내적 연관에 대해, 진짜 이야기하듯 해보고 싶다(부디 나의 이야기에서 엄밀한 논리를 찾지 않았으면 한다. 반복되는 어귀에 담긴 정서를 받아주었으면 한다). 어떻게 하면 그렇게 할 수 있을지의 답을 쉬이 얻을 수 있으리라고는 기대하지 않는 나. 어쨌든 교사와 학생의 만남(관계)이 '초대의 장'을 어우르는 품위 있는 의식儀式과 같은 있는 것이라고 생각하는 사람이 있다면, 그는 나의 하찮은 이야기에서, 말하자면 교육활동을 하듯 삶을 살기만 하면 자신의 세계관 변화를 맛보게 되는 이유를 찾아낼 수 있을 것이다. 교육한다는 것은 궁극적으로 교감하는 행위인데, 부디 나의 이야기(교재)가 한갓 옛 이야기하듯 하는 시간 죽이기가 아니기를 바란다. 긴요한 논제를 제안하고 그 논제를 어떻게 천착해 들어갈 것인지…, '초대의 장'을 마련했으면 한다.

   가난하면서 왜 가난한지조차 모르는 민중들을 깨우치는 슈트람의 글 솜씨, 그 솜씨는 그의 재간이 아닐 것이며 그의 지도력에서 왔음에 틀림없다.

   이 책에서 사용되는 자료도 물론 통계자료이며 도표도 이 통계자료에 의하여 작성된 것이다. 따라서 어떤 독자는 이 책에서도 발전이나 개발이란 개념은 오로지 경제적으로 파악되고 있다고 비난할 수 있을 것이다. 그러나 유아의 사망에 따르는 그 어머니의 고통은 어떤 종류의 사회적 통계로도 표현될 수 없는 것이다. 더구나 대규모의 현대식 농장이 들어섰기 때문에 경작지를 상실하고 고향을 떠날 수밖에 없게 된 농민들의 가장 큰 고통인 실향의 슬픔은 통계나 도표로는 표현할 길이 없다. 대도시에서 아무런 희망도 없이 하루하루를 연명하고 있는 실업자의 쓰라림은 취업인구 통계에서 읽어낼 수 있는 그런 성질의 것이 아니다. 납치나 습격을 피하 여 매일 잠자리를 바꾸어가며 살아야 하는 제 3세계의 노동운동 지도자들의 체험이나, 노동과 억압에 시달리는 제 3세계의 여성들이 말없이 인종하는 고통은 결코 통계에 나타날 수 없는 아픔인 것이다 (Strahm, 왜 그다지도 가난한가, 111).

슈트람의 말솜씨는 '친구 같은 이야기'를 풀어내는 실타래, 앎의 형태이다. '기아에 허덕이는 사람도 고문에 시달리는 사람도, 군사비의 지출이 '줄어들'가능성이 있다면 '줄어드는 것이 늘어나는 것보다 더 좋다'는 명제를 또 다른 하나의 원리로 받아들일 수 있을 것이다. 이러한 새로운 사고방식의 바탕에 깔려 있는 철학적 혹은 윤리적 신념은, 사람의 사람다운 가치는 소유의 규모에 의해서가 아니라 사회적 관계에 나타나는 인간의 존재양식에 의하여 실천된다는 인간적 사고방식에 대한 확신이다'(위책, 204).

빈곤, 질병, 전쟁을 살다 보면 흔히 생기는 현상이듯 말하지 않아야 한다, 무기력을 그 사람의 정신적 질병이듯 말하지 않아야 한다. 그것을 극복하고자 하는 사람만이 그 자신의 삶의 현장성을 획득한다. 그 현장성에 사회적 및 윤리적 차원의 문제가 배어든다. 슈트람이 말하듯, 이러한 행위는 세계관과 연결되어 있어, 이미 그것의 개념적 내용에 이념이 깃들어 있는데도, 굳이 이념의 중립성을 취하는 자세는 그 자체가 자기기만이다. 우리의 실천행위에 이념이 들어 있을 수밖에 없다면, 우리는 스스로 그 이념의 위험성을 경계해야 한다. 삶의 현장성을 갖는다는 것은 '편에 서는 것', 세상을 향한 출발지점에 서는 것이라고 행위자 스스로 떳떳이 밝혀야 한다. 콜버그가 말하듯, 감옥 갈 용기를 갖고 공개적으로 불복종한다면 그것은 윤리적으로 용서받는 것이다.

성취의 경험이 지닌 힘, 서사와 맥락

교육이라는 문화, 깨우침의 진화, 교육 그 자체 문화비판, 문화비판으로서의 교육에 대한 문화비판, 교육안의 비판과 교육 밖의 비판
역경을 겪는다. 역경은 물음을 묻고 물어 답을 구하는 기듭된 행로, 설음과 낱말이 있을 뿐 끝은 없다. 고행이다. 진리 정답이라는 내용이 아닌 진리 정답추구라는 형식을 살고 있다. 학술적인 것이란 역경을 표상한다. 단지 방향감을 가지고 길을 걷는다. 방향감을 가지고 걷는다는 것은 보편이지만 구체적 정신 beautiful mind은 자신의 관심사를 추구한다. 그는 관심사를 추구하며 성취의 경험을 맛본다. 성취의 경험은 물음에 답을 구한 즐거움, 지적비약을 맛본 내적 희열을 포함한다. 역경의 한 고비이다. 고비를 넘으며 길을 간다. 고비는 길의 이정표이다. 이정표를 세우며 길을 간다. 학술적인 것이란 관심사를 추구하며 애씀과 얻음의 연속적 과정을 표상한다. 깨우침의 진화는 교육이라는 문화 공통감각이며 그 교육은 그 사회를 사는 사람들의 공통감각 문화의 핵심이다. 문화비판은 삶의 역경에서 애씀과 얻음의 성취 경험을 통한 깨우침의 진화를 언제 어디서나 누구에게나 명확하게 말하고, 때로 애달파하고 분노하는 마음상태이다. 아이들에게 말을 하게 하라. 청년에게 말을 하게 하라 여성에게 말을 하게 하라. 그 모든 사회적 약자에게 말을 하게 하라. 개인의 문제이고 사회의 문제이다. 1더하기 1은 2라고 가

르치는 것만이 교육이 아니다. 그것을 매개로 세상과 삶을 말하게 하라. 교육은 정치이다.

삶의 지식, 지혜 folk knowledge

'자음을 치는 법은 조금 쉬워요 보세요, 이렇게 하면 돼요. 모음은 조금 어려워요. 여기 보세요. 여기 점이 있지요. 점을 한번 치고 두 번 연속 치고... 이렇게 하면 자음과 모음이 합쳐 문자가 돼요. 자음과 모음을 가지고 아주 쉬운 문자를 만들어 보세요. 그러면 쉬워져요. 절대 복잡하지 않아요. 쉬운 문자를 칠 수 있으면 그 때 할머니는 저를 부르게 될 거에요. 쌍시옷은 우짜노, 띄어쓰기는 우짜노, 그렇게 묻게 되어 있어요.'

할머니께 핸드폰으로 문자보내기를 알려주는 초등학생 손자 나름의 가르치는 간단한 '수행' 프로그램이다. 그는 개념 원리 수행 프로그램에 대해 분명한 의미를 갖고 있지 않다. 그럼에도 그는 자신의 수행 프로그램에 함축된 '삶의 지식'을 할머니와 공유하려고 애쓰고 있다. 전수하지 않는다. 자신은 가르치고 할머니는 배우고, 분리되어 있지 않다. 삶의 지식은 그 자체 공유, 내러티브 사유를 함축하고 있기에 그렇다. 삶의 경험에서 터득한 지식, 그 지식의 유효성은 수행능력으로 입증된다. 개념과 원리가 작동하고 있지만 정작 그는 자신의 수행에 작동한 개념과 원리를 의식하지 못하지만 그러나 능숙하게 일처리 하는 실무능력을 보여줄 수는 있다. 자세하게 설명은 못하지만 보여줄 수 있다. 이 귀중한 인간 능력이 쓸모없는 것으로 폐기되기도 한다. 체계적으로 폐기되기도 한다. 사람 경영 지식경영 문화경영, 이 흐름은 삶의 지식이 지닌 가치에 대한 재발견이라고 생각한다.

손자는 개념과 원리에 대해 그것이 무엇이라고 드러내 말은 못하지만 그러나 센스티브 하다. 그의 지적 감흥만으로도, 그의 가르치는 프로그램에 내재한 행동규칙을 어림할 수 있다. 그 행동으로 그는 전보다 '큰마음'이 되었다.

말을 하라. 머릿속 작업

　나무 가지에 제비 다섯 마리가 앉아 저들끼리 조잘조잘 놀고 있습니다. 제비 두 마리가 어딘가로 날아가 버리고 이제 제비 세 마리만 남았습니다. 조금 있다가 제비 네 마리가 날아와 나란히 앉았습니다. 아마도 전에 날아간 제비 두 마리가 다른 제비 두 마리를 꾀어 데리고 온 듯 전보다 더 크게 조잘거리고 있습니다.

　위의 글을 수식으로 나타내보세요?

　5 빼기 2는 3
　3 더하기 4는 7

　날아간 두 마리는 없어진 것, '무'가 아닙니다. 다만 내 눈에 보이지 않을 뿐 어딘가에 있는 '유'입니다. 5 빼기 2의 2는 눈에 보이지 않는 '유'이고 3은 여전히 눈에 보이는 '유'입니다. 눈에 보이는 유는 더하기 부호로 나타내고 사라진 유는 빼기 부호로 나타냅니다. 양수와 음수라고 하겠지요. 사물은 관계로 존재하며 관계는 패턴으로 나나냅니다. 사물은 다양한 형태의 관계와 패턴을 가지고 있습니다.

　원을 그려 보세요?

　어떻게 원을 그렸는지, 원을 그리기 위해 어떤 도구를 사용했는지,

손가락을 사용한다. 콤파스를 사용한다. 왜 그 도구를 사용했는지, 교과서에서 원의 중심점, 반지름, 지름, 원의 둘레 등 배웠는지, 그 배운 바를 활용하면 원을 쉽게 그릴 수 있을 터인데, 원의 개념과 실제로 그린 원에 대해 어떤 생각이나 느낌이 있는지.

다음 글을 읽고 당신의 물 사용에 관해 짧은 글을 써보세요.
　산업화와 인구증가로 사용할 물의 한계에 달했다. 물 남용 오용으로 국가 간 지역 간 분쟁 갈등이 전쟁 직전에 다 달았다. 아랄해가 말라버렸다. 에티오피아 청나일강 대건설로 나일강 하류에 물 부족이 심각하다. 이집트는 에티오피아에 전쟁도 불사한다고 위협했다. 일본과 캄보디아 일년 강수량 1600mm, 일본인은 하루 500리터 캄보디아인은 하루 50리터, 오염 폐수, 우리가 처한 난관은 접어두자. 물의 사용량이 문명의 척도가 된 시절은 지나갔다. 지구 물은 해수 97.5%, 담수 2.5%, 담수 구성비는 빙하 68.7%, 지하수 30.1%, 지표수(호수와 강)1.2%, 지표수만으로는 세계인구의 물 수요를 감당할 수 없다. 분쟁 없이 물 문제를 해결해야 한다(지리산책 221206).

어느 젊은이의 성취 경험, 자기를 살다.
　인터넷으로 가상공간 설계 자격증을 얻다. 거의 일 년에 걸쳐 세 차례 중간 단계를 거쳐 최종 합격증을 받은 성취의 경험은 자기발견의 계기가 되다.
　그 자격증으로 뭐가 되기보다는 성취의 경험을 통해 지금껏 몸에 밴 습관, 심지어 세끼 밥도 법이 아니고 스스로 파기하고 조절할 수 있다는 것, 동화의 기제가 아니라는 것, 구성할 수 있다는 것, 한 끼로도 배가 고프지 않다는 것, 머리가 맑아진다는 것, 불필요한 것들이 걸려 지고 충분한 것들 중심으로 집중된다는 것, 몸의 균형도 따라 온다는 것, 나도 모르는 사이에 내 몸 속에서 변화의 기운이 꿈틀거리는 것을 느낀다. 분명 나는 성공하지 않았다. 그럼 뭐지, 몰입의 경험, 성취의 경험, 자아의 발견, 성공이라는 전경이 사라지고 이야기만 남았다 배경이 전경을 압도한다. 이게 인생인가?

어떤 것이 가치 있는 일인지 구별할 수 없었다. 무엇에 몰입해본 적이 없다. 어떤 일자리에 대해 매력도 없다. 일자리를 찾지도 않았다. 세상에 대해 무슨 말을 해야 하지, 세상이 무엇인지 알지도 알려고도 하지 않았다. 자연스럽게 세상을 말할 낱말도 상실했다. 상황을 마주할 인격이 없다. 문제 상황 속에 들어간 적이 없다. 문제상황임에도 그것이 문제상황인지도 몰랐다. 우연히 참으로 우연히 비대면 자격증 취득 공부를 하게 되었다. 4단계 과정을 거쳐야 최종 자격증을 취득한다. 3단계를 통과하고 4단계 공부를 하며 몰입하고 있는 자신을 발견한다. 3단계까지는 안달했다. 4단계 최종단계를 '한가하게' 준비하고 있다. 당과 낙의 조바심이 사라졌다. 놀랍다. 전과 전혀 다른 세상을 사는 것 같다. 자격증을 취득하는 마지막 고비를 넘긴다는 것 이외에 그 자격증으로 얻게 될 부산물이 무엇인지에 대한 기대가 사라지고 없다. 있으면 좋고 없어도 된다. '몰입할 수 있는 나'의 존재를 체험하고 있다는 것 그것이면 족하다. 먹는 것 입는 것 잠자는 것에 쓰던 마음이 사라지니 몸도 매우 경쾌해졌다. 사람들의 모습이 예사로 보이지 않는다. 집 아이들이 전과 달라졌다. 그들도 나와 같이 무질서하기 짝이 없는 행동을 했지만 이제 몰라보게 달라졌다. 욕설도 줄어들고 주변을 정돈하고 '대화'를 한다. 집안에 질서가 잡힌다는 느낌이다. 스스로 규칙을 지키려고 한다. 자유분방함이 사라진다. 나 자신을 살고 있다는 생각이 드니, 가정에 대해 사는 동네에 대해 자세하게 보게 되었다.

성취의 경험, 어떻게 오나. 물음으로부터 온다. 물음은 앎의 확장의 기제다. 앎은 앎을 형성한 경험에서 온다. 앎이 재미있다. 자격증을 위한 앎인데 그 앎이 나의 내면세계를 향하고 살고 있는 세계를 향한다. 보이는 것, 생각하는 것, 그것이 궁금증이 되고, 물음이 된다. 성취의 경험은 앎의 확장이며 인생사이다.

성취의 경험은 인간경험human experience이 완결성이라는 고유한 특성을 지니고 있다. 듀이는 '하나의 경험 a experience'라고 표현하며 인간경험의 특성을 최소 단위이면서 완전체 a-tom으로 비유했다. 삶의 경험은 과정을 거쳐 매듭을 짓고 거기서 다시 과정을 거쳐 매듭을 짓는 '연속과 비약'의 개념으로 설명되는 성장을 이룬다. 콜버그는 듀이의 (지적 도덕적) 성장에 대해 헤겔의 형이상학적 체계를 배제한 '변증법'이라고 해석했다. 삶은 방향을 가진 길고도 긴 과정이며, 교육이라는 텍스트는 삶의 콘텍스트에서만 이해될 수 있다. 교육은 밖에서 부과된 도달점 같은 목표를 달성하는 과업일 수가 없다. 교육은 더구나 (사회정치적) 성공을 위한 수단일 수가 없다. 방향감을 갖고 길을 가며 이정표를 세워가는, 개인의 성장의 길이기도 하고 그리고 공동체의 성장의 길이기도 하다. 그 이정표는 성취의 경험을 표상한다. 성취의 경험은 나의 것이기도 하지만 다른 사람과도 나눌 수 있는 공통 감각을 포함한다.

홈스 제임스 퍼스 듀이 등 네 사람이 가지고 있었던 것은 일군의 사상들이 아니라 단 하나의 사상, 즉 사상들에 대한 하나의 사상이라고 말할 수 있다. 이들은 모두 사상이 '저 멀리에서' 발견되기를 기다리고 있는 그 무엇이 아니라 사람들이 자신이 속한 세계에 대처하기 위해서 고안해 낸 포크와 나이프, 마이크로칩과 같은 도구라고 믿었다. 이들은 개인이 아니라 개인들로 이루어진 집단들이 사상을 만들어낸다고 생각했다. 즉 사상이 사회적인 것이라고 생각했던 것이다. 이들은 사상이 내적 논리에 의해 발전하는 것이 아니라 세균처럼 인간이라는 매개체와 환경에 전적으로 의존하는 것이라고 믿었다. 그리고 그들은 사상이 특수하고 반복되지 않는 환경에 대한 일시적인 반응이기 때문에 사상의 생존은 그것의 불변성이 아니라 적응성에 달려 있다고 생각했다(Menand, the Metaphysical club, 정주연, 10).

놀랍다. 19세기 전반 20세기 초 미국 사상가들의 성취의 경험이 놀랍다. 딜타이를 연구하고 칸트를 연구하고 헤겔을 연구하고, 독일 관념철학을 공부하며 그들이 이룬 특별한 사상체계는 오늘 우리들의 교본이 되기에 충분하다.

왜 절대 평가이어야 하는지 깨달았다.
'설명함으로써 이해한다.' 이 문장이 지닌 힘을 깨달았다. 설명하는 나도 이해하게 되었고, 나의 설명이 아주 명확하니 아이들이 귀를 기울인다는 것도 알게 되었다. 그렇게 이해한 지식은 나의 탐구를 위한 도구로 사용될 수 있었다. 왜야고? 명확하게 이해한다는 것은 다른 물음을 몰고 오기에 말이다. 그 물음은 이미 답을 속에 품고 있어. 아이들에게도 마찬가지로 그들의 것이 된 지식은 그들의 호기심을 불러냈다. 이해와 도구와 탐구, 이 낱말을 같이 사용할 수 있다는 것은, 나는 '지식활동을 하고 있다.'고 자각(학습경험)하는 것이야. 한 꼭지 성취의 경험은 방향을 따라 가면서 세우는 이정표 같은 구실을 하지. 교육은 방향감을 갖고 나의 관심사를 완결해가는 긴 힘든 과정을 일컫는다. 이정표를 세우는 내적 즐거움은 힘든 과정을 제하고도 남는다.

  도구로 사용된다는 것은 나의 지식이 새로운 문제상황을 만들어낸다는 것, 그렇게 내가 만들어낸 문제상황에서 나는 조금 더 진전된 생각을 하는 탐구자가 된다. 나는 답을 찍어내는 요령에 익숙하지 않아. 나는 풀 수 있는 문제를 출제할 수 있는, 말하자면 앞을 내다보는 눈을 가진 지성이야. 사람마다 겪는 과정은 다를 수 있고 얻는 바도 다를 수 있다. 아이들을 쉽사리 평정하여 판정하지 말자. 하나하나를 살피자. 교실의 모든 아이들이 제 각기 다른 문제를 출제하는 지성이라고 굳게 믿자.' (송진경)

성취의 경험과 목적, 서사와 맥락을 지우는 교육

  도달점을 목적으로 진술하지 않는 것, 방향을 목적으로 진술한다. 그렇다면 과정을 다양하게 설계할 수 있다. '교육은 무엇이다' 라고 하지 않고, 교육은 무엇을 하는 일인가 라고, 목적하는 바를 묻는다. 목적은 나아갈 방향을 명시한다. 목적은 과정(길목)을 설계하고 그 과정의 종착지점을 가정함으로서 성립한다. 종착지점을 가지고 역으로 출발점과 과정을 설정한다. 종착지점은 논리적으로 발달의 정점이다. 능력은 어떻게 존재하는가? 기존 체제의 유지에 필요한 가치를 능력으로 규정할 수 있고 한편 능력은 삶의 현장 구성에 필요한 가치로 진술될 수 있다. 이렇게 물을 수 있다. 너는 어떤 능력을 가지고 있는가. 너의 능력을 중거하고 평가하고 이해할 기준이 무엇이며 그 기준이 무엇에 유효한지 말해보고 그리고 그 기준에 적합한 능력을 실연해볼 수 있는가? 그렇다면 거기서 도출되는 인간개념은? 교육은 그 사람의 삶의 능력을 문제삼는가? 듀이의 다양한 관심사의 소통, 그 삶의 방식, 그 현장 구성이 교육론이 될 수 있는가?

능력은 그것을 어떻게 평가, 이해하는가의 물음에 의존한다. 그 사람을 이해하는 참조체제는 그 사람의 능력을 판정하는 참조체제 일 수 있다. 평가체제는 사람이해의 참조체제이다.

주의자ist의 무사상 무정견, 다시 서사와 맥락을 생각한다.

생산이 안돼서 사회주의가 몰락했다. 분배가 안돼서 천박한 자본주의가 되었다. 이 말을 사실로 받아들여도 될까? 개간해서 경작지를 넓힌다. 종자를 개량하고 비료를 확보한다. 별보고 집에 간다. 그런데 여기저기 굶어죽는 사람들로 넘쳐난다. 한편 파이를 키워라 그게 먼저이다. 파이를 키우면 절로 나누어줄 여분의 것도 그 만큼 커진다. 나누어주는 것을 먼저 내세우면 누가 나서서 파이를 키우겠는가. 그런데 파이를 키워도 가난한 자는 여전히 가난하고, 아니 전보다 더 가난하고 가진 자는 더 가진다. 빈부의 격차는 넘을 수 없는 절벽이 된다. 전자는 사회주의자의 과학이고 후자는 자본주의자의 과학이다. 그런데 그 과학이 사회주의를 몰락으로 내몰았고 자본주의를 천박하게 했다.

눈에 보이는 것을 더욱 돋보이게 하여 그것이 곧 가치임을 입증하는 과학이라고 우기지만 실은 그것은 과학이 아니라 쪼잖한 '실증주의'일 뿐이다. 보이는 것을 보여주는 실증주의의 반과학이, 사회주의도 자본주의도 몰락, 타락으로 내몰았다. 어째서 과학이 눈에 보이는 것을 대상으로 하고 그것이 실제로 존재한다고 밝히는 것이 과학의 목적인가,

과학이 그런 쪼잖한 실증주의적 결과로 환원되어도 좋은가?

과학의 가치

 과학의 가치가 뭐지? 세계의 질서를 알려는 욕망, 무엇을 어떻게 알아야 세계의 질서를 알게 되는지에 대해 서로의 생각과 경험을 주고받는 것, 과학자들의 탐구의 역정에 대해 과학은 과학자의 실존, 태도라고 인정하는 것, 그것이 과학의 가치이다. 그 가치를 조금 더 넓히면, 일상의 경험을 앎으로 갈무리 하는 과정을 드러내 이야기한다면 그 구조는 과학자의 것과 다르지 않을 것이라고, 수준의 차이는 있지만 말이다. 그것을 의식한다면 그는 자신의 삶에 대해 반성적 자세를 취하게 될 것이다. 이것이 교육의 프로세스를 구성하는 바탕이라고 생각한다면 이는 보통교육의 목적을 분명히 하면서 고등교육과 능히 연관하는 고리로 작용할 것이다. 수학도 민주주의도 마찬가지이다. 만약 다른 나라의 제도를 연구한다고 하자. 그 나라는 지방 분권을 어찌 그리 잘하지, 그 분권제도가 어떤 좋은 가치를 산출하고 있는지, 어떻게 제도를 운영하는지, 그 제도의 역사적 배경은 무엇인지, 그 제도를 통해 형성된 규범은 무엇인지, 세계시민성을 담보하는 지속가능한 시스템은 어떤 것인지, 이런 문제를 하나하나 짚으며 그 맥락을 온전히 드러내는 한 판 이야기이면 충분하지 않은가, 여러 나라의 분권 제도의 유사점과 대조점을 비교하는 것으로는 분권에 대한 박학다식은 될지 몰라도 분권의 가치를 살아보려는 의지와 시스템에 대한 관심은 생기지 않는다. 진실과 실상을 밝히는 연구와 그것을 가르치는 교육은 다르지 않다. 연구와 교수-학습은 마찬가지로 인간 삶의 향상이라는 논리에 의해 구성되고 비판될 것이다. 이 개념을 〈독일은 왜 잘하지〉를 읽으며 분명하게 했다.

과학은 더 진전된 답을 끝내 탐색하는 진리추구자의 삶의 역경, 태도를 표상한다.

　사회주의 몰락, 자본주의 타락, 그 배후엔 사람들의 앎을 관리하려고, 관리하여 조작할 수 있는 양 오만한 '관료주의'가 도사리고 있었다. 권력의 함정이다. 종교도 교육도 정치도 그 함정에 빠져 들면서 악이 된다. 듀이의 탁월한 통찰, 주의자ist의 완승 아니면 완패의 세계관은 반성력을 잃은 사람들의 함정이다. 자신의 삶의 경험에 의지처를 구하라. 경험은 언제나 확신을 유보한다. 자신의 신념을 보증 받으려는 근본에서 사회적 인격이 된다. 확신을 유보하는 경험의 반성력 말고 인간이 의지할 게 뭐가 있는가. 인간은 '자연적' 탐구자이다. 교육은 자연적 탐구자로서의 삶을 문제 삼는다. 어떤 경우에도 주의자의 함정에 빠져들지 않게 한다. 무엇을 어떻게 가르치는가, 물어야 하는 이유이다. what to teach, 그것을 먼저 묻고 답을 해야 한다. the academic and scholastic, 거기서 한 발자국도 물러서지 마라. 그것이 서둘러 '일반화'(답) 해버리는 지적 게으름을 완화하는 유일한 방도이다. 지식은 탐구이다. 소유가 아니다. 추상작용을 멈추지마라. 과학이라고 하면서 하는 짓은 반 과학, 그게 아이들을 엎드려 자게하며 결국 그들을 주의자들의 세상에 침묵하며 살게 할 것이다. 봉건과 외세, 민족적 시련을 직면하고, 동학을 믿는다고 하지 말고 '동학을 하자'고 간곡하게 당부한 우리들 선학이 진정 과학을 살았다. 그 때 동학은 권력의 탄압에도 민족 민중을 구원하는 메시지로 흘러 넘쳤을 것이다.

개인의 책임과 사회의 참여

　공동체를 운영한다. 학교를 운영한다. 가정을 운영한다. 국가를 운영한다. 무너지지 않게 한다는 것, 결속력을 다진다는 것, 그것이 사회를 운영한다는 말이다. 동호회이건 학교이건 가정이건 국가이건 그것들은 다른 다양한 사람들 관계로 구성되어 있다. 사람들 저마다 그 사회 혹은 조직에서 자신의 역할(권한, 책임)을 다하고 있으며, 한편 사회 혹은 조직은 구성원들의 참여를 독려할 충분한 공간이 된다. 법제도 이전에 이러한 개인과 사회의 관계는 있었다. 모든 사람은 저마다 삶의 지식 folk knowledge을 가지고 있다. 사람은 알게 모르게 자신의 삶의 지식에 의존하여 자연스럽게 선택하고 행동한다. 그 지식은 그 만큼 잠재적 결정력을 지니고 있다. 그 지식의 가치를 재발견 한다.

　삶은 그 자체 지식, 정보이다. 서로서로 의존하여 더 큰 삶을 살 수 있다. 누구나 더 큰 삶은 가능성으로 받아들인다. 버릴 것은 아무 것도 없다. 모두에게 스스로 책임을 질 수 있는 역할을 주라. 그만큼 그 사회와 조직은 확장된다.

교육이라는 문화, 걸음과 낱말이 같은 공통 감각

　교육은 처음부터 있었다. '교육은 그 무엇인가' 라고 근본적 물음을 제기하는 철학적 사색은, 그 교육이 인간의 고통과 사회의 분열이 되어 버린 역사사회에서, 더욱 긴요하게 되었다. 지금은 비록 단초에 지나지 않는다 할지라도, 희망을 잃지 않는 삶이 어떤 것인지를 투명하게 보여주는 '솜씨 있는 혁신학교 활동'이 멀지 않은 앞날에 일어나기를 간절히 바라고 있다. 그 때 혁신학교 활동은 한국인과 한국 사회를 연구하는 우리심리학, 우리사회학, 우리윤리학의 방법론적 단서가 되리라고 생각한다. 플라톤의 이상국가론은 교육론 진배기라고 한다. 듀이는 철학을 교육의 일반이론이라고 한다. 콜버그에게 교육은 사회적 실천의 기본양식이다. 마찬가지로 잉여의 철학은 '교육적 결정에 따른 삶의 현장 구성'이야 말로 인간의 사회화, 사회의 인간화라고 말하는 순수한 교육론이다. 교육적 결정에 따른 삶의 방식이라는 합리가 현실이 되어야 하는 시대, 우리는 교육적 결정의 엄중성이 긴요한 삶의 경험이 되고, 교육이 정치에 우선하는 공영사회를 비전한다. 공영사회에서 삶은 어떤 것인가? 공영사회에서 개인은 서로 간 어떤 관계를 맺는가? 우리는 세상만들기의 '의식적' 경험이 진행되는 삶의 현장에서 개인과 사회를 관찰하는 방식으로 이 물음에 접근하지 않으면 안 된다고 믿고 있다

> 인간이 자유로운 사색을 할 수 있게 된 이후부터, 인간의 행위는 여러 가지 중요한 점에서 세계와 인생에 대한 그들의 학설 여하에 따라, 또 무엇이 선이며 무엇이 악이냐에 대한 학설에 따라 규정되었다. 이것은 이전 어느 시대보다도 오늘날에 있어서 그렇다고 할 수 있다. 한 시대 한 민족을 이해하기 위해서는, 그 철학을 이해하지 않으면 안 된다. 그리고 그 철학을 이해하기 위해서는 우리가 어느 정도까지 철학자가 되지 않으면 안 된다. 여기에는 상호 인과관계가 성립된다. 즉 한편으로 인간의 생활환경이 그들의 철학을 규정하는데 큰 역할을 하며, 또 반대로 그들의 철학이 그들의 환경을 규정하는 데 큰 역할을 하는 것이다. 여러 세기에 걸쳐 이루어지는 이러한 상호작용이 이하 우리들의 논제가 될 것이다(Russell, 서양철학사, 한철하, 15).

자유로운 사색이 긴요해진 오늘의 시대에, 철학(사상)과 삶을 연관 짓는 일이 하나의 중요한 업이 되었으며, 이 업(業)을 짊어지겠다고 나

서는 사회적 지성으로서의 교직은 사회세력이지 않으면 안 된다. 사상과 삶을 연관 짓는 업, 그 업을 다하는 것은 삶의 뿌리를 땅에 내릴 뿐만 아니라 후세대를 근심하는 마음도 뿌리내린다는 것이다. 그 때 그 뿌리는 희망을 향해 자란다. 혁신학교는 삶의 터를 가꾸는 교육론이다. 삶의 터는 땅이며, 또한 후 세대를 위해 배움터를 장만해 두려는 기성 세대의 마음씨이다. 그 땅과 마음씨가 학교(교육활동)를 만들고, 그 학교에 기대어 삶을 영위한다는 긍지를 갖는다. 삶을 영위한다는 것은, 땅과 이웃을 돌보고 나누고 구성하는 문화 활동을 한다는 것이다. "문화 활동은 사상의 활동이며, 인간다움의 감정과 아름다움을 기꺼워함이다" (Whitehead, the Aims of education, 13). 그 문화는 곳간에 모셔 둔 문화재가 아니라, 내내 생각해 온 것을 가지고 다시 생각하고 생각하여 정연하게 세계에 관여하는 것, 그 세계와 막힘없이 소통하는 것. 그래서 문화는 품위인 것이다.

'감정과 사상표현의 자유는 건강한 인류 문화의 주춧돌인 것이다. 이런 점을 보더라도 사상과 감정의 자유로운 표현을 억누르는데서 지배 계급의 욕망 충족을 극대화하려는 계급문화는 하루바삐 없어져야 할 것이다. 이 힘이 자라는 모판은 사적 소유욕이 발붙일 데가 없는 공동체 사회뿐이다'(한국철학사상연구회, 80). 우리에게 필요한 것은 사상과 감정의 표현을 격려하는 교재를 갖는 것이다. 교직은, '도대체 돼 먹지 않았으니 오늘의 삶을 버리고 완전히 새로운 것을 건설해야 한다'와 같은 냉소주의를 버리지 않고는 결코 그 교재를 만들 수 없을 것이라고 단정한다. 교재를 구성하기 위해, 우리는 어떤 것이든 물음으로 되치기 하여 다시 진술한다. 어떤 좋은 것도 물음이 되지 않는 것은 교육되지 않는 것이며, 물음을 만들지 못하는 교사는 스스로 교직이기를 포기하는 것이다. 인류의 유산은 교직이 만들어 낸 물음을 통해 교육의 현장으로 돌아온다. 오늘 잘 산다는 것은 묻고 답하기의 열린 삶을 의욕 한다는 것이다. 프레이리가 말하듯 우리의 교재는, 침묵의 문화를 뚫고 '놀람'의 자기의식 비판과 고양을 통해 분노를 더 깊게 하는 매체이어야 한다고 믿기에 그렇다. 민족도, 공동체도 놀람의 경험이어야 하며, 그러기위해 민족과 공동체의 고유성(부동의 가치 혹은 정답)을 물음으로 다시 써야 한다.

삶의 뿌리를 뽑는 세력과 대면하고 있으면서, 우리 자신이 지금 누구인지를 묻지 않는 공동체 건설은 결국 어디로 귀결될지에 대해 말하고 있다. 정체성을 어떻게 물을까. "저러한 봉건제도의 발전이라는 것도 결국 우리 봉건사회의 완만한 생산력의 발전을 토대로 하면서 이러한 고귀한 우리 농민들의 투쟁에 대 한 보잘 것 없는, 그러나 값비싼 역사적 보상이었던 것이다"(한국사와 농민, 274). 이 역사인식이 이해할 만한 우리역사 속의 정체성 물음이 될까? 결과적으로 그렇게 해석할 수 있다거나 혹은 그렇게 해석해야 역사의 내재적 발전을 말할 수 있다는 식으로는 교재가능한 정체성 물음을 형성할 수 없다. 역사발전의 기반은, 삶의 현장에 뿌리내리고 그 뿌리의 굳건함에서 피어나는 희망의 삶을 활동하고 사업하고 역사하는 데서 다져진다.

그 교재는 사람들의 용적을 키우는 수단이 아니라 당대 그 곳의 최고의 논리와 윤리에 사람들을 노출시키는 매체라는 것을, 콜버그를 빌려 말할 수 있다. '그 연령대의 그 아이의 용적capacity을 온전하게 발달시킬 수 있는지를 염려하는 것이 아니라, '세계연관의 마음'을 그 아이가 회득하는 데 있다. 다시 말해 그 아이가 자신의 경험 혹은 자신의 세계를 가장 튼튼한 방식으로in a logical fashion 조직하는 정도를 염려하는 것이다(도덕발달의 철학, 80). 교재쓰기는 인간 마음을 경작하는 기업(enterprise), 즉 체계화 사업'이다. 그 아이로 하여금 세계와 가장 튼튼하게 연관 짓도록 하는 일은 책을 통한 학습만으로는 이루어지지 않는다. 왜냐하면, 마음을 경작하는 일은 세계와 연관하는 그 인간 속에서 기능하는 활동이기 때문이다. 그러기에 교재쓰기를 산업심리학적 인력론에 의거할 수도 낭만주의적 아동자유론에 의거할 수도 없다(위 책, 제 3장).

소통의 합리와 윤리로서의 상호침투

번잡한 마음을 다스리는 '다른 마음' (큰 글자로 쓴 마음)

 관사 the가 붙는 「마음의 상태」 (the state of mind)가 과연 가능한 것인가, 과연 나는 그런 마음의 상태를 지속적으로 경험하고 있는 나를 각성할 수 있을까. 내가 나를 아주 또렷이 속내까지 들여다보고서도 '마음이 가지런하다', '평정심이다', '마음을 항복 받는다'라고 말할 수 있을까. 분주하고 의심하고... 그런 마음의 상태를 시시때때로 경험하고 있으면서 말이다. 이런 번잡한 마음을 다스리는 '다른 마음'은 어떤 것일까. 플라톤은 그 다른 마음을 '문득 하늘을 쳐다보는 영혼' 이라고 했고, 그 영혼을 담을 수 있는 깨끗한 마음이 있어야 한다고 했고, 영혼을 돌보는 기능을 교육이라고 했다. '만약 정의와 불의, 옳고 그름의 구분이 단순히 동일한 것을 다른 측면에서 보는 것이 아니라 참되고 근본적인 구분이라면, 당연히 정의를 '있는 모습 그대로' 볼 수 있어야 한다. 다시 말해 '정의와 불의는, 당대의 사람들이 생각하는 부, 명성, 권세와 등가의 것으로서가 아니라 인간의 영혼 속에서 선하고 악하게 작용하는 힘으로서 표현될 수 있어야 하는 것이다'(Nettleship, 플라톤의 교육론, 김안중, 19-20). 어쨌든 플라톤은 큰 글자로 쓰는 「마음의 상태」를, 마음들이 널리 통할 수 있는 정도의 도시국가(state)의 이상과 동등시했을 것이다. 여러 마음들의 여러 상태를 능가하고 싸잡는 「마음의 상태」를 어떻게 이론화할 수 있을까. 우리는 번잡한 여러 마음들과는 분명 다른 마음을, 삶의 방식 변혁의 교육적 합리성에서 유추해낸다.

    대체로 사람들은 여러 마음들을 정돈할 수 있는 권능을 지닌, 위로부터 명령을 내리는 존엄한 「다른 마음」을, 기도나 수행과 같은 자기성찰이나 통성 통곡 같은 고백의식(儀式)을 통해 자기화한다. 이것을 제도화(교단화)한 것이 종교일 테고. 칸트는 어떤가. 「다른 마음」은 분명히 요청(정언명법)의 지위와 논리를 가져야 한다고 보았고 그것을 신앙이 아닌 합리로서의 도덕법을 철학함으로써 「다른 마음」의 존재를 확인했다. 한편 일상의 마음을 잘만 정제하면 그 「다른 마음」에 버금가는 행동양식을 끌어내게 되리라는 자연주의(휴머니즘)논법 같은 것은, 인간의 오만을 부채질하는 인식의 허무주의를 낳기도 했다.

인간의 얼굴을 한 「다른 마음」

    콜버그는 행위의 적절성을 의혹하는 인간을 발견한다. 그 인간에게 다른 마음은 발생하고(사실) 요청되고(가치) 있었다. 그 '다른 마음은 자유가 문제시된 객관적 조건에 대해 싸움거는 주관적 조건을 필요로 한다. 자유는 맥락을 가지며, 그 맥락은 민주주의일 것이다. 사회체제에 참여하는 힘을 서로 인정하기 위해 이에 앞서 먼저 동등한 권리를 인정해야 한다'(도덕발달의 철학, 67), 콜버그는 '자유와 구속에 대한 경험으로부터 상호성이라는 가치감이 발생한다'고 보았는데, 그것은 너무나 엄중한 칸트의 도덕법(합리)에 인간의 얼굴을 그려넣고자 시도한 것이라 보아야 한다. 잉여의 철학은, 내 자신을 돌볼 여지도 사회를 돌볼 여지도 아예 없애 버리는 적극적 삶 살기가, 가치를 따로 결정하고 존재를 따로 성찰할 여지를 남겨 놓지 않는 적극적 삶 살기가 합리적으로 가능하다고 말한다. 일상의 사람들은 이런 저런 여지를 남겨놓기에 이런 저런 마음들에 신경을 쓰다가 자신의 마음에 인간 얼굴을 지워버렸다고 말한다.

혼신을 다하는 삶 살기란 '삶의 현장을 구성한다'는 것만이 실재한다는 믿음만으로도 성립한다. 이것은 합리적 열정만 있으면 된다. 다른 어떤 것을 들먹일 필요가 없다. 럿셀은 서양철학(사상)의 큰 물줄기를 이렇게 갈라놓고 있다.

> 사회적 결속은 하나의 필수적인 일이다. 그리고 인류는 다만 합리적 논의에 의해서만 이 사회적 결합력을 이루는 데는 성공하지 못했다. 어느 사회나 모두 두 가지 정반대되는 위험에 직면하고 있다. 즉, 한편으로는 너무 과도한 규율과 전통에 대한 존중으로 화석화될 위험이고, 또 한편으로는 사회적 협력을 불가능하게 만드는 개인주의와 개인적 독립성의 발전으로 인한 분열과 외적 정복자에게 정복당할 위험성이다… 자유주의의 취지는 이 끝없는 반복에서부터 벗어나려는 기도(企圖)이다. 자유주의의 본질은 사회질서를 비합리적 교의의 기초 위에 확보하지 않으려는 노력이고, 공동체를 보존하기에 필요한 것 이상의 구속을 포함시키지 않고 사회적 안정성을 확보하려는 노력이다(Russel, 서양철학사, 25).

그의 갈래짓기에 전적으로 동의하지 않을 사람들도 있을 테지만, 한편 (교조적)확신 대 (합리적)의욕, 어느 쪽이 삶의 현장을 돌볼 수 있는가라고 묻는다면, 그래도 끊임없이 세상을 만들어가려는 합리적 의욕을 지닌 인간의 권능에 손을 들어야 되지 않을까.

인간의 얼굴을 어떻게 그리는가

  평화에 이르는 길은, 이해관계에 들뜬 개인들이 자신들의 주관을 죽이는 길고도 험한 과정이다. 이 과정은 팽팽하게 긴장하는 이해관계 당사자끼리의 상호교환에 의해, 현재의 이해관계를 머릿속으로 가져가 '이상적' 이해관계로 옮겨 놓는 방법이다. 그것은 타협의 합리성과는 범주적으로 다른, 반성과 선택의 합리성을 창안하는 과정이다. 이 과정의 종착지점을 어렴풋이 예감하는 사람이라면, 타협의 합리는 당면한 난관을 해결해 주지만 그 합리는 긴장과 갈등을 비축시킬 것이고, 그래서 사안이 발생할 때마다 더한 타협의 합리를 끌어내야 한다는 부담을 남겨 놓을 것이다. 반성과 선택의 합리에 들어있는 윤리의 차원은, 타인을 나와 같이 긴장하고 갈등하는 상대방으로 인정하는 것이다. 그것이 윤리가 되는 것은, 갈등하는 나와 갈등하는 타인을 맞교환시키는 상호성이 명확히 포착된 때이다. 이것이 윤리가 될 수 있는 조건은, 맞교환과 더불어 타인의 고통을 나의 애달픔으로 받아들임이다. 이 애달픔이 선택 방식의 원리로 전환되면서, 번잡한 마음을 항복받는 '다른 마음'이 된다.

  인간발달의 과학은, 사회변화라는 엄연한 현실을 은폐할 가능성이 있는 개인덕목주의, 혹은 개인의 아픔을 폄하해버리기 쉬운 덕목주의, 그 어느 것에도 의존하지 않는, '사람을 가운데 놓는 가치판단'에 토대를 둔 도덕성(마음)의 확립이다. 이것은 근대 인간중심주의와는 분명히 다른 '사람본위' 라는 새로운 질서의 시작이다.

  콜버그는 전통적 진리개념의 부정에까지 이르게 될 인간의 오만에 대해 두려워했음에 틀림없다. 그는 인간을 대상화하고서야 비로소 인간연구가 가능하다고 주장하는, 요컨대 행동주의와 같은 과학에 반기를 든다. 그는 현장성이 보장되는 진리탐구를 계승하고자 했으며, 그 경우만 이 진리탐구가 실천이 된다고 보았다. 그는 과학의 '명확한 앎'이 일종의 '신앙'이 되어버리는 경향을 행동주의에서 목격했고, 그런 경향은 설계주의 실천을 고집하게 되리라고 한탄했다. 인간이 병들었기에 그 인간을 대상화할 수밖에 없다는 행동주의자적 오만에 도전하여, 그는 '철학자로서의 인간'을 상정한다. 그는 자유주의 전통에서 상정하는 인간 가운데 가장 건강한 인간을 상정한 것이다. '발달하는 인간'의 그 발달을 읽어내는 오로지 그 능력(관점)을 가지고 있는 나와 그 사람이 관계 맺는 일상을 살아가며, 그 삶이 나와 그 사람의 발달의 장이 된다. 그것은 인간존엄의 근거를 교육가능성에서 찾는 길을 연 것이라고 봐야한다. 세상의 상충하는 것들을 내 안으로 끌고 들어와 그 적절함을 묻는 발달하는 인간의 발달현상이 과학적 인간연구의 대상이 된 것이다. 이 발달현상을 조작적으로 정의하고 분석하는 방법론은 '철저한 주관 죽이기'로 묘사 되는 탈중심화였다. 거기에는 인간을 연구한 결과를 가지고 그 인간을 통제 조정하는 곧 '실천'이 아니라, 인간연구가 인간 변혁의 과정을 따라가는 실천이 된다. 그 실천은 교육적 양식으로 가장 잘 표현 된다. 탈중심화의 모형은, 정신의 통솔 하에 세계에 접근하는 자아이기를 소망하는 철학자 인간을 기본적으로 가정한다. 이 지점에서 잉여 철학의 '인간본위론'의 지평이 열린다.

맺음

역사란 실체가 없다고 한다. 있는 것은 역사책을 쓰는 사람의 눈일 뿐이라 한다. 맞는 말이다. 그러나 그 보다 더 맞는 말은, 역사란 실체가 있지만 그 실체가 누구에게나 보이는 것이 아니라 눈을 비벼서 보려는 사람에게만 보인다는 것이다. 그리고 역사를 보려는 사람은 맨손으로 눈만 비비지 않고 반드시 제 눈에 맞는 안경을 만들어 쓴다. 이런 안경을 끼면 역사가 보이지만 안경이 저마다 다르므로 역사 또한 달리 보일 수밖에 없다. 이렇게 역사란 보는 사람의 눈에 따라 갖가지로 보이지만, 이들 갖가지 역사는 모두 하나의 실체에서 드러난 것이기에 참되다.

말이라는 안경을 끼고 우리 겨레의 역사를 보면 크게 세 걸음으로 나타난다. 입말로만 살던 걸음, 입말과 글말로 살던 걸음, 입말과 글말과 전자말로 살아가는 걸음이 그것이다. 첫째 걸음은 구석기 신석기 옥기, 청동기, 철기 시대에 이르는 이른바 고조선 시절이고, 둘째 걸음은 고구려, 백제, 신라에서 비롯하여 남북국, 고려, 조선 시대에 이르는 중앙집권 왕조 시절이고, 셋째 걸음은 왕조가 무너진 다음부터 오늘에 이르는 일백년 남짓이다. 이들 세 걸음에서 우리 겨레가 쓰던 말이 달랐던 그만큼 삶이 또한 엄청나게 달랐다.

사람에게 가장 몹쓸 병은 제 스스로를 제가 업신여기는 병이다. 이 병보다 더 무서운 절망은 없으며 이는 제 스스로를 손쓸 수 없는 죽음으로 내모는 것이다(김수업의 '자기를 살지 않는 사람들에게 드리는 충언').

2. 발전

강의7. 교육은 어디에 있는가? (1)

강의8. 교육은 어디에 있는가? (2)

강의9. 지식활동을 자극하는 환경을
　　　조성함으로써 가르친다. (1) (2)

강의10. 교육의 관점, 교육의 목적, 인간발달의 과학

강의7. 교육은 어디에 있는가? (1)
왜 묻지, 물어나 마나 한 것을

이 청년을 보라.

김다운(진주여고 2년생) 4월 자퇴, 20여 차례 1인 시위

'여러분의 학교엔 진정 배움이 있습니까?'
'경쟁만 있고 배움 없는 학교에 있을 수 없어 저는 학교를 그만 둡니다.'

'교육청 앞에 가서 해라, 여기 학교 앞에서 왜 그래' (그 학교 어느 교사의 제자 사랑)
'잘 사는 집 아이겠지, 유학 가겠지' (지나가던 어느 젊은 신사의 참견)

김다운의 세상을 향한 분노를 적었다. 분개심으로 할 수 있는 것은 아무 것도 없다. 이 깊은 젊은이의 분노를 '지식으로' 격을 달리 하여 표현해야 하겠다. 배움이 무엇인지, 어떻게 얻는지 다시 생각한다. 우선 이렇게 말해두자. 삶의 경험을 갈무리하여 배움을 얻는다. 인간다움의 특성으로서 배움은 지적비약과 기술의 응용을 포함한다. '하나를 알면 둘을 깨친다.' 그 배움은 '서로 의존하여 살아가는' 삶의 경험에 들어 있다. 학교인들 그 삶의 경험이라는 패턴을 벗어나는가?

왜 묻지, 물어나 마나 한 것을

오늘 이 땅의 젊은 세대가 처한 난관을 당대 세대의 공동의 관심사로 부각시키고 싶어서 물어나 마나 한 것을 진지하게 다시 묻는다; 일생을 변변한 직장 없이 살아가야 할지도 모른다는 심각한 존재불안을 겪고 있는 젊은 세대에게, 저마다 개별경쟁력을 확보하라고 훈계하는 것 이외에 다른 어떤 말도 할 수 없는 우리 기성세대의 무능 무정견에 대해, 우리 터놓고 이야기 하자. '교육은 어디에 있는가, 학교에 있지 어디에 있겠어,' 뻔한 물음과 대답을 반복하다보면 전과 다른 생각이 분명 떠오를 것이다.

응답, 딘지 반응이 아닌

재수, 삼수, 다시 취업을 위한 스펙 쌓기, 70번 서류 탈락, 수없이 겪은 면접 탈락, 그들이 겪는 고통스런 세상사에 분개하지 않고는 그 누구도 젊은 세대의 좌절과 마주할 수 없다. 교사라면 무엇을 어떻게 가르치면 교육이 되는지 물어서 얻는 전문성 없이는 교사들마저도 그들에게 희망이 될 수 없다.

교육은 어디에 있는지, 스스로에게 유의미하게 질문할 수 있다면, 그 때 그는 이미 교육을 철학하는 길을 걷고 있다고 봐도 된다. 분명하게 말해두자; 인간의 지적 도덕적 발달에 관여하는 교육론은 취업과 취학의 실용적 가치와는 내적 연관성을 가지고 있지 않다. 그 교육론은 삶의 방식 변혁을 미래의 가치로 설정하고 있다. 그 가치를 받아들이는 사람이라면 그는 부산물에 불과한 사회정치적 자산(경력, 학력) 획득을 교육의 목적이라고 우기는 사회적 분위기에 정면으로 맞서게 되어 있다.
 만약 가르치는 일을 인술art의 경지로 묘사할 수 있다면, 그렇다면 그는 김다운의 좌절과 분노를 절박한 현실로 받아들일 수 있을 것이다. 그는 '세계와 연관하는 인간재능의 발달에 개입하는 교육론'을 선포하고 나설 것이다.

 현대 학교의 비극적 약점은 사회적 정신의 여러 조건이 결핍된 환경 안에서 미래의 성원을 양성하려고 노력하고 있다는 사실이다(Dewey, 학교와 사회, 이인기, 27).

가르치려드는 자, 권력엘리트의 세상
 사회적 정신의 여러 조건이 결핍된 환경이라니? 가르치는 자와 배우는 자가 딱히 갈라져 있는 세상, 그런 고착된 관계에서, 교육이 일어날까, '환경을 조성함으로써 가르친다'는 명제가 성립할 수 있을까?
 제도화 개념을 생각한다. 삶의 현장에서 우리들 누구나 선택의 난관에 처한다. 우리는 자연스럽게 우리 행동에 일정한 양식 규칙 규범이 형성된다. 그렇지 않고는 험한 세상을 살아 갈 수 없다.
 누구나 난감하기 그지없는 삶의 길을 나선다. 그는 어쨌든 길 찾기 약도를 가져야 한다. 그 약도는 길 찾는 이의 심리적 안전판일 것이다. 어쩌면 편견이니 선입견이니 하는 것도 험한 길을 나서는 사람이 기댈 마음의 의지처state of mind 일 것이다. 본능을 박탈당한 인간이 취할 수 있는 실제적 일처리 방책일 것이다. 심리, 약도를 가지고 길을 나서지만 그러나 그는 그것에 만족하지는 않는다. 그는 자신만 안전하게 지키면 된다고 생각하지 않는다. 자신과 같은 문제상황에 처한 다른 사람들의 안전을 위한 지도를 그려야 한다고 생각한다. 모두의 것이 되는 지도를 그린다는 '논리', 즉 길 찾기를 이끌어갈 (생각의) 규칙(방위 거리 지형 등)을 얻는다. 그 규칙들은 사람들을 서로 서로가 되게 하는 인간언어가 된다. 인간은 삶의 현장을 구성한다. 있는 것을 응용하여 처한 삶의 문제상황을 풀어간다. 듀이가 말한 바, 사회적 정신의 여러 조건이 결핍된 상태란 심리적인 것과 논리적인 것을 통합하려는 실천적 노력을 소홀히 하고 있다는 뜻일 것이다.

교육개념과 체제를 구축하는 일에는 지극히 무관심한 채, 부산물의 획득을 당연한 것으로 옹호하면서, 한편 거기서 수반되는 부작용을 나열하면서 그것이 마치 자신의 비판정신인양 떠벌이는, 우리들 사이의 정신적 지체 현상을 가감 없이 드러내려 한다. 그것이 강의노트이 목적이다. 강의는 교육(학교)은 인간과 사회의 가장 기본적 가치를 대상으로 주제몰입의 경험을 기획하는 아주 특별한 제도임을 명확히 하려 한다. 다시 교육은, 인간과 사회의 모든 가치들을 혹은 그 때 그 때 필요한 가치들을 대상으로 하지 않는다는 것을 분명히 하려 한다.

험한 세상을 살아갈 우리에게 지남이 될 참으로 튼실한 규범은 무엇일까?

교육이 터하는 자리

가장 선량하고 현명한 부모가 자기들의 자녀에게 희구하는 바로 그것을 사회는 모든 아동을 위하여 희구하지 않으면 안 된다(Dewey, 학교와 사회, 17).

한 세대는 교육을 통하여 그 전 세대가 이루어 놓은 것을 이어 받아 새롭게 개조해 나가야 한다. 거기에는 인간에 대한 사랑과 사색이 필수적이다. 사랑과 사색은 인간다움의 품격을 높이는 일에 기꺼이 개입하는 지성 없이는 불가능하다(칸트의 교육론, 7-8).

정신은 환경 속에서 부대끼고 그리고 환경을 변화시켜가는 투쟁(발달)이다. 경험을 다시 경험하는(반성하는) 것, 이외에 다른 어떤 좋은 것은 존재하지 않는다. 발달은 지적(진리) 그리고 도덕적(정의) 세계의 형성과 병행한다. 발달은 도달해야 할 과업(혹은 덕목)이 아니다(콜버그).

마치 기적 같은 짧은 기간에 독일은 기사회생, 새로운 생명으로 우뚝 선 프로이센의 영도 하에 위대한 국가로 발 돋음 하였다. 독일의 국가 지도자들은 사태의 긴박성에 걸 맞는 천재성을 발휘하여 ….새로운 교육을 창안하는데 집요한 노력을 기울였다(보이드, 498).

교사의 연수는 근본적으로 '자기연수' 이다. 자기연수란 생애에 걸쳐 있다는 것이고 생애의 경험을 반추하며 취할 것은 남기고 버릴 것은 버리는 성찰의 힘에 대한 신뢰를 나타내는 말이다. 교직생애에 걸친 반성, 성찰이 연수의 바탕, 연수의 시스템이다. 교사로 하여금 자신의 교육활동(경험)을 반성(성찰)하도록 '자극하는 것', 어떻게 자극할 것인가? 일단 이렇게 대답한다; 교사로 하여금 자신의 교육활동이 교육적으로 타당한지 물음을 갖도록 격려한다('교사연수의 성격과 구조'에 대한 세미나에서).

이와 같은 교육에 대한 개념적 진술에 기대어,

교육은,

학부모가 자녀에게 희구하는 바에,

인간다움의 품격을 높이는 일에 고심하는, 더 큰 문제에 다가가려는 지성의 요청에,

'자연적' 철학자, 자연적 시인, 자연적 과학자인 아동의 세계 구성 활동에,

교육은 국가의 책임임을 확인하는 공교육 정책에,

교직생애 걸친 교사의 경험 성찰에,

자리하고 있다.

지리하고 있는 곳은 다르지만, 한 가지 동일한 바탕을 깔고 있다. 그 바탕이란 그 어떤 다른 가치보다 '사람다움'의 가치를 중심에 놓으려는 이상주의자적 열정에 의존한다는 믿음체계이다.

가르치는 자는 자신의 가르치는 프로그램을 공개하고 개방하며 비판받을 용의를 표명한다.

그는 또한 사람분별의 체제에 대해 분개심을 숨기지 않는 가치론적 시각을 드러낸다.

가르치는 맥락은 '사람다움의 특성'을 단련하려는 자연스러운 평범한 욕망을 문제 삼을 뿐, 사람을 인재로 개조하려는 거대한 욕망을 손절한다.

이상주의자적 열정: 젊은 세대의 삶의 안정에 대한 당대 세대의 근심, 인간 삶의 과정을 거치며 겪는 애와 환의 서사와 맥락이 거세된 현

실에 대한 가치론적 시각, 사회의 전통과 규범에서 벗어나는 기존 질서에 도전,

가치론적 시각, 분개심: 경험을 반추하여 얻는 배움, 이 명제의 진정성에 관해 조사하고 논의하고 관여하는 것이 교육이라고 언제 어디서 누구를 만나서도 물러서지 않는 단호한 자세.

전문성: 교직생애에 걸친 경험을 반추하며 무엇을 어떻게 하면 교육이 되는지를 스스로에게 묻는 물음. 그 물음은 그의 교육활동을, 인술 art의 경지로 고양시킨다.

사람다움의 품위: 사람다움의 특성, 다음 문장을 생각해보자. 오랑우탕은 불을 쬘 수는 있지만 불을 붙일 수는 없다. 춥다는 신체의 필요에 반응하는 오랑우탕의 '동물다움'에 대해, 불을 붙이는 인간에게 불은 인간의 삶을 보다 세밀하게 확장시키는 기제로 작용한다. 불의 이용은 인간 삶의 체계이다. 직립보행은 어떤가, 도구의 사용은 어떤가, 여럿이 사냥을 하는 협력은 어떤가, 사물에 의미를 부여하는 개념은 어떤가, 그것이 모든 인간다움의 특성을 싸잡는 학습경험이라는 인간다움의 특성을 문제 삼는 교육이라면 그 교육은 특별한 것이 되어야 하지 않겠는가, 교육이 어째서 시험대비 요령으로 축소되어야 하겠는가, 교육을 개혁한답시고 입시에 매달리는 우리 모습을 정면에서 비판하는 게 먼저 해야 할 일이라고 생각하지 않는가.

사람다움, 교육의 토대: 과학적 예술적 활동을 자연스럽게 수행하는 인간의 재능, 과학적 예술적 형태를 가진 인류문화는 보편적인 인간본성nature에 뿌리내리고 있다(인간과 세계, 33). 시간과 공간 속에 구체적으로 나타난 모습은 다양하다고 할지라도, 인간재능을 자연스럽게

발휘해왔기에 그 어느 누구도 인간다움의 정서와 지성을 가진 인간으로서의 삶을 영위하는 것이다. 교육은 그 아이의 경험(활동)을 갈무리하여 얻는 배움의 과정에 관여하는 '자연적' 인간행위이다. 따로 상주고 벌주고 조작할 필요가 없다. 그런데 왜 이 자연적인 것이 거부될까?

교육문제는 사람문제가 되었다. 거기에 교육이 자리한다.

人才를 위한 전문교육은 반드시 필요하다. 그러나 人才 교육이 아이들을 판정하고 분별하는 체제로 고착된다면 아이들의 자연적 배움 의욕과 배움 능력은 고갈되고 만다. 이 점을 강조하기 위해, 전략적으로 젊은 세대의 삶에 무심한, 기존 人才 교육체제의 대척점에 人材 교육이 자리하고 있다고 쓴다. 人才와 人材는 대립하는 개념이 아니라고 생각한다. 듀이에게 人材는 전문적 지식과 기술을 소유한 사람이 아니라 자신의 일에 즐겁게 몰입하는 사람이다. 그것이 인간의 존재방식이다. 우리는 주제몰입의 경험을 중심에 놓는 학습사회의 개념과 체제에 집중한다. 人材 교육은, 세계에 관여하는 자연적 인간재능의 발달에 개입하는 방식을 지칭한다.

인적 자원이 아닌 학습자원을 가진 인간, 그 人材가 자기를 살고 가족의 가치를 살고 지역공동체의 가치를 살고 그 귀결로서 국민의 가치를 살게 된다. 그것이 가능한 교육체제를 구축한다. 人材의 불변의 가치인, 몰입경험에 내재한 지적비약, 관심사-일, 근본적 문화의식을 효과적으로 산출하도록 조건과 여건을 정비하고 조성하는 일관되고 지속적인 노력을 인재교육체제라고 했다(손종현, 한국공교육체제론, 출판 중).

250년 전 유럽의 지성이 바라본 세상과 인간, 그리고 분개심

쓰레기통을 뒤지려면 우선 나 자신으로부터 수치심을 떨쳐내야 한다. 수치심은 불명예로부터 온다. 인간으로서의 명예에 반하여 비굴하게 만들거나 손상시키거나 치욕스럽게 만드는 태도나 상황, 행동이나 의도 앞에서는 분연히 일어나 항거해야 한다. 수치의 제국은 동시대인의 고통을 통해서 모든 인간에게 가해진 불명예를 먹고 자란다(탐욕의 시대 12쪽에 인용된 칸트의 인간론).

삶의 경험과 분리된 교육에 대해

세상 속에 교육이 있다. 세상과 더불어 교육이 있다. 세상사에 부대끼지만 한편 동반자로서 세상에 대해 싸움하듯 발언한다. 교사는 자신의 가르치는 프로그램으로 발언하는 동반자가 되고 그리고 세상의 고된 짐을 진다.

말을 하라. '자기를 사는 삶'

분개심을 속으로 삭이지 말고 말을 하는 것, 존재하고 행하는 것에는 모다 이유와 목적이 있다. 그 이유와 목적을 드러내어 말을 하라. 그것이 자기를 사는 삶의 단초이다. 人材 교육이 절실하다고 생각하면 자신의 생각(이유와 목적)을 드러내 말을 하는 것이 人材 교육을 존재하게 하는 것이다. 그 말에서 반성의 재료와 논리를 구한다. 고민한다고 하면서 말하지 않는 것은 자기기만이다. 마찬가지로 아이들도 말을 하게 해야 한다. 교사와 아이들이 다 같이 말을 하는 것, 그 한 가지 동일한 활동을 하고 있어야, 최소한의 人材 교육의 장이라고 할 수 있다. 바로

'말하는 것', 반성의 재료와 논리를 구할 수 있는 말을 하는 것이다. 人材 교육이어야 한다고 생각하는가, 그렇다면 당신의 생각을 여기저기 말을 하라. 그것이 人材 교육에 대한 실천의 단서를 얻는 첫 걸음이다.

자기를 온전히 사는 삶
　내가 만족할 때까지 연습한다. 누구도 이래라 저래라 하지마라. J에게, 수 백 번 불렀지만 똑 같이 부른 적은 없다. 곳과 때에 따라 다르게 부르기 위해 밤을 무수히도 밝혔다. 하늘도 스스로 돕는 자를 돕는다.

자기를 온전히 살지 못하는 까닭이 뭘까?
　왜 자신의 삶의 이력을 표명하는 자신의 말을 하지 않을까? 자신의 삶과는 아무런 상관도 없는 자들이 멋대로 재단해서 말하도록 내버려 둘까? 오늘 그 심각성이 극에 달한 느낌이다. 자기를 사는 삶을 부정할까? 인간다움의 명예를 지키기는 데 그다지도 소극적이어야 하는, 우리들 속의 그리고 우리들 사이의 수치심은 어디서 연유하고 또 강화되고 있을까? 또 교사는 어찌하여 입을 닿고 머리만 가지고 재능 경쟁하여 거둔 학력과 경력으로 치장된 일생을 사는 것이 성공하는 삶이라고 가르치며 대다수 아이들의 의기를 꺾고 있을까? 학교와 교사는 아이들의 의지를 꺾는 시스템인가?

피상성 때문이다.
　피상성은 현대의 질병이다. 주의지속 시간이 점점 짧아지고 짤막한 경귀가 판을 치는 시대에 우리는 얄팍한 정보의 홍수에 빠져 있다(무엇이 세상을 바꾸는가, 14).

현대의 질병인 피상성은 어디서 비롯되었는가?

   생산의 사회성에 대한 몰이해에서 비롯되었다. 공동체적 생산 활동에 대한 인식의 결여에 있다. 사회적인 것이 생산적인 것임을 인정하지 못하는, 인류문화에 대한 몰이해에서 찾는다(교육과 경험, 86). 일상의 삶을 정상적으로 영위하는 사람이라면 누구나 인류문화의 특성인 공동체적 생산 활동에 참여하는 재능을, 그 내용은 다르지만, 어디서나 표현한다.

삶의 경험과 교육을 통합하려는 과학적 이론에 교육이 자리한다.

   빈곤과 인종차별이 아동의 삶에 얼마나 끔찍한 효과를 미치는가, 또 학교가 어느 정도로 이런 사회악을 조장하는 수단이 되어 왔는가를 새로운 눈으로 들여다보았다(교육의 과정 재음미, 216). 정상적 삶을 파손했다는 것은 배움을 얻을 수 있는 경험이 차단되었는 것이며, 경험이 차단되었다는 것은 대상세계와 연관하는 자연적 재능이 부정되었다는 것이다. 앎을 관리당하는 삶을 강요한다는 것은 최악의 사회악이다.

배움을 얻는 학교체제의 문제; 대상과 연관하는 자연적 재능

   인간은 스스로 세계를 표상한다re-presenter, 다시 나타낸다. 단순하게 세계에 그냥 나타나 있는 것presenter이 아니다. 세계에 질문을 던지고 세계를 해석하고 그리고 세계를 변화시키기를 원할 만큼 세계와 거리를 두고 있다(Vergez, Huisman, 인간과 세계, 남기영, 56). 대상(세계)과 연관하는 인간 재능은 차이와 다양으로 나타나고, 한편 이 재능은 차이와 다양을 분석하여 설명할 수밖에 없다. 왜 차이와 다양인가? 홍

미의 힘 때문이다. 흥미는 이 재능을 이해하는 과학적 개념이다. 흥미는 '가치를 인식한 결과 활동에 열중하는 것, 몰입하는 것, 완전히 빠져 있는 것을 의미한다. 흥미의 어원inter-esse, 즉 사이에 있음도 이 점을 의미한다(Dewey, 흥미와 노력, 조용기, 27). 대상에 그냥 나타나는 것이 아니라 '다시 나타나는' 인간만의 특유한 힘, 그 힘은 몰입의 형태를 취하는 대상과의 관계 방식이다. 몰입이 대상과 인간의 관계를 지속시키는 자연적 시스템이다. 대상과의 지속적 관계가 인간경험의 구조이다.

세계와 연관하는 활동(경험)에서 얻는 배움, 그 배움은 인간의 특권이다.

인간은 대상(세계)과 연관하는 자연적 활동, 경험을 한다. 교육은 이 이들의 세계와의 자연적 연관 활동에 관여하는 도구, 제도이다. 교사는 아이들에게 지식을 얻게 하는 인위적 조작을 넘어 스스로 활동하여 지식에 이르게 하는 환경을 조성한다. 그러나 지식을 소유하고 지식을 무기로 사용할 것을 강요하는 사회적 환경에서 아이들의 자연적 재능은 힘을 잃는다.

브루너의 인지과학 지식에 대한 반성

'생활하는 사람들로 하여금 일상생활에서 내리는 의사결정에서 반드시 올바른 근거를 가지게 되도록 모종의 조치를 취하지 않으면 안 되었다. 이 조치란 먼저 과학을 가르치는 것이고 그 다음에 다른 교과를 가르치는 것이었다. ...이 생각은 단순하고도 순진한 생각이었다....가장 나쁘게 말하여 이 초기의 생각은 지나친 합리주의의 오류를 범하고 있었다'(교육의 과정, 재음미 32). 문제는 지적능력이며, 최고의 지식을 지적능력이 될 수 있도록 가르칠 수 있다면 아이들의 삶을 성가시게 하는 여러 난제들을 해결할 수 있으리라는 낙관론, 그리고 지적능력이 되게 지식을 가르치는 일은 아이들과 그 아이들이 처한 세상의 난제를 해결하는 가장 경제적인 방법이라는 낙천적인 생각에 대한 자기비판이다. 또한 아이들을 교실이라는 실험실에 가두어 기대하는 결과를 도출해내는 원인조작이라는 이상적 경제적 조건 정비가 교육의 프로세스로 인정되었다. 세계를 구성하는 자연적 활동을 수행하는 아이들과 그 아이들의 경험은 하찮은 것이 되어버렸다. 그 아이들을 다시 살린다. 대자연의 대지에서 경험하는 아이들을 조망한다.

학습자와 배움에 대한 우선적 관심
  배움을 의욕 하도록 자극하는 문제, 경험을 갈무리하여 스스로 배움을 얻는 능력, 그 능력을 자극하는 문제가 교육의 우선 과제가 되었다. 무엇을 가르치면 지적능력이 되는지에 대한 교육과정 관심은 그 다음에 풀어야 할 과제가 되었다.

배움이란 무엇을 하는 작업인데?
  하나의 대상을 탐구하는 '과정과 활동'이다. 물음 재생 상상 암시 주목, 노트를 하고 전제와 결론을 왔다 갔다 하고, 자기 언어로 다시 그 대상에 대해 의미를 부여해 보고, 발표하고 경청하고…내심의 고되고 즐거움을 맛보는 과정과 활동이다. '이런 배움의 과정과 활동을 가정한다면 능히 '정보처리 모형'에 따른 교육과정 작업을 할 수 있다.
  교육과정은 '지식을 경험으로 변화시키는 작업'이다. 그 지식의 '참'을 생각한다는 것이고, 생각해본 참을 가늠자로 삼아 눈앞의 대상을 구성하는 요소들을 제자리에 놓아보는, 벅찬 과제를 스스로에게 부과하는 인간화 작업이다. 극단적으로 말하여 2보태기 2를 4라고 정답을 소유하는 것이 아니라 수의 세계를 '살아본다'는 것이다. 〈포괄적 문제해결학습〉은 이런 경험과 학습에 대해 다루고 있다. 경험을 되치기 하여 얻는 배움이란 '참의 약도'를 가지고 길을 나서 끝내 참의 길을 걷는, 마음의 동요와 다짐을 표현하는 용어이다. 주어진 지식을 소유하게 하는 것은 자연적 인간재능의 법을 위반하는 것이다. 정답 진도 성적이라는 프레임은 애시당초 배움과 학습자를 배제한다.

이렇게 말하자; 교육은 나아갈 방향을 제시하는 큰 그림을 가지고 시작하며 그 방향을 길을 가며 방향을 교정하고 그리고 큰 그림에 누구나 알아보는 정확한 길목을 그려 넣는 작업이다. 물론 그 길은 개인들이 걸으며 방향과 길목을 경험한다. '교육은 철학과 심리학을 통합시키는 아주 적합한 주제, 장소이다. 완결(논리)과 과정(심리)이 교차하고 정정되는 작용이다'(도덕발달의 철학, 67). 성과에서 경험(과정)으로 중심점을 옮긴다. 아이들의 유능과 성실을 추궁하지 않는다. 교육적 경험을 문제의 중심에 끌고 온다. 프레이리의 말을 빌려, 은행저금식 지식 쌓기 공부를 강요하는 학교체제, 그 체제는 제한된 시간에 정답을 더 많이 찾아내는 속도 경쟁에서 살아남는 '人才'를 효율적으로 산출해낸다. 그 인재는 지식을 자신의 소유물로 쌓고 자신을 위한 무기로 사용한다. 그 지식 소유에 경험으로부터 얻는 배움은 없다. 학습자도 없다. 성적이 그 아이의 미래의 삶의 성공을 알려주는 지표로 용인되고 활용되는 것은 용납할 수 없다. 아이들이 살아갈 세상은 대자연보다 넓고 깊은데. 반성 없는 지식이 얼마나 큰 잘 못을 범하는지. 전혀 새로운 교육을 상상한다. 그것이 배움의 능력을 우선시 하는 것이라고 한다면 전혀 새로운 것도 아니다. 우리 속에 있었지만 그런데 들어내지 않고 묻어버린 경험을 거슬러 올라가며 반추하면 된다.

당대 지성의 인문학에 교육이 자리한다.

전혀 새로운 교육을 상상한다. 교육에 대한 고정관념을 해체하지 않고는 새로운 교육을 상상할 수 없다.

나는 칸트와 페스탈로치에게서 영감을 받은 관념, 지식을 통한 자기해방에 중심을 두고 이야기한다. 더불어 다른 사람들의 정신을 해방시키고 비판적 접근이 무엇인지 이해하도록 도와주는 것이 지식인의 의무라고 생각한다.....불행하게도 지식인들 중에는 주목받기만 바라거나 남을 가르치는 대신 남의 마음을 사로잡기를 원하는 이들이 많다. 그런 지식인들은 언뜻 지도자나 예언자처럼 보일 수도 있다. 보통의 사람들은 삶과 세계, 인간과 역사를 꿰뚫는 선지자를 고대하고 있기 때문이다. 지식인이라면 마땅히 예언자와 거리를 두어야 한다. 그것을 의무로 받아들여야 한다(Popper, 삶은 문제해결의 연속이다, 허형은, 23-24).

시대의 지성이기를 주저하지 않는 사상이라면 반드시 자라나는 세대를 향한 연민을 적극적으로 표명한다.

칸트의 인간다움의 교육론 읽기
인간이 개인으로서 존재의 목적을 달성한다는 것은 불가능하다. 여러 단계를 밟아가는 동안 개개학생의 경험에 어떤 일이 일어나는가를 파악하려고 전심전력을 기울이는 것, 그것이 교육의 응당한 길이다

(칸트교육론, 11).

교육이란 수세대에 걸쳐 끊임없는 실천을 통해서만이 완벽해질 수 있는 인술art이다. 어떠한 세대도 완전한 교육체제를 수립할 수 없다. 인류가 발명한 기술 중 가장 위대한 것 가운데 하나가 교육이다. 아이들에게 인간다움의 명예를 스스로 지키는 강건한 정신을 키우는 일이 어찌 성과를 내는 단순한 손재간 같은 것과 비교될 수 있겠는가(12, 13, 25).

교육은 이성에 의한 완전한 형태로 성립하기보다는 실험에 의해 조금 더 나은 상태로 진전한다. 교육은 하나의 학문으로 발전되어야 한다. 그렇게 되지 않으면 교육은 결코 일관성 있는 목표가 될 수 없을 것이다(8, 15-16).

아이들이 선하다고 믿는가? 사랑하는가? 그렇다면 그 아이에게 선함을 선택할 자유를 주어라. 경험하고 경험을 반성하게 하라. 아이들에게 행동의 가치적 측면, 즉 덕목을 강조하는 것은 소용없다(111).

아이는 다른 아이와 같이 있다. 같이 있음이 아이의 인성적 특성이다. 이 관계맺음의 특성이 즐거운 삶의 바탕을 이룬다. 특정 아이가 지니고 있는 재능 때문에 그 아이를 편애해서는 안 된다. 재능에 따른 편애는 같이 있음을 파괴한다(97).

상류층은 자신들의 이해관계에만 관심을 가지며 우리 인간의 본성을 완전성에로 한 발자국 더 가까이 접근시킬 수 있는 중요한 교육실험에 참여하지 않는다(7).

통치자는 자신의 목적에 관심을 가질지 모르지만 보편적인 선에는 별 관심이 없다는 것을 지금까지의 경험으로 알 수 있다. 부모도 마찬가지로 보편적 선에는 별 관심이 없다(17). 이웃을 사랑하는 지성에게는 이것만큼 슬픈 일은 없다. 사색하는 지성만이 이를 중대한 문제로 제기한다.

교육기획의 기본은 인류 보편적인 것이어야 한다. 세상의 모든 선은 바로 훌륭한 교육을 통해 나타나게 되어 있다(17).

그의 교육론은 시대의 정신이 되었다.
정신이 되었다는 것은 계승되었다는 것이다.

교육을 통한 사회적 재생, 페스탈로치

사회적 구원에 이럴 수 있는 교육의 힘을 아이들의 심리구조에서 찾아내다. 아이들의 해방을 중언하기 위해 아이들의 활동(관념을 발전시켜 나가야 한다는 아동의 필요)에 개입하는 교육적 방법을 찾았다. 일상의 삶이 가지는 교육적 가능성에 대하여 깊은 신념, 일상의 삶의 따스함에서 지적 정신적 힘이 숙성되어 나온다. 한편 아이들은 자신의 지적 정신적 성장의 자긍을 위해 사회에 의존해야 한다. 아이들과 사회를 연결하고 아이들을 더 높은 경지로 이끌기 위한 인간행위로서의 교육,

그것은 교사가 조형한 예술의 경지에 달한 인술 art에 의해 가능하다.

베를린 대학은 지식을 추구하는 아주 특별한 장소로서 기획 설립되었다.

교수들은 두 공동체의 구성원이다. 하나는 자신이 가르치는 기관, 학교이고, 다른 하나는 자신이 속한 분야의 동료사회다(Watson, 저먼 지니어스, 박병화). 학문은 결코 완전히 완성할 수 있는 어떤 것이 아니다. 그 과정을 완성할 수 있는 장소를 만들자. '학문은 모든 사람이 갖출 수 있는 자질이지만 그것은 성장하고 진화하고 역동적으로 변화한다. 지식은 그 자체로 인간문화의 한 분야이다. 천재의 것이 아니다. 학문, 지식은 교육적 의미에서 생성과정에 있다'(위 책). 학문도 교육도 인간활동이다. 인간이 나서고 겪고 갈무리하는 이력, 커리어이다. 인간은 고통과 희열을 맛보며 자기의 길(관심사)를 묻고 물으며 걸어간다, 자신의 일이 있고 자신과 같은 길을 가는 동료가 있다. 논쟁하며 동료로 인정을 받는다. 개성이고 구성원이다. 그것이 인간의 삶이고 문화이고, 그리고 그 사회의 능력이다.

인문학이 교육의 기초가 되었다.
인문학은 세계에 질서를 바로잡는, 의미를 부여하는, 인간노력 human endeavor을 지칭한다, 인문학은 세계(자연과 사회)에 적응하며, 절망의 난관 앞에 살아남은, 혹은 살아볼만한 세상을 만들려고 투쟁해온, 인간의 애와 환의 이야기이다.

세상사 그 어떤 것도 나와 연관하지 않은 것은 존재하지 않는다. 주어진 것은 없다, 취해진 것만 있다. 인간의 문화인 과학을 학습하는 것은 인간이 세계에 부여한 의미의 역사를 공부하는 것이다. 내면의 자유를 향하는 진정한 경로로서의 인문학을 통한 교육이, 새로운 시대의 정신이 되었다.

지시 지침 교화 훈련 같은 고정된 매뉴얼일 수가 없다. 세계를 이해하는 정신능력을 기루는 합리에 따르는 활동이다. 아무도 그 활동의 모범 정답을 가지고 있지 않다. 추구하는 것이다.

듀이의 경고

교육의 사회적 목적이 교육의 국가적 목적과 동일시되고 그 결과는 사회적 목적을 완전히 불분명한 것으로 만들었다. 사회적 과정, 사회적 기능으로서의 교육은 우리가 마음에 두고 있는 사회를 규정하기 전에는 확실한 의미를 가질 수 없다(Dewey, 민주주의와 교육, 이홍우, 167-8).

문화비판

행동이 바로 사고를 잘 하는 증거라고 생각하는 나라에서 살아 왔으며....이론과 실제 사이의 간극을 심각한 것으로 생각하였다....에디슨이 미국사람들이 생각하는 과학자상, 즉 기술공으로서의 과학자의 대표적인 보기이다. 작가 시인 이론가 현자 등은 미국사람들의 입에 오르내리는 전설적 인물이 되지 못하였다. 이는 역사적 근원을 가지고 있으며 당연히 공부하는 동기에도 영향을 준다(브루너).

업적에 목을 매지 마라. 업적은 기업에 맡겨라. 업적을 낼 수 있는 인프라를, 국가는 인프라를 확충하는 방향으로 국가사회를 경영한다. 그 인프라의 핵심이 교육이다. 인재, 맞춤형 인재, 맞춤형 교육, 이런 정책을 입에도 담지 않는다. 마찬가지로 국가가 교육을 하지 않는다. 다소비약이지만, '아무 것도 하지 말고 생각만 하라.' 설립 취지와 목적으로 삼은 전설이 된 연구소도 있지 않은가. 오펜하이머는 30대 후반 그 연구소 소장이었지. 평화주의자 아인슈타인도 거기 생각만 하는 연구소 일원이었고. 아인슈타인, 오펜하이머는 오늘 아프리카의 비극에 대해 무슨 생각을 할까? 어째서 아프리카는 그 토록 오래 지금도 여전히 죽음의 터널을 지나듯 신음하고 있을까? 민족 국민 국가가 아니라서, 민주주의가 아니라서, 부족으로 쪼개져 있어서, 생각만 하는 평화주의 천재 과학자는 현안을 근본이 되게 풀어내는 어떤 비상한 대안을 구상하고 있을까? 이스라엘과 팔레스타인, 영구적 평화일 것이다. '치우친 균형론'이 그 시작이라고 나는 본다.

아프리카의 비극과 식민지 종주국

신석기시대, 부족은 그 시대 인류의 생존방식일 것이다. 부족은 '인간다운' 한 살이에 필요한 혼인, 노동력, 전사, 질서(관습), 소통수단(언어) 같은, 그들만의 '폐쇄적이고 배태적인 문명'을 설명하는 개념일 것이다. 이런 생각이 듭니다. 아프리카에 한정된 것이 아니라 어디든 부족이 있었겠지요. 그런데 폐쇄적이고 배타적인 문명은 그 때 한 시절 인간다움의 특성이었습니다. 그 문명은 사라지게 되어 있습니다. 인간다움은 개방과 연대의 품격으로 진화해왔습니다. 직립보행, 불, 도구, 말, 규칙, 이런 특성이 인간다움의 조건은 아프리카에도 마찬가지입니다. 어째서 아프리카의 문명(부족)만이 진화의 길을 걷지 못했을까요, 부족을 해체하는 기제는 무엇이고 부족을 대체할 새로운 인간다움의 문명을 이끌어낼 기제는 무엇일까요?

자기완결적 사회경제구조를 가진 부족, 그것도 인류사의 한 문명단계로 봐야 하겠지요. 부족이라는 자연발생적 군거 생활, 그 부족도 동물의 한 살이 방식과 명확하게 선을 그을 수 있는 인간다움의 특징적 조건입니다. 인간다움의 진화에 따라 부족 삶의 방식이 소멸했습니다. 그런데 왜 아프리카는 부족 소멸에 이르는 인간다움의 진화 흐름에서 이탈했을까요? 아프리카에는 왜 인간다움에 대한 내재적 역량을 쌓지 못했을까요? 아프리카적 부족형태의 삶의 방식은 다른 지역의 것과는 아주 다른 어떤 것으로 규정해야 되지 않을까 싶습니다. 아프리카 부족은 아프리카 특유의 지형과 기후에 적응한 아프리카 특유의 생존체계, 아프리카의 특유한 인간다움의 특성의 진화라고 봐야 하지 않는가요, 서구 식민지 종주국들의 지배도구로 이용된 부족의 분열에 대해 눈을 감은 채, 마치 아프리카 부족 형태의 삶의 방식이 지금의 아프리카 비극을 자초한 것인 양 받아들이는 것은 아프리카를 영구 지배하려는 저들의 교활한 책략에 말려드는 짓이다.

전에 선생님이 들려준, 사회경제적 발전과 '기술과 철학' 이론을 다시 떠올립니다. 아프리카인의 삶의 바탕을 이루는 기술과 철학은 무엇일까요? 다시 아프리카 그들이 자각할 수 있는 기술의 응용과 지적비약을 가져올 철학은 무엇일까요? 부족의 삶을 파괴하지 않고 부족 삶을 더욱 인간화 할 수 있는 선물은 어떤 것일까요? 깨끗이 청산하고 새로 지어주는 방식은 아니겠지요. 고기를 잡아주는 것이 아니라 고기를 잡는 방법을 제시하는 것이겠지요. 고기 잡는 방법은 기술전수에 한정되지 않습니다. 삶을 되돌아보며 인간다움을 상상하고 성찰하는 철학도 따라야 하겠지요. 시장주의로 귀결되는 산업화, 다수에게 권력을 몰아주는 선거, 이것이 아프리카에게 줄 선물이 될지, 대의 민주주의, 절차적 민주주의에 의한 정치적 안정이 아프리카의 선물이 될지, 아프리카의 비극을 구하고 인간다움의 진화의 길을 열 수 있는 선물은 무엇일까요. 전혀 새로운 인간'모듬살이' 방식을, 아프리카 특유의 민주 자치 완결체로서의 부족을 모델로 삼아 구상할 수는 없을까? 민족 국민 국익, 그런 모듬살이 방식이 전쟁을 부르고 인류와 지구의 위기를 불러왔지 않은가, 이제 그 모듬살이의 가치를 폐기해야 하지 않는가. '자치 자율 부족 연합체' 같은 전혀 새로운 인류 살림살이를 생각할 수 없는가? 전환의 시대, 식민지 종주국들의 참회, 신앙고백이 먼저입니다. 문화비판의 철저성이라는 개념을 정립해야 하겠습니다.

맺음

저는 좌절하지 않습니다. 일제하 야학 운동에 대해 자료를 수집하고 보고시를 적기도 했습니다. 재판기록을 살피며, 입에 풀칠하기도 어려운 조선백성 그들은 배고픔보다 자식에게 세상을 알게 하는 일에 더 매달렸습니다. 그런 그들에게 글을 가르치는 것이 뭐에 그리 죄가 되나, 야학 교사들은 그런 울분으로 재판에 임하고 있다는 강한 느낌을 받았습니다. 칠곡 어떤 야학 교사는 도망을 가다가 고향 저수지 몸을 던지기도 했습니다. 그의 죽음도 이런 결기의 표현일 거라고 생각했습니다. 좌절하면 살아도 사는 것이 아니구나, 그 때 저는 그렇게 생각했습니다, 그런데 그게 바로 저의 문제가 되었습니다. 저가 일처리 하며 상대를 무시했다. 성 평등 지침을 어겼다. 그것이 문제가 되었고, 어째서 그게 성평등 지침 위반이냐고 아무리 항변해도, 그 때 그 상황을 때로 과장하고 때로 과소하며 진실을 멀리 했습니다. 열 한 차례 승진 심사에서 탈락했습니다. 좌절하고 직을 그만 두는 것, 가장 쉬운 방법일지 모르지만 저를 위해서 세상을 위해서 그렇게 선택하지 않았습니다. 물론 그 분들은 그 분들 나름 그럴만한 이유가 있을지 모르겠습니다. 수모를 견뎌냈습니다. 드디어 승진했습니다. 기쁘지 않았습니다. 변한 것은 아무 것도 없습니다. 지난 시절 함께 공부하던 선배, 후배를 찾아 저의 승진 소식을 알렸습니다. 술도 같이 한 잔 했습니다. 저는 내내 따돌리는 학교생활을 했었습니다. 다른 아이들보다 2년 먼저 초등학교에 입학한 것이 화근이었나 봅니다. 좌절하지 않는 학생이었고 지금도 그런 청년, 장년입니다. 저의 삶은 세상과 싸움한 이야기 그 자체입니다. 프레이리도 '인생이 학교다'라고 책을 냈잖아요. 선생님과 공부하며 같이 읽었던, L. Kohlberg의 〈the young child as a philosopher〉, 〈the adolescent as a philosopher〉 글을 가끔 꺼내 읽기도 합니다(사실과 진실, 조정봉의 편지).

강의8. 교육은 어디에 있는가? (2)

김다운을 위한 항변
　공부하는 기계, 남을 이기는 도구로 전락한 자신의 비루한 모습
　경쟁은 훌륭한 가치, 그러나 경쟁하지 않겠다는 인간의 의지도
　교육이 살펴야 하는 가치이다.
　교육이 현실과 타협하면서 경쟁의 내면에 숨겨진 폭력마저
　정당화 했는지 모른다.
　경쟁의 원초적 폭력성은 사회적 병리현상으로 이어지고 있다.
　행복은 인간의 존재의미를 승명하는 궁극의 가치이다.
　경쟁하지 않을 자유,
　자유롭기 위해, 행복하기 위해 학교를 떠난다는 김다운의
　외침(정우람, 경향 9.1).

자신이 가르치는 학생들이 바보라고 불평하는 선생님을 믿지 말라. 이는 선생님들 자신만의 생각일 뿐이다. 다른 사람의 지능을 믿는 사람은 다른 사람들의 지능을 만들어내고 생겨나게 한다. 다른 사람의 지능을 의심하고 무시하는 사람은 그 사람들의 지능을 무력하게 만들며 더 나아가 그 사람들의 지능을 파괴시킨다(인간학, 철학, 형이상학, 55).

교사에게 묻는 김다운의 질문

'시험 준비 수업'이다. 교사도 아이들도 그 수업에 길들여져 있다. 이런 수업이 거의 모든 수준 거의 모든 학교에 관습, 관례로 굳어 있다. 교육이 그런 수업으로 환원되어버렸다. 그럴 바에야 교육은 대학 입시제에 예속될 수밖에 없을 터이고, 당연히 교육은 아이들을 체계적으로 갈라내는 시스템으로 기능할 것이다. 아이들의 모든 것은 성적으로 단순화 되어 공개된다. 성적은 관심사이고 학습은 관심에서 멀리 벗어나 있다. 교사 학교 국가는 아이들에게 드러난 것 말고 속에서 무엇을 하고 있는지 관심을 두지 않는다. 아이들에게 무슨 일이 일어나고 있는가? 학폭 같은 드러난 '사건'이 되어야 단발 처방이 나온다. 그리고 조용하다.

교육은 누구나 입을 대는 가벼운 일감이 되었다.

교사책임 교육론

내신에 대해 불신할만한 '합리적인' 이유가 있다. 합리적이란, 교육기관인 학교에 교육이 없으니 내신에 대해 불신하는 것은 아주 자연스럽다는 뜻이다. 역설이다.

교육기관인 학교에 교육이 있게 하는 것은 교사책임의 문제이다. 학교에 교육이 있게 하려는 교사의 노력은 어떻게 보더라도 합리적인 것이기에 다른 어떤 이유로 간섭할 수 없게 되어 있다.

'교사책임교육론'에 대해 묻는다. 그래서 장을 달리 하여 다시 교육은 어디에 있는가라고 묻는다. 교육은 어디에 있는가(1)에서 교육이 터하고 있는 네 가지 자리에 대해 적었다. 교육이 터하는 마지막 자리는, 교육전문가인 교사의 절박함이라고 말하려고 한다.

교육은 교육전문가인 교사의 절박함에 자리한다.

교사의 전문성은 가르치는 교재subject matter를 제시하는 방식에 드러난다. '해야만 한다, 그래서 할 수 있다.' 교사의 소명의식을 표명한다.

'이럴 진데 할 수 있겠네, 그래 해보자.' 현실주의의 태도는 잠시 접어두자.

학교는 특별한 장소, 그 특별함을 관리하는 교사의 가르치는 프로그램에 교육이 자리한다.

아이들 하나하나의 학습의욕을 불어내려는 전문가 교사의 절박함이 교육을 구성한다.

교육의 자율과 교사의 자주에 대해, 다음과 같은 물음을 묻고 있다면 당신은 자율과 자주에 대해 진지하게 응답하고 있다고 생각한다. '민중교육 이념과 교직정신을 계승하고 확장하고 있다'고 변호할 수 있는 당신의 교육철학이 있는가, 당신의 가르치는 프로그램은 사회적 발전 프로그램이라고 평가될 수 있는가, 당신은 가르치는 프로그램을 세련시키는 일에 몰입하며 지적비약과 기술의 응용을 체험하는 구체적 정신인가? 일타강사는 고3의 절박함에 감정을 이입하여 스스로 절박한 심정이 되었다. 그는 고3이 처한 현안을 해결하는데 자신의 방법론을 실천했다. 그는 돈벌이로 시작했지만 과정에서 지적비약과 기술의 응용을 통해 '자신의 것'이라고 내세울 만한 가르치는 프로그램을 완성했다. 당신은 어떤가? 당신의 절박함은 어디를 향하고 있는가? 누가 어떻게 보다라도 공교육에 대한 절박함이 요청되는 시절이다.

앎의 확장성과 교과의 제시, 교사와 아이들 관계

하나를 알면 두 개 세 개를 깨치는 인간학습, 앎의 확장성은 인간다움의 특성이다. 교과는 앎의 확장을 겨냥하도록 제시된다. 가르치는 맥락이 시험에 유리하게 작용하는 것이라면, 이른바 명문대학 입시에 유리하게 작용하는 것이라면, 그게 어찌 교육이라고 하겠는가?

교과 지도를 통해, 아이들은 지식의 '탐구자'가 되는, 말하자면 문제를 출제하고 풀어내는, '학습경험'했노라고 자각한다. 말로 다할 수 없는 어려움이 있었지만 그는 몇 개월에 걸쳐 (여러 동료교사들과 함께) 아이들의 탐구자 경험을 제법 두툼한(1-139 쪽)책자로 묶어내는 아이들의 성취의 경험(학습경험)을 일구어 냈다. 〈우리지역 조사연구 활동 자료집 2014 11〉 그 책자에 돋보이는 내용은 조사 연구 참여자 저마다 자신의 성취의 경험을 적은 후기이다. 거기에 적은 문장과 문단은 그들 활동에 대해 힘들었지만 얼마나 진지했는지 그리고 재미있었는지, '자기를 온전히 살았다'고 아주 진솔하게 표현하고 있다. 교사도 아이들도 탐구자의 자세를 취하고 있다. 교재는 문자 그대로 학술적인 것the academic and scholastic을 물음으로 제시함으로써 조사와 보고서를 자신들의 것으로 만들어 탐구하도록 이끌고 있다.

교사의 존재론, 탐구자로 살아가기

호기심 궁금증 물음이 없다면 살아 있어도 죽은 목숨이다. 왜 그런가. 끝이 시작이다. 미완의 대기, 사람에게 끝이 없다. 완성이란 없다. 완성은 새로운 시작이기 때문이다. 인간은 묻고 응답하는 방식으로 존재한다. 묻고 응답하는 운동의 힘은 호기심 궁금증 물음이다. 물음을 응답하면 그 응답이 물음이 된다. 인간은 지적 존재이다. 무슨 말인가, '지적으로' 란 머릿속 구상을 거쳐 응답한다는 것, 머릿속 구상이란 관심의 표적이 된 것에 대해 그것의 속성을 찾아내고 들추어내어 그 속성들에 대해 나의 관심과 맞먹는 다른 이름을 주는 것, 여러 속성들을 추상하여 그것들을 싸잡는 이름을 주고 그 이름을 기준으로 그 관심의 표적을 구상한다. 구상한다는 것은 나의 의도에 맞게 사용하는 법을 가진다는 것이다. 그 때 그는 개념을 형성했다고 혹은 개념을 얻었다고 말한다. 개념은 곧 나의 머릿속 구상이 나의 행동이 될 수 있도록 되었다는 것이다. 인간의 행동은 자신이 의식하든 안하든 머릿속 구상이라는 '이론화'과정을 거친 것이다. 지식을 얻는다는 것은 머릿속 구상을 분명하게 의식하게 되었다는 것이다. 그렇게 되도록 지식을 가르치는 것이다. 그렇게 얻은 지식은 머릿속 구상을 불러낸다. 호기심은 감정이 아니다, 지적으로 응답하는 인간의 조건이다. 인간은 탐구하는 존재, 그 존재의 조건을 재생산하는 호기심, 물음의 힘은 교육의 대상일 수밖에 없다. 개념을 언표 하는 것은 다른 문제이다.

지적으로 응답한다.
    무엇을 버리고 무엇을 취하나. 주어진 것 모두, 되는 대로 반응하는 것은 아니지. 버리고 취함의 기준이 있어야지, 그는 자신의 기준, 언어를 가진다. 머릿속 구상, 잠시 있는 것은 버리고 내내 작용하는 것을 가려내는 추상작용으로 그는 새로운 의미를 건축한다. 내내 있는 것에 특별한 이름(특성)을 주어 그 이름에 걸 맞는 것을 새로 만들어낸다. 그것이 실재한다. 그것을 바탕으로 의미 있는 것을 건축한다. 그는 아닌 것을 아니라고 말할 수 있고 인 것은 이라고 명확하게 구분하여 말하고 행동할 수 있다.

과일이라는 범주를 얻음
　과일이라는 범주를 통해, 과일인 것과 과일 아닌 것을 구분하는 지적으로 응답함
　범주는 다른 사물에 대해 지적으로 응답하려는 호기심을 불러냄
　지적 응답은 개념적 사고의 소산이라고 할 수 있다.
　자신의 의지, 관심사를 일관 지속하는 일로 만들어가려고 욕망한다.

　수행 정체성은 관심사-일을 살고 있는 사람의 삶을 일컫는다. 그는 진정 자기를 살고 있는 삶을 산다. 도대체 인간 삶을 무엇이라고 규정하는가, 무엇으로 묘사하는가, 규정할 수 없고 묘사할 수 없는 것이 인간 삶이다. 동물은 행동으로 그들의 한 살이를 다 드러낸다. 인간은 아니다. '그 사람이 살아온 삶의 내력을 봐, 허물이야 왜 없겠어, 그는 그런 사람이 아니야, 그가 그렇게 선택할 리가 없어. 이렇게 그의 삶의 전체성을 드러낸다. 그의 정체성은 그 사람의 삶의 전체성을 싸잡아 바라보는 구조감 sense of structure에 의존한다.

호기심은 감정이 아니다.
　호기심 궁금증 물음은 지적으로 응답하는 인간의 조건이다.
　이 조건의 재생산은 교육의 대상이고 목표이다.
　연속과 비약, 모든 생명체의 운동 방식일 것이다.

we make the road by walking.

　　우리가 인간존재로서 살아가는 최상의 방식은 우리가 미완의 존재라는 것을 아는 것, 그 뿐 아니라 모든 것은 '미완의 상태'uncompleteness 임을 가정하는 것이라고 생각합니다. 우리는 미완이라고 지적으로 아는 것과 본질상 미완인 상태라고 가정하는 것 사이에 아무런 차이가 없습니다. 우리에게는 끝이 없습니다. 우리는 영구적인 탐색 과정 어느 틈에서 생성되고 있습니다. 이것을 인정하지 않는다면 우리는 살아 있다고 해도 죽은 목숨입니다. 호기심 궁금증 물음을 잃지 않는 것은 곧 우리가 존재하고 있다는 것 혹은 생성되고 있다는 것을 의미합니다. 당신이 전에 말했던 바가 바로 지금 그대로 실현되고 있습니다. 지금 당신은 변화하고 있습니다. 만약 지금 당신이 앞으로 변할 것임을 알지 못했고 단지 당신은 변할지도 모른다고 가정했다면 얼마나 슬픈 일이겠어요 그런데 당신은 지금 변화를 겪고 있습니다. 참으로 다행스럽습니다(Horton, Freire, We make the road by walking, 11-12).

무엇을 어떻게 가르치면 교육이 되느냐고
스스로 묻고 응답한 교사와 아이들

불멸의 이순신의 그 불멸을 다시 생각하도록 이끌어간 역사 교실
　　이 순신의 인문학을 묻고 답하다. 온 마을이 들고 일어나 싸운 전쟁, 무수한 생명을 잃고 굶주림을 겪어야 했음에도 그럼에도 꺾이지 않은 자존의 의지로 23전 23승, 그 의지를 끈질기고 강고하게 이끌어간 힘은 무엇일까, 그들 헐벗은 민초의 마음의 의지처는 무엇이었을까? 순교자적이라고 해야 할 마음의 의지처에서 돋아나는 신체적 정신적 역량은 무엇으로 가늠할 수 있을까? 기록으로 남겨진 전적으로 가늠할 수도 있지만 그것을 넘어 오로지 스토리텔링으로만 전달될 수 있는, 사람과 자연과 역사에 말을 걸고 속뜻을 나누는 이순신의 '인문학'에 다가가야 하지 않을까? 그는 마을의 어떤 처지의 어떤 사람과도 마음을 사는 대화를 나눌 수 있었고, 산과 들 바다와 물길 계절과 바람과도 말을 섞을 수 있었다. 사람과 자연과 삶의 발자취, 그 모든 것들이 자기 역할을 가지고 참여함으로써 삶의 공동체를 일구어내고 계승하고 확장하는 근본적 문화의식에 바탕한 그의 인문학을 이해해야 하지 않을까. 이순신과 말을 섞은 민초의 응답, 자연의 응답을 나레이션 해야 하지 않을까, 그들 민초도 자연도 성격이 또렷한 캐릭터로 응답했다. 23전 23승은 민족의 역사가 되며 또한 세계사가 되었다.

이순신의 인문학이라는 개념은 〈윤이상 음악의 정체성: 비올라와 피아노를 위한 이중주를 중심으로, 임진형〉을 읽으며 얻은 영감의 산물이다. "윤이상 스스로 그의 음악이 하나의 독립적 개채를 나타내기 때문에 동아시아 혹은 서양의 음악으로 분류하는 것이 불가능하다고 이미 언급한 바 있다. 윤이상은 그의 작품 대부분에 주요음 기법을 적용하였고 이 작곡기법은 그의 사회적 및 상황적 이동성에 대한 결과적인 응답으로 윤이상의 수행적 정체성을 나타냈다는 결론에 도달 할 수 있다. 윤이상 음악에 대한 이분법적 접근 -아시아에 뿌리를 둔 것인가 아니면 서양의 작곡기법 도입, 사용한 것인가- 은 오히려 그의 음악에 대한 이해를 제한하는 것이 아닌지 라는 의문을 제기하게 된다(위 책, 14). '이스라엘 국민들이 세계 어느 곳에 살고 있더라도 한번은 모국을 방문하여 그들의 정체성을 확인, 확립시켜준다.' 어떤 분은 이렇게 유대인의 힘을 칭송하지만, 그러나 나는 유대인의 인종적 정체성 보다 어디서 뭘 하든 자신의 관심사-일에 몰입하는 탐구자의 수행적 정체성에 귀를 기울인다. 그것이 자기주장을 초월할 수 있는 세계 시민성 아니겠느냐고 나는 생각한다.

'벌거벗은 세계사'는 왜 벌거벗기지 않는지, 카사노바, 베르사이유 궁전, 헨리6세 등 숨은 이야기를 들추는 것이 벌거벗기는 세계사인가? 벌거벗은 한국사도 있었으면 좋겠다. 자식이건 지식이건 자리이건, 소유에 어째서 그다지도 목을 매는가, 자식이 아닌 자식세대, 학력학벌이 아닌 지식탐구, 낮은 자리를 찾는 신앙, 내 난관은 이웃의 난관을 풀지 않고는 풀어지지 않는다는 근본적 문화의식, 이런 가치가 배어 있는 우리 역사를 벌거벗겨내는 '사건'이 있으면 얼마나 좋겠어요. 교실에서 교과를 그렇게 제시할 수 있으면 얼마나 좋겠어요.

참으로 벌거벗겨야 하는 세계사

신사의 나라, 예술의 나라, 그 상징조작을 벗겨라. 사회를 해체한 극악한 죄를 추궁하지 못하는 아프리카 엘리트들에게 이 비극의 책임을 묻는다. 그럼에도 영국의 씻을 수 없는 죄, 철저하게 사회를 해체한 죄, 가난 내전 착취를 뿌리내려놓은 죄, 그 죄는 절대 용서받지 못한다. 우리들 어떤 이는 '식민지 지배를 받은 나라 중에 지금도 사죄와 배상을 하라고 악쓰는 나라는 우리 밖에 없다.'고, 살만하면 됐지 지금도 일본에게 악을 쓰느냐고, 따지고 보면 잘 살게 된 것도 일본 식민지 덕도 있다고, 나라 안이 썩어 문들어져서 망하지 않았느냐고. 일본한테 없는 죄까지 덮어씌우지 말라고. 그래 좋다 우리는 그렇다고 하자. 그러나 아프리카의 비극마저도 저들 조상 못나서 그렇게 되었다는 식의 세계사 공부는 하지 말았으면 한다. 우리식 산업화 하라는 식의 세계사 공부도 절대 하지 말아야 한다.

우리식 산업화, 그 '간결한' 답을 내놓는 것으로, 시간을 기다리면 언젠가 민주주의 정부가 들어서고 마침내 모두가 풍요한 세상을 살게 될 거라고, 그렇게 아프리카 비극을 깔아뭉개고 신사의 나라 영국, 예술의 나라 프랑스를 찬양하는 세계사 공부에 열을 올릴 것인가?

인공지능 첨단기술 시대, 더욱 중요한 수학
인공지능 시대, 수학의 중요성은 더욱 커지고 있다.

너는 1더하기 1을 깨우치는 데 그렇게 힘이 드나? 1더하기 2는 3인줄 알면서...

너는 이 간단한 나눗셈도 못하나, 나누어지지 않으면 그냥 나머지 라고 하면 되잖아. '나누어주면 되지 왜 나머지를 남겨요' 그게 질문이 되나.

바보들 아냐!

1더하기 1은 시간이 지나면 절로 안다. 1더하기 2는 아는 아이가 1더하기1을 모르는 것은 무엇일까? 교육의 문제이지 아이의 문제인가.

배우는 아이들이 바보일까? 가르치는 교사가 바보일까? 아이들의 논리수학적 사고에 대한 탐구는 그 어떤 자연탐구보다 어렵다.

그들에게 회복하기 어려운 좌절감 수치심을 지속적으로 강화하는 교육체제의 문제, 그들이 살아가는 사회체제의 문제이다.

가르치는 자의 절박함만이 이 문제를 해결한다.

수학을 어떻게 환경을 조성함으로써 가르치게 되는가? 아이들의 생각과 느낌을 끌어낼 수 있는가, 생각과 느낌을 끌어내는 과정에 자발적 즐거움을 맛보고 애씀의 쓴맛도 거기에 묻어난다. 어떻게 하면 되는가, 수학적인 것the academic and scholastic을 경험하는 것 이외에 다른 방도가 없다.

수학을 이야기 하라. 수학을 해독하고 읽어라.

'수학을 한다.' '엄마가 가지고 있는 여유 돈 중에 20%만 저에게 주세요. 그것에 맞추어 저가 사고 싶은 것을 사겠어요. 엄마 여유 돈 많지 않은 것 다 알아요.' '오천 원이 있다. 그 중 20%라고, 그러면 얼마를 주면 되지?' '오천 원을 100등분 해 보세요. 1 등분의 몫은 오십 원이지요. 20 등분의 몫은 오십 원을 스물 번 더하면 되겠지요, 50에 20을 곱하기 해도 되지요. 1000원 주세요. 100%는 오천 원, 엄마 여유 돈 전부 다 줘야 해, '마트에 가면 30% 세일 가격 16500원이라고 적혀 있지요. 원래 정가는 얼마인지 계산할 수 있어요. 계산 공식 배웠잖아요. 지금 공식에 대입하여 정가를 알아내보세요. 어렵지요. 아무도 정가를 생각하지 않고 30% 세일만 생각하겠지요. 아마도 상인들은 엄마들의 그런 점을 염두에 두고 있을 거예요.' '맞아 아빠도 그렇게 말한 적이 있어. 문제풀이 수학 공부한 탓인지, 수학을 응용한다는 것을 꿈도 꾸지 못한다고, 문제풀이 하더라도 반드시 집에서 그 문제풀이를 복기했어야 했는데, 문제풀이 하며 선생님이 설명해준 말을 다시 반복하고 되새겨야 했는데, 그게 참 아쉽고 후회된다고 했어.' 백분율은 주어진 것을 백 등분하여 생각하는 것, 비율로 생각하는 것이지요. 비율은 상대화 하여 이해하는 한 가지 방식, 상대화는 맥락을 짓고 이야기를 만든다. 공식에 대입하는 방식으로 문제풀이 하지 않는다. 그러면 수학이 갈수록 어려워진다. 물론 공식으로 정리되어야 한다. 이야기를 수식으로 논리화 하는 작업도 반드시 병행되어야 한다. 논리와 심리가 왔다 갔다 하는 수학활동 교실이어야 하겠지. 수학활동을 -말하자면 사물을 수식으로 수식을 사물로 표현하기- 교실의 시스템으로 만드는 것, 시스템을 끊임없이 세련시키며 그 시스템이 수학교육의 체계로 작동하도록 하는 것, 그럴 수 있기 위해 전문가 교사의 의지(절박함)와 그 의지를 인정하는 교사별 평가 시스템을 요청한다. 의지와 시스템을 말하며 그것은 결국 아이들에게 제시하는 subject matter, 무엇을 어떻게 가르칠 것인가라고 묻는 전략적 사고, 듀이가 말하듯 what to teach, 가르칠 바의 것은 the academic and scholastic, 교과지식을 학술적인 것으로 조직하여 제시하는 문제로 돌아간다. 스스로 묻고 답하는 지식활동으로 돌아간다. 이 점을 드러내어, 조용기는 학문이라고 하지 말고 聞學이라고 바꾸어야 한다고 웅변하고 있다.

    핀란드 학생들이 특히 초등학교 과정에서 수학을 좋아한다.....학년이 오를수록 수학은 감정적으로 대하기보다는 중요하고 유용한 학교과목으로 여긴다...핀란드 교육시스템에서 수학교육이 가진 특징 중 하나는 교사의 역할이 독립적이라는 것이다. 비록 초등 교사들이 수학에 전문성을 가졌다고 보기 힘들지만 그들은 교육 전문가이다. 그들은 교육에 대한 견고한 지식 기반을 갖추고 있으며 업무상의 자기계발을 위한 적절한 역량 역시 가지고 있다. 그들은 수학 교수-학습법을 개발하고 수학 학습에서 학습자의 흥미를 촉진하는 데에 깊은 관심을 갖고 있다....적절한 학습활동과 학습자료를 선별하는 것은 교사의 책임이다. 국가가 주관하는 시험 대신에 교사가 중심이 된 평가를 채택하는 것은 교사가 수학을 교육하고 학습의 과정을 설계하는 데 충분한 권리를 제공한다(핀란드 교육의 기적, 185-6).

독일 아이들 평점, 교사별 평가
  아이들의 것, 절대평가 측정된 것과 안 되는 것
  5, 6은 낙제, 1은 거의 없다. 모두를 2로 올려주는 것이 목표, 3이면 잘 한 것, 4는 조금 부족한 것, 교육이란 무엇인가 라고 거듭 묻는 사회 분위기
  금메달을 말하며 그게 뭔데 아이들이 그런 지옥훈련에 동원되어야 하는지, 성적이 뭔데 지옥훈련에 빠져들어야 하는지.
  교사의 교육과정 기획을 방해하지 마라, 다른 아이들의 질문을 봉쇄하지 마라. 월반해라(독일교육 이야기). 아이들의 성취의 경험이 교실수업의 중심이다.

    성취의 경험 세미나
    초등 과학
    단원 물과 삶
    단원의 목표
    생명체의 서식지를 파괴하지 마라.
    우리 앞에 놓인 현안이자 근본이다.
  모든 생명체는 물이 흐르는 대지에서 태어나고 살고 대를 잇고 묻힌다. 그 대지가 생명체의 '한살이'를 거부하는 삭막한 황무지로 변하고 있다.
  인류의 문화는 '물가'에 정착하며 형성, 진전되었다. 물가에서 생명수를 구하고 그리고 물가는 생각과 물산이 흘러가는 교통이었다. 인류의 문화는 생존 체계의 구축이라고 봐도 된다. 이런 이유로 농업혁명은 인류 문화를 이해하는 불변의 개념과 가치를 제공했다. 지구와 인류 위기 시대, 다시 농업혁명의 근본 개념과 가치에 대해 생각하게 된다. 공동

노동, 공동 분배, 경작과 기름진 땅, 무엇보다 자연과 공동체를 파괴하지 않는다는 공통 감각에 대해 생각하게 된다.

단원의 구성
교수-학습 단위 1 물의 분포
교수-학습 단위 2 물의 과학, 물 분자의 이해와 생활용수의 이해
교수-학습 단위 3 생명체의 서식지와 물
교수-학습 단위 4 물의 사회사

가르치는 프로그램의 구상, 개념적 이해
단원의 목표는 도달점으로 진술되지 않고 프로그램으로 진행해갈 방향으로 진술된다. 단원의 목표는 프로그램을 통해 성취될 예측할 수 있는 결과의 체계화이다.
각 교수-학습 단위는 방향을 잡고 걸어가며 '한 고비를 넘었구나'(성취 경험)하는 지점을 나타낸다.
네 단위는 네 가지 성취의 경험을 목표로 진술된다.
네 가지 성취의 경험은, 단원이 가리키는 방향으로 걸어가며 굽이마다 세우는 길 찾기 이정표이다.
네 단위를 끝내면 방향을 잡은 대로 잘 왔다고, 목표를 완성했다고 판정한다. 의도한 결과를 완전하게 다 얻었다고 말하지는 않는다. 방향만 맞으면 된다. '방향이 맞다'는 것은 성취의 경험을 겪도록 지도했다는 의미이다.
단원의 성취의 경험을 겪은 아이들은 물에 대해 호기심 궁금증 물음을 드러내 표현할 수 있으리라고 기대한다. 아이들에게 간단한 에세이를 준비하도록 숙제를 낼 수 있고 혹은 개별 면담을 통해 각자의 물음 궁금증을 조사해 볼 수 있는 문제로 만들 수 있도록 지도한다.

가르치는 프로그램의 얼개

교수-학습 단위 별 objectives, subject matter, learning activities, assesment

교수-학습 단위 1 물의 분포

목표objectives, 우리나라 남북동서 지역별 계절별 강우량에 대한 보고서 작성, 보고서 작성 경험에서 생성된 물음을 가지고 저마다 표현하고 경청하는 교실을 만든다.

교과주제subject matter, 교사가 학습-교수를 지도하는 teaching ideas를 준비하는 작업이다. 증발과 강우, 삼면이 바다, 비구름과 지형, 우리나라 지도 읽기,

teaching ideas는 반드시 learning activities와 병행한다. 둘이 떨어지면 교사의 일방적 지시가 될 것이며 아이들은 잠을 잔다. 둘이 나란히 가려면 물음을 자아내는 subject matter일 수밖에 없다.

학습활동learning activities, 동네 학교 바로 인근 동화천 물 오염에 대한 직접 경험 노출, 문서를 통한 강우량 조사와 거기에 배어든 물음들 노트하기, 소집단 공동 작업, 각자 조사 기록하며 떠오른 생각들 나누기, 기록물 정리, 보고서, 보고서 발표할 때는 집단이 아닌 개별 표현과 경청 그리고 노트하기, 각자 '애씀과 얻음'에 대해 개인별 구술

학습활동은 피이드백을 포함한다. 학습활동은 밖으로 나타나는 행동과 '머릿속 개념작용'을 포함한다. 행동과 개념작용에 대해 언어화 하는 과정이 필수적이다. 이 과정은 사정의 기준이 된다.

사정, 학습활동을 평가하는 지표, 그 지표별 개인별 학습활동을 사정한다.

지표 1 애씀, 보고서는 소집단 구성원들 각자 표현한 물음과 응답

을 자세하게 있는 그대로 정리한다.

지표 2 얻음, 교사와 면담 구술은 각자 작지만 그래도 발견이라고 할 것과 진전된 물음이라고 할 것을 드러내는 기회이다.

교사의 기록

자신의 가르치는 프로그램(교사의 속 뜻, 강령)이 아이들의 물음, 지식활동을 실제로 자극하여 불러냈는지 자문자답 하여 기록한다.

물에 대한 각종 자료(정보)는 수업을 원만히 이끌어가는 데 필요한 사전 지식이었는가?

교과 제시는 물음을 자아내기에 충분한 the academic and scholastic했는가?

동화천에 대한 일상경험을 자연스럽게 노출시키는 발표는 학습의욕을 일으켰을까?

보고서를 통해 애씀 -협력과 참여-을 볼 수 있었는가?

구술은 아이들 한 사람 한 사람의 심층을 드러내는 기회였는가?

과학교과 물과 삶 단원이 마무리 되는 시점에, 사회교과 '아프리카의 어제와 오늘' 단원을 학습하게 된다고 예시했다.

초등 6학년 과학 단원과 전개에 대해 '상상으로' 구성했다.

왜 교사의 기록인가

실제로 있었지만 상상으로 가르치는 자와 배우는 아이들 관계를 어설프게 묘사했다. 교사와 아이들 관계에 정해진 형태가 있을까, 매우 자유롭게 맺어지는 관계가 아닐까, 그렇게 생각하고 있다. 아이들의 것, 지식활동이라고 하지만 교실현장에서 나타는 것은 아이들의 주관적 의미, 이런 저런 말일 것이다.

교사인 내가 아이들의 이런 저런 말참견에 의미를 부여하여 지식활동이라고 했다. 지식활동이 되게 만들어가는 것은 교사인 나의 책임이다. 지식활동은 직면한 문제상황에 묻고 물어서 감추어져 있는 것들을 조금씩 드러내 볼 수 있게 함으로써 이런 저런 소음 같은 말을 줄여간다는 것이겠지요. 아이들의 주관을 죽여 객관에 이르는 과정, 활동, 말하자면 합리의 마음의 상태로 안정 되는 것이겠지요. 이 과정이 얼마나 길고 지난하겠어요. 교사가 아이들의 물음을 자극하는 것 이외에 다른 왕도가 있겠어요. 아이들의 지식활동이라고 고집하는 교사의 의지(뜻), 그 의지를 지켜가도록 받쳐주는 시스템, 그 시스템을 끊임없이 딲고 기름 치며 교사와 아이들 관계의 체계로 구축하는 교직, 그것뿐입니다. 이 일은 교사개인의 책임이지만 교육(학교)의 규범으로 정착시키는 교직의 책임입니다. 교사 개인 혼자는 그저 잘난 한 사람일지는 모른다. '교사 여럿이' 등산을 하든 뭐를 하든 모둠을 이루어야 학교를 특별한 정소로 만들 수 있다.

어떻게 할 것인가

　인간의 학습은 경험이다. 경험을 앎(지성)으로 갈무리하는 힘은 인 것과 아닌 것을 구분하는 개념적 사유이다. 문제 상황 속에서 당혹해 하고 거기서 단서를 찾아내고 머릿속 되치기 과정을 거쳐 '이러면 되겠구나.' 해결의 실마리를 얻는다. trying and undergone 해보라 그리고 겪는다. 머릿속 과정은 인 것 아닌 것을 구분하는 개념 작용의 장소이다. 인공지능의 그 지능도 인간 학습의 재현 아닌가? 머릿속 개념작용을 수학적으로 처리함으로써 인공지능이 탄생한 것일 터이다.

　　불협화음도 화음이라 하지만

의미를 거두면 그저 소음인 것을

이규리 시인의 시어입니다. 이 시어를 대하고 참 절묘하다고, 교사와 아이들 관계를 이것 말고 다른 무엇으로 설명할 수 있겠는가. 사물이 의미를 가진 것이 아니라 우리가 사물에 의미를 부여한다. 이 한 문장이 우리들 사고의 흐름을 확 바꾸었다고 생각해보세요. 이른바 경험주의자들은 사물의 의미를 발견한다고, 그 생각의 역사가 아주 오래 되었습니다. 아니야, 사물이 의미를 가진 것이 아니야, 그 의미의 발견이 아니야, 의미를 부여하고 의미의 사용법을 체계화 하는 일이 우리에게 주어진 지난한 과제야. 이 전환이 이상주의, 낭만주의 사고의 물꼬를 텄습니다. '주어진 자리에서 최선을 다해라, 열심히 해라, 성공이라는 보상이 반드시 따른다.' 못할 말은 아닙니다, 할 수 있습니다. 그러나 교실 언어일 수는 없습니다. 교육은 정치이다, 이 간명한 문장을 읽고 읽으며 얻은 생각입니다.

한 문장을 쓰려고 애쓰는 '철학하는' 사람들의 정신세계를 상상해보았습니다. 우리들 다수는 시인도 과학자도 철학자도 아니지만, 그래도 다행스럽게 그들의 정신세계가 지닌 오묘한 맛을 즐길 수는 있습니다. 어떤 세계적 심리학자는 그 맛이 교육을 가능하게 한다고, 그 맛의 가치를 탐구하는 심리학이 있어 얼마나 다행이냐고 했습니다. 심리학이 가장 어렵다고, 심리학이 가장 늦게 학문의 반열에 오른 이유가 거기에 있다고 했습니다.

그저 떠들다가 간 친구들, 좋은 친구들이지만 매우 큰 아쉬움을 남긴답니다. 자신의 '머릿속 작업' (이론화 작업)이 없으니 그들에게 남은 것은 '강화' 뿐입니다. 어떤 형태로던 그들 행동을 보상해주는 어떤 것이 있어야 그들은 움직입니다. 어떻게 매번 외적 보상을 통해 행동을 강화시킬 수 있나요. 미국의 행동주의 심리학은 강화의 체계 같아요.

미국 문화의 특성에서 빗어진 미국인 행동 양식을 대상으로 인간심리를 연구한 결과물이라고 해도 될 것 같습니다. 우리가 미국보다 더한 행동주의 아닌가 싶기도 하고, 미국보다 더하다고 하는 것은 선입견과 편견(떠도는 소문)에 더 쉽게 물든다는 뜻이기도 합니다. 지금 가짜뉴스가 판을 치는 곳은 미국과 우리 같아요. 우리가 미국보다 더 심한 것 같아요. 지금 말도 아닌 말을 말인 양 마구 해대는 일부 특권층 학부모의 짓 말입니다. 학교를 떠나 저의 학교생활을 뒤돌아보며 이런 저런 생각이 스치고 지나갑니다.

비약이 심하지만 저의 경험치를 적었습니다.(왜 자신이 수석교사인지 고민하는 조세형의 편지)

기록과 음미, 돌팔이 의사도 기록한다.

음미할만한 기록인지, 그것이 문제될 뿐 좌우간 기록한다. 왜? 한 사람 한 사람 임상 진료이기에 그렇다. 같은 질병이라도 사람마다 증상도 그 뿌리도 다르다. 그 사람이라고 해도 그 때 마다 다르다. 매뉴얼이 없다 '그' 사람의 그 때 그 증상에 따라 처방한다. 일반적으로 동일하지만 그 때마다 다르다. 왜 다를 수밖에 없는지 설명할 수 있어야 한다. 그 의사의 생각이 그의 진단과 처방의 중요한 자료가 된다. 그는 의도하지 않은 결과에 대해 언제나 조심스럽다. 최선을 다했다고 해도 그것이 그대로 결과로 나타는 것은 아니라고 속으로 겸손하다. 의술은 인술이다. 의술은 기술이지만 그 의사의 인술이다. 어쩌면 그의 처방은 그의 삶의 내력을 이야기해주고 있을지 모른다. 그 의사의 의료실천은 그의 이론, 즉 예측한 결과를 머릿속에 그려두고 그 쪽으로 한 걸음 한 걸음 내딛는 길고도 세심한 과정이다. 그 길을 걸으며 마구 오르든 신열을 잡았다면 그게 그의 길을 안내하는 이정표일 것이며 거기서 다시 그는 더 진정된 이정표를 세우는 작업에 몰입한다. 그의 의료실천은 그의 이론을 따르고 있다고 혹은 그의 이론은 실천에 의해 검정된다고 말할 수 있다. 그는 언제나 자신의 의료실천에 대해 확신을 하지 못한다. 그는 그의 불안과 불안정을 풀어놓을 동료를 필요로 한다. 그 동료를 절실하게 필요로 하는 것만큼 그는 의학의 세계를 탐구하고 갈구한다고 말할 수 있다. 학이란 그 분야 관심 있는 사람들의 논의공동체라고 말할 수 있다. 거기에 참여하는 자 누구나 자신의 진단과 처방에 대해 비판받을 용의를 표명한다. 그는 그의 것을 드러내 말을 함으로써 비판을 유인하고 자신의 행과 생각을 수정한다. 영원한 수정주의자이다.

인간의 중대한 문제에 관한 한, 기계적 기술적 관여를 넘어선 인술 art이다.

교육학이 되는 교육활동

교육이란 무엇인가 라고 묻지 않는다. 무엇을 어떻게 가르치면 교육이 되는가 라고 묻는다. 교육학이 되는 교육활동이라고 하면 그 답이 될까? 뜬금없는 대답인 듯, 그럼에도 나는 교육학이 되는 교육활동이 실제로 가능하다는 것, 그것을 아주 명료하게 제시한 조용기 김현지의 〈포괄적 문제해결학습〉을 읽었다.

> 제목이 포괄적 문제해결학습이지만 하나의 '교육학'으로 읽어도 좋을 것이다. 온전한 교육학이라면 이론과 실천을 하나의 체계로 제시할 수 있어야 하지만, 우리 교육학은 그런 점에서 아직 마지막 탈피를 하지 못한 것이 아닌가 싶다....실천을 위해 이론을 만들고 또 만든 이론대로 실천하려고 애쓴 경험을 담은 이 책은 온전한 하나의 교육학을 향한 하나의 몸짓으로 보아도 좋을 것이다.

나는 이 기막힌 문장을 그대로 나의 책, 〈교육은 교육전문가에게, 왜 그래야 하는데〉 옮겨 적었다. 교육학이 되는 교육활동, 이 문장은 오래 전에 피아제의 아동발달과 교육과학에서 읽었었다. '의사의 의료활동은 의학이 되는데 그런데 왜 교사의 교육활동은 교육학이 되지 않는가?' 내내 머릿속 숙제로 남아 있었다. 조용기(교육사상)와 김현지(교육실제)가 저술한 책을 읽으며 숙제를 풀었다는 기분이었다. 이 한 권의 책이면 다른 교육학 책은 더 읽을 필요가 없을 듯하다고, 여러분들은 반드시 정독하고 그 책의 의미와 가치를, 여러분들의 교실과 운동장과 교무실의 일상으로 영위할 것을 바란다. 나의 강의는 그 의미와 가치를 되새기는 맥락이라고 보면 된다.

교육현장을 구성한다. 왜 현장구성인가? 선입견 편견을 버린다. 아이들을 있는 그대로 본다. 기본가정, 발달하고 있어 진실을 찾고 있어, 지도를 그린다. 지도를 그린 나의 경험이 가장 중요한 준거점이다. 성적? 다만 아이들의 학습경험의 경로는 추적하는 것이 중요하다. 교육에 직 간접으로 관여하는 사람들의 의지, 뜻, 사상이 교육을 구성한다. 심지어 편견 선입견 이해관계가 교육을 구성한다. 그럼에도 우리는 이론적으로 실제적으로 교사와 아이들 관계가 교육을 구성한다고 강조하여 말한다. 한편 교육은 시스템에 의해 관리 통제된다. 법제도에 의해 통제되고 또한 사회적 규범에 의해 통제된다. 교육에 관여하는 여러 사회세력이 '교사(와 학교)의 교육과정 작업을 거쳐 이루어지는 교육'에 대해 일치된 의견을 가지고 있다면, 교육의 질서는 교육과정을 매개로 교사의 전문성에 따른 자율로 나타날 것이다. 교육은 다양한 형태의 교육과정 작업에 의해 다변다층의 아이들의 필요와 요구에 부응하는 '현장구성'의 활동, 그 교사와 그 아이들의 관계에 따른 활동이 될 것이다.

체제 순응 체제 편입이 아닌 시대의 흐름에 순응하는 새로운 공교육에 대한 질문

아이들의 것은 아이들에게 돌려준다. 아이들의 것이 교육을 구성한다. 그 일에 교사가 있다. 나는 그를 현안을 근본이 되게 풀어낸다고 했다. 그 핵심은 기회균등을 넘어 과정의 균등이다. 결과의 균등은 교육의 길을 넘어선다고 본다. 과정의 균등은 학습자 아이들과 전문가 교사의 관계에서 성립한다. 그 관계는 표현과 경청의 교실관계를 구축하는 문제이다. 교사는 자신의 아이들의 지식활동을 어떻게 지속적으로 자극할 수 있는지 숙고한다. 인재 인력 공급이라는 관념체계를 깨트려야 하고 그리고 자유를 학습하는 엄중한 교실관계를 만들어야 한다. 늘 해오든 것을 다 받아들이고 그 안에서 개선을 도모한다? 그건 아니다.

오랜 세월 국가가 장악한 평가권을 교육현장에 돌려주어야 한다. 쉽지 않다. 지금 시작해야 한다. 시작이 반이 되도록 시작해야 한다. 그 반이란 교사의 다양한 형태의 교육과정 작업이다. 교사불신, 학교 불신은 따지고 보면 인재 인력수급이라는 지금껏 기능해온 사람을 가려내는 개인경쟁력 시스템에서 비롯되었다. 지금 그것이 상식과 공정의 표준처럼 통하고 있다. 진정 그런가? 얼마나 다층 다변의 개인적 삶이 존재하는가? 기회를 넓힌다는 상식과 공정이, 실은 성공한 자들 중심 단일 세상으로 관철되고 있다. 상식과 기계적 공정을 넘어 근본적 문화의식이라는 인간다움의 특성을 더 깊이 더 넓게 확장하자. 이게 오늘 선진 문명국으로 가는 한국의 길이다.

맺음

지금 여기가 맨 앞

                이 문재

나무는 끝이 시작이다
언제나 끝에서 시작한다
실뿌리에서 잔가지 우듬지
새 순에서 꽃 열매에 이르기까지
나무는 전부 끝이 시작이다

지금 여기가 맨 끝이다
나무 땅 물 바람 햇빛도
저마다 맨 끝이어서 맨 앞이다
기억 그리움 고독 절망 눈물 분노도
꿈 희망 공감 연민 연대도 사랑도
역사 시대문명 진화 지구 우주도
  지금 여기가 맨 앞이다

지금 여기 내가 정면이다

강의9. 아이들의 지식활동을 자극하는
환경을 조성함으로써 가르친다.

말을 물가에 끌고 갈 수는 있지만 물을 먹일 수는 없다.
사람이 사람을 직접 가르치지 못한다.

지식활동이 매개되지 않은 가르치는 활동을 상상할 수 있는가?

그럼에도 우리 학교와 교실에는 아이들의 것, 지식활동이 매개되지 않은 가르치는 활동이 예사롭다. 아이들의 지식활동이 매개되지 않은 가르치는 활동이 배우는 활동을 자극할 수 있을까?

3더하기 6은 ( )이다.
( )더하기 ( )는 9이다.

앞의 것은 9라는 정해진 답을 요구한다. 그러나 9을 표현하는 방법은 무한하다. 10 빼기 1도 되고 3곱하기 3도 된다.

뒤의 것 9는 정해진 답이 아니라 9에 이르는 과정을 탐색하는, 안내하는 종착점 구실을 한다. 과정은 무수히 많다. 너는 어떤 과정을 거쳐 9에 이르렀는지 설명할 수 있어야 한다. 정당화 할 수 있어야 한다. 과정을 탐색하는 중에 1더하기 1은 2가 아닐 수도 있음을 심지어 100일 수 있음을 상상할 수 있다. 절박한 목마름에 물 한 모금은 생명이지 않은가. 지식활동이 지닌 적용력은 1을 투입하면 1이 아니라 100이 산출된다는 놀라움이다. 교육이 지닌 변혁적 잠재력의 단면이라고 봐도 되지 않을까.

셈법에 대입하면 답이 쉽게 나오는데 왜 그렇게 어렵게 문제풀이하 나요.

교사는 아이들에게 지식을 직접 제시하지 않는다. 제시 할 수도 없 다. 소유할 수 있는 형체를 가진, 물은 산소와 수소의 화합물, 이런 것을 두고 지식이라고 하지 않기 때문이다. 만에 하나 그것을 지식이라고 하면 그 지식을 두고 교육활동 할 필요는 없다. 교사는 지식을 매개로 교육활동을 한다. 지식은 소유의 대상이 아니라 교육활동의 대상, 스스로 실명힘으로써 이해하게 되는 대상이다. 물을 묻고 물어서 답을 구해내는 긴 험난한 과정이다. 물의 속을 이렇게 저렇게 찔러서 감추고 있는 성질을 밖으로 들어내 확인하는 과정이다. 열을 가하니 수증기가 되네, 물과 열과 수증기, 그 관계를 설명함으로써 이해한다. 교사는 묻고 물어 답을 구하는 인간 특유의 성향, 능력을 자극한다. the academic and scholasti을 교재로 제시함으로써 자극한다. 그 지식이 만들어지는 과정을 문제 삼아, 그 과정에 참여한 그 사람의 역정을, 그 사람이 직면한 문제상황을 아이들에게 제시한다. 스스로 묻고 응답하는, 어렵지만 그러나 뿌듯한 감흥을 주는 그런 주제subject matter는 학술적인 것일 수밖에 없다. 학생주도 탐구학습은 교육활동의 기본 형태이다.

지식을 탐구한다. 탐구의 대상이 된 그 지식을 가르치려고 한다. 설명하여 이해한다. 나의 것이 된 지식, 그는 그 지식을 낯 설은 대상을 익숙하게 하는데 도구로 사용할 수 있다. 나의 도구가 된 지식은 적용할 대상, 탐구할 대상을 찾는다. 탐구는 무에서 시작하지 않는다. 문제 상황에서 탐구가 출현한다. 그의 사전지식, '나의 도구가 된 지식'이 불러낸 물음, 궁금증이 탐구할 환경을 구성한다.

환경을 조성함으로써 가르친다. 무슨 의미인가? 비로소 교육이라고 할 수 있다는 뜻이다.

사람이 사람을 직접 가르칠 수 없다는 것, 문제상황을 매개로 가르친다는 것이다. 교사는 '가르치려들지 않는다'는 의지를 표명한다. 교사들은 저마다 자신의 교과를 문제상황으로 재조직하여 제시한다. 문제상황이라고 했다. 교과지식은 안정되어 있지만 그 지식이 적용되는 밖의 세상은 끊임없이 변하는 상황이다. 안정과 변화, 그 사이를 매개하는 무엇이 있어야 한다는 것쯤은 누구나 인정한다. 안정에 치우치면 시험위주 교실수업이 될 것이며 변화에 주목하면 '발견 학습' 같은 용어로 치장된 느슨한 교실수업이 될 것이다. 아이들에게는 둘 다 고역일 것이다. '진지하고 재미나는 교실관계'라는 교육난제는 해결되지 않은 채 미루어진다. 안정이라는 힘(운동)과 변화라는 힘(운동)을 매개하는 제3의 힘은 무엇일까? 아이들을 참여하도록 이끌어내는 힘, 아이들의 것(of)에 집중하는 것 이외에 다른 것을 상정할 수가 없다. 교과지식을 지식활동으로 되돌려 놓는 것, 지식을 그 아이가 풀 수 있는 문제로 출제하여 풀어내는 행동을 하게 하는 것이다. 이렇게 환경을 조성함으로써 가르친다는 말의 뜻은 비로소 교육다움을 수행하고 있다는 뜻이다.

아이들의 것, 날 것 지식활동, 그것 이외에 다른 모든 것은 환경이다. 가르치는 자는 결정적으로 중요한 환경이다.

교육과정 맥락, 문제상황

표현하고 경청하는 관계, 상호영향을 주고받는 관계, 아이들 저마다 서로 서로에 대해 환경이다. 교사는 모두에게 그리고 한 아이 한 아이에 대해 지식활동을 자극하는 환경을 조성하고 관리한다. 어떻게 그럴 수 있는가? 교사는 교과 지식을 '문제상황'이 되게 제시하는 교육과정 맥락을 구성하는 방식으로 그럴 수 있다.

문제상황, 문제를 출제하라.

산소와 수소 화합물, 전기분해, 실험실, 학교에서 학습한 물에 관한 지식이고 그 지식을 얻는 방법이다. 그러나 물에 관한 지식을 소유하고 있음에도, 그럼에도 나는 물에 대해 할 수 있는 지적 활동은 아무 것도 없다. 물의 무엇을 어떻게 학습했는지 설명하지 못한다. 이해하지 못한다.

산업화와 인구증가로 사용할 물의 한계에 달했다. 물 남용 오용으로 국가 간 지역 간 분쟁 갈등, 전쟁 직전에 다 달았다. 아랄해가 말라버렸다. 에티오피아 청나일강 대건설로 나일강 하류에 물 부족이 심각하다. 이집트는 에티오피아에 전쟁도 불사한다고 위협했다. 일본과 캄보디아, 일 년 강수량 1600mm, 일본인은 하루 500리터 캄보디아인은 하루 50리터, 오염 폐수, 우리가 처한 난관은 접어두자. 물의 사용량이 문명의 척도가 된 시절은 지나갔다. 지구 물은 해수 97.5%, 담수 2.5%, 담수 구성비는 빙하 68.7%, 지하수 30.1%, 지표수(호수와 강)1.2%, 지표수만으로는 세계인구의 물 수요를 감당할 수 없다. 분쟁 없이 물 문제를 해결해야 한다.(지리산책 221206)

용도는 시대의 변화에도 달라진 것은 없다. 물을 사용하는 용처가 매우 확대되면서 물 부족이 심각하다. 물 오염은 끝을 모른다. 어떻게 할 것인가? 물에 대한 과학적 지식과 기술을 확장해야 하고, 더 중요한 것은 물을 향유하는 삶의 지식, 지혜에 대한 밑으로부터의 깨달음이다.

허준의 동의보감은 과학으로 검증된 지식을 집대성 했는가, 아니다. 삶의 지식을, 과학적 탐구를 위한 물음으로 정리했다. 〈동의보감〉이 보감인 이유는 경우의 수에 따라 탐구하여 답을 구하는 의학의 판을 깔아준 것일 터이다. 듀이의 〈민주주의와 교육〉이 20세기 영향을 미친 책으로 선정된 것은 답이 아니라 탐구하여 나아갈 교육학의 판을 깔아주었기 때문이다.

교실은 학술적인 것을 말로 드러내고 경청하는 특별한 경험의 장이다. 그럼에도 표현하고 경청하는 관계에 배인 내러티브 사유는 삶의 지식을 잉태하고 있다. 거기에 호기심, 궁금증, 물음이 발생한다. 교육과정 맥락의 힘이다. school words를 거두고 reality words로 대치한다. 드러내 말하고 듣는 다정하고 연약한 심성을 자극하는 reality words에 매개된 과학 예술 도덕은 아이들의 지식활동의 대상이 된다.

방법 기법의 함정

기술이란 이미 알고 있는 것 그래서 익숙한 것, 숙지된 것, 고착되기 싶다. 학술적인 것, 물음이다. 기술의 응용은 어디서 오나? 지적비약에서 온다. 현장구성에 맞부딪쳐라. 가까이서 보고 떨어져서 보라. 애쓰고 그리고 얻으라. 거기서 지적 비약을 얻으라. 기술을 편집하라. 이게 수업이다.

아이들의 것, 날 것 지식활동, 아이들의 것을 가르친다.
그게 뭔데, 어떻게 가르친다는 것인가?

아이들은 세계 속에 있다. 세계와 더불어 있다.

그는 피아노 소리를 듣고 정돈된 방에서 잠을 잔다. 그는 싸우는 소리를 듣고 자기 방으로 도망가듯 들어가 밖으로 나오지 않는다. 그는 추위에 몸을 감싸야 하는 곳에서 살고 있다. 그는 열대 우림 지대에서 살고 있다. 그가 살고 있는 세계는 변화하고 있다. 변화에 대해 왜 그런지, 속으로 혹은 드러내, 묻지 않는 사람은 없다. 물음은 절로 발현하기도 하고 밖에서 요청하기도 한다. 그는 스스로 설명함으로서 혹은 설명을 요구함으로써 답을 구한다. 앎을 얻는다. 앎은 성취의 경험이다. 성취의 경험을 통해 자신이 이전에 가진 관념이나 행동이 변화되었음을 자각한다. 그가 직면하는 세계도 변화하고 자신의 지식활동도 진전되었다. 교육은 그가 살고 있는 세계에 물음을 갖고 설명함으로써 답-앎을 구하는 정신 활동에 관심을 집중한다. 그의 정신 활동은 때와 곳에 한정되어 있지 않다. 열려 있다. 그 누구에게도 세계에 대해 물음을 갖고 설명함으로써 답-앎을 구하는 정신 활동은 열려 있다. 그런 한, 교육도 열려 있다. 학교교육은 제도상 특별한 연령대 아이들의 정신 활동에 체계적으로 접근한다. 그러므로 학교교육은 학습의욕을 불러내는 전체적 기획 속에서 이루어질 수밖에 없다.

듀이는 교실이 reality words가 사라지고 school words로 채워지는 것을 두려워했다. 마찬가지로 브루너도 물에 관한 과학 지식을 가르치는 것이 아니라 물과 삶이 빚어내는 문제 상황 속에서 말을 주고받는 교실환경에 대해 지적한다.

the academic and scholastic학술적인 것을 표현하고 경청하는
교실관계의 힘

학술적인 것이란, 인간이 사물(혹은 삶의 역경)의 속내를 드러내는 말의 힘을 지칭하는 언어이다. 학교에서 가르치는바 그것은 혹은 배우는 바 그것은 지적비약과 기술의 응용을 포함하는 말의 힘이다. 가르침 혹은 배움의 대상object은 그 사람이 머물고 있는 세계에 변화를 일으키는 것, 사물 혹은 삶의 역경에 대해 표현하고 경청하는 교육과정 맥락으로 구성된 교실환경에 살게 하는 것이다. 교육학 언어로 learning about를 버리고 learning to learning이다. 거기서 지적 비약과 기술의 응용을 경험한다. 지식을 전달하는 방법에 마음을 뺏기지 말라고, 어떤 경우에도 당신이 하는 짓이 지금 무엇을 왜 하는지 스스로 대답을 하는 것이, 그것도 수시로 그렇게 하는 것이 곧 아이들을 가르치는 일이라고, 가르치는 일 뿐만 아니라 그림을 그리는 일도, 연구를 하는 일도, 춤을 추는 일도 그러하다고. 실험실이 있어야 실험을 가르치는가? 도식으로 형식화된 실험이라면 실험실을 필요로 한다. 그러나 본능을 박탈당한 인간이 살아남기 위한 투쟁 방식은 자연에 대한 실험이었다. 실험은 '머릿속의 이상적' 공간이다. 머릿속 이상적 공간에서 결과를 예측하고 예측한 결과를 얻어내기 위해 이런 저런 조건을 통제하고 다시 시도하는 역경을 겪었다. 과일에 종이를 왜? 빛깔과 단맛, 어떤 작용이 일어나나, 무엇을 통제하나, 인간을 풍요롭게 한 것 가운데 실험하지 않은 것이 있는가, 지적비약과 기술의 응용이 아닌 게 있는가.

햇볕이 식물생장에 미치는 영향력에만 오로지 온통 주목할 수 있다면 그 어디든 실험할 수 있다. 실험은 자신의 관심사를 집중하여 관찰

할 수 있는 이상적 공간을 만들면서 이루어진다. 그 이상적 공간은 '머릿속'에서 조건을 통제하는 방식으로 구상될 수 있고, 그 구상대로 현실화 할 수 있다. 실험은 실험기구를 갖추고 있는 특정한 공간인 '실험실'에 갇혀 있지 않다. 인류는 오래 동안 그런 실험실 없이 실험을 하는 '자연적' 과학자이었다. 지금도 관심사-일을 하는 사람들은 자연적 과학자로, 자연적 인문학자로 생각하고 행동한다.

문화가 뭐요? 탄광 일에 지친 남편과 온 식구들이 같이 둘러앉은 초라하지만 정성을 담은 저녁밥상, 거기에 한가운데 놓인 꽃 한 송이, 식탁 위 꽃 한 송이는 문화이고 뜰에 피어 있는 꽃은 자연이군요. 문화는 아픈 마음의 표현입니다. 거기 식구들은 모다 그 저녁밥상을 마주하며 서로 말 없이 '지적으로' 응답하고 있습니다.

체벌과 욕설은 나쁘다. 자녀들과 대화하라. 막노동꾼 아버지의 거친 말과 행동은 몰상식이라고 목소리를 높이는 오늘 저 교육학박사는 지식인인가, 앵무새인가? 막노동꾼 아버지의 거친 말투는 자신의 무능에 대한 탄식이고 세상에 대한 분함이라고 감정이입 못하는 저 박사의 삭막한 '이론' 강의, 어찌하여 막노동꾼 아버지도 세상에 대해 질문하고 질문에 응답하는 구체적 정신임을 인정하지 않는가.

오늘 조합 임시 운영회의에서 펜데믹 이후 9월 기획 프로그램에 대해 논의합니다. 불특정 다수라는 개념을 분명하게 규정하면 기획 프로그램의 성격도 선명해진다고 다들 생각했습니다. 보이지 않는 사람들, 상상속의 사람들, 기대하는 사람들, 그들을 두고 프로그램을 만든다.

프로그램을 기획하는 주최의 속뜻(강령)을 보이지 않는 그들에게 전한다는 것이 얼마나 난감한지, 판을 벌리면 손님이 오리라고 소원하며 수십리 길을 이고 지고 장사에 나서는 보부상들의 삶을 상상했습니다. 상설시장에서 점포를 하나 갖는 그들의 소망이 무엇인지도 상상해 보았습니다. 상설시장 신발 점포는 신발을 필요로 하는 특정 소수를 겨냥하기에 그 소수의 필요를 짐작하는 것만으로도 무엇을 준비할지, 그리고 잘 생각하면 신발의 수요를 창출할 수 있다고 생각하겠지요. 장사에도 지적비약과 기술의 응용이 배어있다는 것을 직감하겠지요. 우리는 난관 앞에서 조합의 미래문제를 출제했습니다.

사람 말, 맥락을 가진다.

아빠 돈, 어떡하면 사람 말이 되나, 맥락을 가지면 사람 말이 된다. 아버지와 딸의 생물학적 사랑만으로 세상을 바라보고 그 세상에서 살 수 없다는 것을 모르는 사람은 없다. 또한 사랑의 관계에 익숙한 말이 세상의 근본을 이룬다는 것을 모르는 사람도 없다. 사랑의 관계가 얼마나 견고한지, 지속가능한지, 사상과 이념이란 지속가능한 사랑의 관계에 대한 염원을 나타내는 사람 말이라고 읽었다. 그 염원은, 그 누구든 가장 비천하고 낮은 자리에서 세상을 올려보라는 간곡한 당부일 것이다. 낮은 자리에서 세상을 올려다보는, 불행의 의식은 서로 의존하여 사는 삶의 방식으로 진전될 것이다. 사람 말은 불행의 의식을 반추한다. 사랑의 관계와 낮은 자리를 찾는 불행의 의식과 서로 의존하여 사는 삶, 이 세 가지 가치를 꼭짓점으로 이루어진 삼각형 세상이라면 영구 평화와 공존을 지속가능케 하는 시스템이라고 하지 않을까. 아버지의 사업이 파산하여 오늘 당장 셋방살이를 할 수 있다. 장밋빛 희망만 있으리라 생각하는 것만큼 무지한 사람은 없다. 왜 빼 속 깊이 사람 말이어야 하는지, 공부해야 한다.

학습의욕 학습활동 학습경험을 매개하는 학교교육

이 공식을 만들어내는 데 얼마나 힘든 수고를 했을지 상상 할 수 있는가?

표현하고 경청하는 학습활동을 거쳐 이루어지는 학습경험.
학습경험이란 직접 관여한 활동을 통해 '나의 사고나 행동에 변화가 일어났다'고 스스로 인정하는 경험을 일컫는 교육학 용어이다. 시험을 쳐서 받은 성적을 가지고 그것이 너의 사고와 행동의 수준이라고 규정하는 관행을 두고 학습활동이니 학습경험이니 그렇게 말할 수는 없다. 학습경험에 이르는 학습활동은 아이들의 '학습의욕'을 가정하지 않고는 성립하지 않는다. 학교는 학습의욕을 불러내는 시스템이다. 넓게 보면, 학습의욕은 그 사회의 문제이기도 하다. 학교가 아이들을 분별하여 수치심을 심어주고 있다면 차라리 학교를 죽여야 교육이 살아난다고 할 수 있을 것이다.

교수도 아니고 학습도 아니다. 교사와 아이들의 관계가 실재한다.
학습을 욕망한다. 배우고 익힘을 욕망한다. 배우고 익히지 않으면 안 될 것이 도대체 무엇인가? what to teach, 가르치고자 하는 바 대상은 도대체 뭔가? 그것은 학습해야 할 가치the academic and scholastic이며 그 가치는 부과되는 것이 아니라 답을 추구하는 힘으로서의 물음, 응답을 끌어내는 자극이다.

　교육의 대상과 목표는 과학자를 만드는 것이 아니라 과학이 인간의 삶 어디에 배어 있는지, 과학이 어떻게 삶에 이용되는지 이모저모 따져 묻는, 과학을 살고 있는 정신에 주목한다. 종교가 성직자를 대상으로 순교자의 마음 상태를 목표로 예배를 하는가? 예배는 더 낮은 자리에 서는 마음의 상태를 드러내 고백하는 의식 아닌가? 내 아이가 넘치지도 모자라지도 않은 자기 삶을 살도록 기도하지, 수능 고득점자가 되도록 간구하는 기도에 응답하는 하늘은 이 우주에는 없을 것이다. 신앙을 떠난 기도가 존재하는가, 신앙을 떠난 기도가 가능하다는 것인가, 기교를 부리며 기도를 하면 그 기도는 유효하다는 것인가? 과학을 살고 있는 정신을 떠난 학습은 없으며 교수도 없다.

교실을 경영하는 교사

　교사는 아이들에게 도식적 절차를 알려주는 이른바 how to do에 관심이 없다. 물질의 변화, 화합물이 우리들 생각이나 행동에 실제로 어떤 형태로 나타나는지, 저의 머릿속을 떠나지 않고 있습니다. 키워드를 잡아야 하는데 딱히 잡히지 않습니다. the academic and scholastic 라고 할 때 익숙하게 떠오르는 관념에서 실마리를 잡았습니다. 세상사 이런 저런 이야기를 일단 벗어나, 논증이든 고담준론이든, 그 세상을 다시 이야기 하는 것이라고 생각했습니다. 세상 속에 있지 않고 세상을 떨어져 나와 세상을 마주 세워놓고 뜯어보는 일이니, the academic and scholatic 이란 결국 세상을 질문하는 것일 터이다. 질문이 가르치는 일의 핵심이며 질문을 끌어내는 방법이 중요하다. 그것이 아닌 방법은 수단으로 축소되고 만다. 에너지 불변의 법칙을 드러내 말을 해보라 드러내 행동을 해보라. 사람마다 다를 거예요. 나는 어떻게 하지, 과학교사들은 어떻게 아이들에게 그것을 드러내 보여주었지, 그것이 교육과정 관심사이다.

개인적 책임과 사회의 참여,

　사회를 운영한다. 학교를 운영한다. 가정을 운영한다. 국가사회를 운영한다. 실증주의 같은 쪼잔한 과학으로는 운영하지 못한다. 사회주의는 그 쪼잔한 과학으로 몰락했다. 자본주의는 그 쪼잔한 과학으로 천박한 자본주의로 변질되었다. 지식경영이라고 혹은 사람경영이라고 한다. 삶의 지식 folk knowledge이 지닌 가치에 대한 발견을 포함하는 말이다. 이제 그들은 사회를 혹은 기업을 경영하며 그들의 경영의 핵심 가치(철학)를 과학(기술)이라고 하지 않고 인술 art이라고 말하기 시작했다. 모든 사람은 저마다 삶의 지식, 정보야. 그들은 그 누구나 그가 살고 있는 그 사회에서 자신의 역할을 가지고 있다. 그 역할을 가지고 그 사회에 참여한다. 사회는 그에게 참여의 기회를 넓혀줌으로써 그를 그 사회의 구성원으로 대접한다.

　　학습경험의 서식지를 파괴하지 않으려는,
　　어느 엄마의 삶의 지식folk knowledge
　　문제상황을 만들다, 답이 아닌 물음, 교과를 맥락으로 제시하다.

　　　2학년 테마 공원 현장 답사 감상문 쓰기 숙제 지도,
　　　답을 주지 않고 물음과 관심을 통한 대화,
　　　생생한 현장 극적 구성,

엄마가 해줘, 난 뭘 쓰야 할지 모르겠어,

　　답사 일지를 적어보자. 공원에 들어서면서부터 공원을 떠날 때까지
'걸으며 보고 듣고 느끼고'
　　그대로 이야기 해보는 거야.
　　숙제한다고 생각하지 말고, 천천히 공원에서 보낸 시간을 따라 가봐.

　　# 어디로 가고 거기서 뭘 보았는지 떠올라. 어재 답사에서 본 것들을
말할 수 있을 것 같아요.

　　이런 것 저런 것 구경했지, 그 중에 기억에 남는 것이 뭐지, 다른 것
보다 조금이라도 오래 바라 본 것이 있을 것 아냐, 그게 뭔지 지금 떠올
려봐.

　　# 아 그런 게 있어, 조각 전시장이야, 그냥 가져다 둔 것이 아니고 만든
것들이야,

　　그게 뭐 어째서 너의 발걸음을 잠시라도 멈추게 했지?

　　# 여러 개 있는데 하나도 같은 것이 없어, 다 달라, 조각이라고 해서 처
음 들어 본 것이라서 그게 뭔가 싶었었는데 이야기를 듣는 중에 아 다
다르게 만들었네, 다르게 만드는 게 조각이구나, 그게 좀 이상하다고 하
나 조금 더 보고 싶었어.

　　그 다른 것들, 다른 모양을 말할 수 있겠니?

　　# 빨리 지나치고 다른 놀이 기구로 달려가는 친구들 때문에 나도 마음
이 급해서 조금 밖에 못 봤어 그래도 그게 궁금해서 가면서 뒤돌아보기

도 했지.

　네가 조금이라도 자세히 본 것을 지금 떠올려 보고 생김새를 묘사해봐.

　# 긴 창이 있는 모자를 비스듬이 쓰고 잇는 조각품, 두 팔을 벌려 아기를 안고 잇는 거 같은 조각품, 아기를 안고 있는 것 같다니, 뭘 보고 아기를 안고 있다고 추축했지
　웃는 얼굴이었거든.

　# 두 팔을 벌려 쇠창살을 꽉 껴안고 고개를 숙이고 있는 모습도 있었어, 그 때는 그냥 지나쳤는데 지금 떠올려보니 잘 못 했다고 빌면서 나가고 싶다는 마음을 표시하는 것 같아.
　……
　# 여러 조각품을 떠올려 볼 수 있겠어,
　신기하다. 떠올려 본다는 거, 그 때 눈앞에서 보는 것과 생각으로 보는 것, 생각도 보는 거네.

　조각하는 사람도 예술가인지, 예술은 무엇인지, 구경하도록 재미나는 것 만드는 게 예술은 아니겠지. 생각해봐야 할 게 많네.

　# 엄마와 부엌칼, 동생과 종이접기, 나와 조각 작품, 이런 생각이 떠올랐어.

　도구는 쓰임새가 있지, 무엇을 잘라야 하겠는데, 칼을 생각했겠지. 여러 종류의 물건을 자르면서 그기에 맞는 여러 종류의 칼을 만들었지. 여러 사람들이 칼을 사용하게 되었겠지.

조각은 어딘가에 사용하기 위해 만든 거야?
아닌데, 그럼 조각을 왜 만들었을까?

네가 학교에서 절에서 성당에서 공원에서 만나게 되는 것들에 대해 상상해봐.
어 절에 가면 스님들은 항상 두 손을 모으고 인사하네,

두 손을 모으는 모습에서 네가 받는 인상은 무엇이지, 무엇을 표현하고 있다고 봐

성당 제단에 걸려 있는 예수의 상은 무엇을 표현하고 있는 것 같아.

선생님한테서 꾸중을 들을 때 너는 어떤 자세를 취하게 되지,

친구가 뻬떡한 자세로 선생님을 노려보다가 더 큰 혼이 났어.

노려본다고 했는데, 네가 본 조각 가운데 노려보는 듯 표현하고 있는 조각이 있었어?

고개를 아래로 푹 숙이고 있는 조각이 있었는데, 푹 숙이는 자세는 노려보는 마음의 표현이 아닌가, 나는 그런 적이 있었는데.

선생님이 너의 시험지 틀린 답을 빗 선으로 쫙 그었지, 그 때 이렇게 말한 것 기억나느냐,

#선생님은 내가 틀렸다고 성을 낸 거야. 맞으면 크게 동그라미 하잖아. 좋은 기분이면 동그라며 화나면 쫙 긋기,

너는 어때? 친구들과 놀면서 친구의 행동에 대해 어떻게 표현해, 엄마와도 다투지, 욕도 하지, 엄마하고는 말이 통하지 않는다고 불평하지, 동생과 자주 싸우지, 왜 싸우는지 생각해봤나?
선생님이 일기를 쓰면 반성한 것을 적으라고 시키지, 어떻게 쓰면 반성이 돼? 일기에 반성을 쓰고, 그러면 그 다음에 너한테 어떤 변화가 있는지 말해줄 수 있느냐?

성을 내는 것을 조금은 참게 돼, 반성은 욕이나 화를 바꾸는 힘이네, 화나 욕은 어디서 나오나, 생각은 머리이고 화나 욕은 마음에서 나와, 결심은 어디서 나와.

반성을 쓰고 표현하고, 그래야 너의 몸이 자라듯 너의 세상도 자라는 거야.

억울한 일을 당한 적이 있지, 어떡했어?

전에 동네 형한테 억을한 일을 당했을 때 그 때 나는 형의 얼굴을 똑바로 보다가 땅을 보며 발을 비빈 적이 있어. 표현이 그런 거구나. 말은 못하거나 말로 다 할 수 없는 것은 그렇게 표현하는 구나.

코스모스 한들한들 피어 있는 길 가을 길을 걸어갑니다. 가을바람 가느란 코스모스, 그 모습을 드러내 표현하는 선율, 너의 마음에 다가오는 그 선율의 아름다움, 그 때는 너의 울렁이는 마음만 있었지만 지금은 너의 그 마음을 말로 표현할 수 있겠지, 말로 표현하지 말고 그림으로 표현해봐, 몸짓으로 표현해 봐.

어릴 적에 할아버지와 산책하며 '코스모스 한 들 한 들.' 그 노래 불러봐 했었어,

그 노래는 내 마음을, 뭐라고 해야 할지 모르겠네요.

코스모스가 한들거리는 것은 바람 때문이지,
그 때는 코스모스가 한들거린다고 생각했어, 왜 한들거리는 몰랐지
그런데 노래는 바람과는 아무 상관이 없지, 음악은 바람 코스모스 가을을 조작 같이 표현하는 거네

지금 너의 마음인 슬픔을 어떻게 표현할 수 있겠니.

생각이 난다. 어릴 때 '엄마는 굴 따러 가고... 이 노래 듣고 울어버린 적이 있지, 나는 잘 우는 것 같아. .내 생일 축하 노래를 부를 때도 울어버린 적이 있잖아, 그 때 울기만 한 것이 아니고 내 가슴이 울컥울컥 했어, 그게 세 살 때인가, 지금 생각해도 왜 울었는지 모르겠어, 서울 외가집 큰 이모 할머니 집에 가서 하루 자고 친할머니 친 할아버지 만나 그 때도 울었지. 이모 할머니가 맛 잇는 거 주고 돈도 주고 엄청 잘해주었는데, 나도 왜 울었는지 모르겠어.

표현하는 것이 예술이구나, 우리는 표현해야 할 때가 많아. 도구와는 달라. 도구는 돈을 버는 거지. 편리하게 해주고.

제목을 붙여봐
눈여겨 본 것이 있지, 뭘 눈 여겨 봤지, 그래서 떠 오른 생각 느낌 인상 이 뭐지, 이런 것을 제목으로 나타내 보는 거야.

'쇠붙이에 표정을 그렸다.' 이렇게 하면 제목이 될까? 내가 눈여겨 본 것인데.

글을 쓰며 지금 내가 뭘 쓰고 있는지 뭘 썼는지 생각해봐, 정리해보는

거야.

조각가가 우리 마음을 눈으로 볼 수 있게 만들어냈어요. 마음은 안 보이는 데 조각가는 마음을 볼 수 있어요. 마음이라고 하나 느낌 아니면 감정이라고 하나. '마음을 답사했다' 라고 제목을 붙일까.

쓴 글을 가지고, 친구들에게 이야기 하고 싶은 것을 제목으로 잡아도 돼.

우리 서로 화를 낼 때 어떤 얼굴 표정을 짓는지 표정놀이 해보자. 억울할 때 표정과 놀람을 받았을 때 짓는 표정을 지어보자. '사람이 짓는 표정들'이라고 제목을 붙일까. .

표정은 모다 다르고 빨리 바뀌지만 쇠붙이에 새긴 웃는 표정은 제일 아름다운 웃는 표정인가, 조각가는 그런 일을 하는 예술가인가, '예술가의 표정'이라고 제목을 붙일까?

제목을 붙이면서 네가 쓴 표정들 하나하나를 다시 고쳐 적을 수 있겠니.

표정만 보았는데 손 모양도 같이 봐야 하겠어요. 조금 다르게 적겠어요.
보이지 않는 마음과 보이는 마음, 이렇게 하면 글 제목이 될까요.

답사 글을 다 쓰고 나니 조금 허전한 것이 없느냐?

마음은 내 안에 있지만 나도 모르는 사이에 밖으로 나타납니다. 화가 나도 화난 표정을 감추려고 애를 쓰면 마음도 가라앉겠지. 이런 생각

2. 발전 209

이 듭니다.

　글을 쓰며 내 내 마음을 보고 있다고, 마음을 보려고 애 쓰고 있는 너의 큰마음이 따로 있는 것 같아, 너는 그 큰마음이 있는 줄 느끼겠느냐, 알겠느냐?

　# 엄마가 큰마음이라고 하니 금방 알겠어, 조각에서 저게 웃는 마음이구나, 저건 기도하는 마음이구나, 그 마음을 자세하게 찾아내는 그 내 마음을 큰마음이라고 했지요. 크다는 것은 조각의 표정들을 보며 웃는다고, 혹은 기도한다고 알아내는 작은 마음들보다 그 위에 있는 마음이라는 뜻이겠지요. 큰마음이 작은 마음으로 나타나는 군요.

　# 큰마음이 제목이 된다고 생각하면 돼. 거기서 작은 마음들이 나오지.

　제목을 왜 붙이는지 알겠지, 이제. 제목은 글의 주제를 나타내기도 하고 제목은 글의 중심문장이 되기도 하지. 중심문장은 네가 바라보고 느끼고 생각한 것을 '아 이게 그런 것이구나'라고 너의 판단을 적는 것이라고 해도 돼. 네가 하나하나 보고 적는 글들은 너의 판단을 인정해 주고 있지. 뒷받침 문장이라고 하겠지. 학교에서 중심문장과 뒷받침 문장을 배웠지.

　이제 답사일기의 제목과 중심문장을 적어봐.

　# 테마 공원도 학교이다. 이렇게 제목을 잡았어요.
　　테마공원에서 우리는 눈과 마음으로 공부한다. 학교에서 우리는 귀로 공부한다. 눈과 마음으로 하는 공부를 일기로 적어보았다. 생각이 많아졌다.

잘 했다. 좋은 경험했다. 저절로 뒷받침 문장이 뭔지 알겠네.

그럼요, 제가 쓴 일기 글이 뒷받침 문장이지요.

답사의 목적은 뭘까? 선생님은 답사의 목적을 분명히 가지고 있을 거야, 너도 답사의 목적을 생각할 수 있어. 선생님의 답사 목적과 너의 답사 목적은 조금은 다를지 몰라. 목적을 가지고 답사를 하면 답사의 경험이 달라지겠지, 글도 달라지겠지.

교실, 운동장은 늘 있는 것뿐이지. 동네도 마찬가지야. 답사는 쉽게 볼 수 없는 것, 우리에게 느낌과 인상을 주는 것들을 살펴보라는 것이 아닐까요? 그러면 생각도 날나시겠지요. 목적을 가지고 보면 틀림없이 보고 싶은 것을 자세하게 볼 거예요. 놀이기구로 막 뛰어가지 않겠지요.

그런 생각이나 느낌을 일기 맨 끝에 적으면 좋겠어. 선생님이 생각하여 너희들에게 가르쳐주고 싶은 것을 그대로 너희가 배웠지 않느냐.

저희와 선생님이 똑 같은 일을 한 거구나.

선생님도 우리를 가르치고 교과서도 우리를 가르치고, 한편 자연도 사물도 우리를 가르친다. 학교에는 진도가 있고 시험이 있지만, 자연과 사물에는 그런 것이 없네. 가르치는 내용과 방법은 달라지는 구나.

그런데 엄마, 내 마음을 어찌 못하고 표현 못하는 게 있어요. 축구를 할 때 저는 너무 잘하고 싶고 우리 팀이 이겨야 한다는 욕심이 너무 많아요. 혼자 공을 오래 몰고 다니려 하고, 슛을 때리려 하고, 파울이 아니라고 우기기도 해요. 그러면 안 된다고 생각은 하지만 마음은 생각대로 안 돼요. 그건 크게 나쁜 행동은 아닌데, 그런데 친구들과 어울려 하는 게 축구

잖아. 어울려 한다는 데 조금 더 자주 생각을 하는 게 좋겠어. 생각이 욕심 같은 느낌 감정보다 중요하잖아. 네가 지금 쓰고 있는 글이 그런 거 같아. 함께 어울리려면 무엇이 가장 중요한 것 같아?

친구를 존중하는 것이지, 선생님도 그렇게 말해요.
맞아, 내가 친구를 존중하면 친구도 나를 존중하겠지, 그러면 우리는 어울리는 거네.

서로 존중한다. . 서로 존중하는 친구들이 오늘 운동장에 모여 축구를 한다고 상상해봐..

엄마가 그렇게 말해주니 퍼뜩 이런 생각이 떠올라. 우리들이 함께 모여 놀기 위해 축구를 하고 있구나. 나는 친구를 잊어버리고 축구만 생각했구나. 그래도 축구를 잘 해야 하고 또 이겨야 하잖아. 축구는 이기고지는 경기인데. 손흥민 선수가 없으면 우리 축구는 어찌 되겠어요.

마음속에 갈등이 일어나고 있구나, 축구하며 공을 몰고 다니고 싶고 그러면서 친구에게 패스해야 골을 널을 기회가 많아지고, 이런 누가 봐도 분명한 갈등도 있지만, 보이지 않는 마음속 갈등도 있지. 마음 속 갈등을 먼저 해결해야 해.

보이지 않는 마음속 갈등은 뭐지요.

축구도 매번 똑 같은 축구는 아니지, 1학년 동생들과 하는 축구와 3학년 형들과 하는 축구는 다르지.

아, 알겠어요.
축구를 하는 마음의 자세는 다르지요, 우리 대표팀이 일본대표팀과 축구를 할 때와 베트남 대표팀과 할 때, 선수들의 마음의 자세도 다를 것이고, 보는 우리들 마음의 자세도 다르지요. 북을 치고 고함을 치고, 베트남은 우리보다 아주 약한 팀이고 또 감독이 우리나라 사람이니까 이겨도 골을 많이 넣지 말고 이기는 것이 좋겠지요.

아 그렇구나. 축구는 그저 있는 똑 같은 것이 아니구나. 지금 어떤 친구들과 축구하고 나의 마음의 자세에 따라 축구는 달라진다. 1학년 동생들과 축구할 때 나는 경쟁하지 않고 양보해야지 하는 마음이 생겨, 우리가 골을 먹어도 그리 억울하지 않아 박수를 쳐줘, 그러다가 어떤 때는 내가 공을 이리저리 몰고 다니며 내 실력을 보여주기도 하지. 나는 동생들과 축구할 때 어떻게 하지 고민하는 게 바로 문제상황 이구나. 같은 축구라도 문제상황에 따라 내 마음이 달라지고 축구도 달라진다.

문제 상황과 맥락적 상대주의
누구든 인정하고 따라야 하는 규칙을 가진다. 승부를 겨눈다. 그래서 축구이다. 우리는 그 축구에 관한 지식에 아무런 관심이 없다. 우리는 축구를 한다. 우리가 하는 축구는 그 때마다 문제상황 속에 들어가 있다. 다양한 요소들이 문제상황에 개입한다. 일학년 동생들과 하는 추국와 삼학년 형들과 하는 축구는 다르다.

일학년 동생들과 하는 축구와 삼학년 형들과 하는 축구에 따라 내 마음의 자세가 달라지고 나의 축구하는 행동도 달라진다는 거지 않아. 생각하며 축구하기, 그래서 축구하고 나면 나의 생각과 나의 행동에 대해 글을 써야 한다. 이 말을 하려는 거지, 엄마.

아이들은 낱말은 가지고 있지 않지만 개념은 가지고 있다. 개념을 가지고 있기에 아이들은 그 개념으로부터 실제 문제 장면을 직시하고 어떤 행동을 할지 생각해낸다. 개념과 행동 사이에 '사람을 존중한다'는 원리 원칙이 작용하고 있음을 어림 풋 직감한다. 시간이 흐르면 아이들은 저들 사이에 존중의 공통감각(문화)을 생성시킨다. 낱말 보다 개념을 먼저 갖는다는 것은 아이들도 어른들과 마찬가지로 경험을 개념(앎)으로 갈무리 하고 있다는 것이다. 사과도 알고 과일도 안다. 사과를 안다는 것은 사과와 배를 구별하는 행동을 할 수 있다는 것이다. 사과도 과일이고 배도 과일이라고 알고 있으며 배와 사과는 배추와 구별된다는 것을 안다. 경험을 통해 형성한 과일 개념은 과일에 속하는 것과 과일에 속하지 않는 것을 구별하는 기준으로 작용하는 더 큰 (일반적) 앎이다.

사람을 존중한다는 원칙과 그 원칙이 문제 상황에 알맞게 적용되어 행동으로 나타난다고 정리하고 싶어. 지금은 분명하지 않아도 차츰 그 뜻을 알게 될 거야.

같은 축구이지만 그러나 문제상황 속에 있는 축구에 대해 생각을 해야 해.

문제상황이란 의미와 의의는 저마다 다르다는 뜻이야. 맥락적 상대주의 라고 하는데 나중에 차차 그 뜻을 알게 될 거야. 지금 몰라도 나중에 알게 돼, 너만 그런 게 아니고 자주 축구를 하는 너희들 모두가 알게 될 거야. 너희 모두 같은 동일한 문제상황을 만나고 해결하는 머릿속 작업을 하게 될 테니까.

엄마는 아이에게 무엇을 어떻게 가르쳤을까? 도대체 what to teach 는 무엇인가? '큰마음'을 가르쳤다고, 아이의 지식활동을 통해 큰마음을 학습경험 하도록 가르쳤다고 해야 할 같다. 엄마는 큰마음의 개념을 물음으로 제시하고 아이는 응답하며 끝내 큰마음을 깨닫게 하는 엄중한 지도 방침을 가지고 있었다고 말할 수 있다. 중요한 것은 큰마음이라는 subject matter, the academic and scholastic을 명확하게 하고 있었다는 것이다.

관심사를 밀고 갈수록 궁금증, 물음이 많아지는 것, 그것이 학문이다. 학문이라는 명사보다 학문적이라는 형용사가 더 적합한 것 같다. 호기심과는 다르다. 관심사-일을 하며 일생을 산다고 하면 어떨까, 그런 세상이 있을까, 그런 세상을 정의로움이라고 규정한 철학, 사상은 있다. 그런 쪽으로 방향을 잡고 가며 이정표를, 규범을 혹은 법제도를 만드는 문명사회는 있다.

엄마는 그의 물음과 응답(탐구 활동)을 날 것 그대로 표현하고 기록하도록 자극하는 환경을 조성했다. 그에게 맞춤법 띄어쓰기 문장부호 바른 글씨 같은 것에 대해 간섭하지 않았다. 가능한 그의 사고(행동)의 흐름을 자연스럽게 흘러가도록 했다.

기억 인상 물음 궁금증 관심 흥미 묘사 떠올림(표상) 탐구,
일상어이지만 개념적 사고를 끌어낼 단서들이었다.

자발성과 구속

담임교사는 그의 보고서를 첨삭하지도 않고 날 것 그대로 '생각하며 글읽기' 자료로 사용했다. 교사의 작업가설은 '동료배심원'이 되어 동료 친구의 글에 대해 '내 같으면 이렇게 했을 것 같다'는 문체로 의견을 발표하도록 했다. 절대 잘했니 못했니 하는 식으로 평정하지 않도록, 누구의 글이나 의견은 그 자체 좋은 것이라고 사전 평가한 채, 자기 의견

을 말하도록 격려했다. 이와 같은 비판적 글 읽기와 함께 친구들 서로 서로가 되는 공동의 언어를 형성하는 경험이 얼마나 중요한지 깨닫게 했다. 교사는 그 아이의 답사일기가 모범 답안이 될 만한 '작품'이 아니라는 것을 잘 알고 있다. 그는 분명 상호작용, 서로 영향을 주고받음이라는 교육학적 가치가 날 것 그대로 노출되고 있음에 주목한 것이다.

교실 친구들은 선생님이 그의 보고서에 대해 칭찬을 한 것인지, 이렇게 지저분하게 쓰면 안 된다는 것을 본으로 보여준 것인지 헷갈려 했다.

세월이 흘러도 그는 선생님이 잊지 못할 기억을 남겨주었다고, 선생님이 다른 학교로 옮긴 후에도 간혹 그 날의 설렘을 회상하곤 했다.

2학년 그 아이와 엄마의 주고받는 상호작용, 거기에서 도대체 무슨 일이 일어났는가?

답사 일기 에피소드에서 반추하는 지적 비약과 기술의 응용

> 세 살배기 아이도 선율과 노랫말을 공유하는 감각을 갖는다.
> 코스모스 한들한들 피어 있는 길 향기로운 가을 길을 걸어갑니다.
> 기다리는 마음 같이 초조 하여라 단풍 같은 마음으로 노래합니다.
>
> 또한 그는 의미를 부여하는 힘,
> 의미의 주관성에 대해 이해할 수 있다.
> 저녁에 우는 새는 임이 그리워 울고 아침에 우는 새는 배고파 운다.
>
> 생각하며 책읽기 생각하며 과학하기,
> 낱말과 걸음이 같아야 함께 공유하려는 심성도 발현한다.

아이의 날 것 경험, 날 것 지식활동, 문자 그대로 날 것 경험이 '생각을 불러낸다.'

생각은 날 것 경험을 '멈춰 세우는' 질문을 매개한다. 날 것 지식활동, 형용모순이다. 아이들의 날 것 지식활동은 그 자체 지식을 재조직하는 '과학적' 성질을 가지고 있다고 의미를 부여함으로써 성립한다. 그 의미를 거두어들이면 번잡한 소동에 불과할 수 있다. 부여된 의미를 관철하는 지도의 과정이 필히 수반되어야 한다.

인간의 학습은 경험의 갈무리이다.

사물을 사르친다. 사물은 어떻게 가르치나. 우리들 인상을 남겨, 그 인상은 오래 남아서 쉬엄쉬엄 말로 표현하게 하는구나.

망상이 아니라면 뭘 넣어야 다시 무언가가 나오는 거야. 뭘 넣는 것도 중요해, 그 넣은 것이 인상이 되어 남고 오래 남아야 자꾸 생각을 하게 되고 생각은 어떤 형태로든 표현을 하게 돼.

'인간은 함수이다.' 라는 말을 들은 적이 있다. 그게 무슨 말인지 몰랐지만 '넣어야 나온다'는 것을 은연중 가르쳐 주는 것 같아. 내 놓는 것이 넣는 것 보다 더 중요한 것이야. 우리 머릿속 작업을 거친 거니까. 거기서 우리 머릿속 작업을 어림짐작할 수 있잖아. 그것을 알아야 머릿속 작업을 더 세련시킬 수 있지. 시험점수로는 그럴 수 없지. 맞고 틀리고, 그게 아니지. 서로 머릿속을 거친 표현을 인정하고 경청하는 거야. 이게 우리 모두를 발전시키지. 이게 기초야.

네가 쓴 답사 글과 친구들이 쓴 답사 글은 저마다 다르겠지. 저마다 보는 것이 다르고 보는 것이 다르니 떠오르는 생각과 느낌도 다르겠지. 다른 것이 얼마나 좋아, 친구들과 답사에 대해 이런저런 이야기를 할 수 있을 터이고 이야기를 통해 내 생각과 느낌도 발전하겠지. 서로 서로 생각과 느낌을 주고받는 게 우리들 관계도 좋게 하고 저마다 생각과 느낌도 발전하고.

답을 맞히는 시험하고 다른 경험이구나. 시험은 틀리고 맞는 것 높고 낮은 점수 밖에 없지.

답사 글을 쓰면서 우리들은 더 좋은 글을 쓰려고 스스로 애를 태우겠구나. 내가 쓴 글이 다른 읽는 사람들에게 즐거움을 더 많이 줄 수 있으면 되는 거야. 답사를 하는 것, 현장을 구성하는 것, 자유로움과 함께 성가심(억압)도 있다. 눈여겨보며 떠오르는 생각과 느낌(관념, 아이디어)에 묻어 있는 즐거움과 그것을 표현하는 또 다른 정신 작용인 의도, 목적에 스미는 애씀도 있다. 즐거움과 애씀이 교육활동을 구성한다. 교사의 지도력이 거기에 있다.

변혁적 잠재력을 지닌 교육의 힘

공부의 원리(지적비약과 기술의 응용)를 행동규칙으로
아이들을 두고 대책을 세우지 마세요, 그저 당신이 무엇을 가르칠 것이지만 고민하세요.

서울 어느 정신과 전문의는 오은영의 금쪽같은 내 새끼 솔루션에 대해 그게 과연 '의학적' 접근인지, 사회에 환상을 심고 있다고 비난했다. 모든 질병에 대한 지식과 기술은 소수 특정 전문가의 것이고 병원에만 갇혀 있어야 하는지, 일상을 사는 사람들과 가정의 것이 될 수는 없는지, 특별한 시설인 병원에 수용되지 않는 한 사실상 집에서 아픔을 다스리고 있지 않은가. 저는 오은영의 솔루션은 분명한 이론적 체계(개념과 원리)에서 도출된, 생활을 바꾸는 일종의 행동규칙이라고 생각하며, 그 점에서 사회에 선한 영향을 미치고 있다고 생각하고 있습니다. 옛날 우리 어머니 할머니들은 반쯤 실용 치료사 이었습니다. 질병도 생활 속에 있고, 생활에서 발병하고 생활에 치유의 매커니즘이 있기에 말입니다. 원자폭탄, 이차대전, 미국 메커시즘을 배경(맥락)으로 영화의 전경을 제대로 감상할 수 있다고 했습니다. 이 지점이 우리가 총장님 강의에 매료되는 포인트입니다. 지적으로 이해하는 방편이니까요. 지적 이해는 우리의 적용능력으로 확장됩니다. 지적 이해도 적용력(탐구력)도 생활 속의 것입니다. 저는 그것과 연장하여 박연우 총무의 논리수학적 사유의 한 대목을 실제로 경험하듯 했습니다. 여전히 안개 속 조망이지만 어쨌든 그 사유를 경험했습니다. 박연우 총무님, '수학과 과학에 대한 관심'을 왜 여러 사람들과 공유하려고 하지 않는지요, '관심사-일'이라는 관념이 우리의 미래 세계인데.

    수학과 과학에 대한 관심을 표명한 박연우 총무님께 그러면서 모든 지리산책 수강생 분들께 드리는 짧은 공개편지,
    관심사-일이라는 개념의 틀을 가지고, 이 근본적 민주주의라는 사회계약의 의미와 의의를 포괄적으로 짚어봅니다. 관심사-일속의 개인과 사회, 그 개인이란 자신의 관심사를 통해 성취하는 수행적 정체성, 그 사회란 관심사-일의 기회(공간)을 넓히는 시스템, 사회는 모든 개인의 다양한 형태의 삶의 방식을 싸잡는 공동체, 개인은 자신의 관심사(욕망)을 참여(이웃 관계 숙고)를 통해 완성하는 유능한 사회적 인격, 고역이 되는 노동도 , 탐욕이 되는 권력도 사라진다. 불가능한 이상이 아니

다. 현실이다. 지금 지리산책에서 이런 교육의 프로세스를 경험하고 있다. 간단히 배경과 전경을 가진 서사를 주고받는 경험에서 얻는 '지성과 도덕성'의 단면을 체험하고 있다. 이 프로세스를 체계가 되게 조직하면 된다.

박연우의 수행적 정체성을 기다린다. 수학과 과학 관심은 개인의 취향으로 남아 있을지 모른다. 그 관심을 사회의 것이 되게 하는 작업, 공유하는 작업이 보태지면, 거기에 박연우 개인의 수행적 정체성과 작은 공동체 형성의 맛을 본다. 인류와 지구의 위기 시대, 지식인의 품격이다. 이 참에 나는 유대인의 인종 정체성을 우상 같이 떠받는 풍조에 대해 그건 아니라고 말하려고 한다. '어떻게 하면 노벨상을 받을 수 있나요.' '유대인의 자녀 교육은 어쩌고저쩌고...' 대중매체도 명망가마저도 이런 신세타령을 한다. 우리들 미래를 유대인 인종정체성에서 찾아야 하는지, 아인슈타인은 칸트의 순수이성비판을 숙독했고, 리만 가우스의 비유크리트 기하학을 탐독했고, 망명지 미국에서 베를린 시절의 학문적 유대감을 못내 그리워한 평화주의자이었다, 도대체 그의 물리학과 삶의 행적 그 어디에 유대인 흔적이 있는가. 사회심리학자 콜버그는 청년시절 유대인 학살에 분노하고 그들의 편에서 몸을 바쳐 싸웠지만 그들 유대인들이 팔레스타인인에게 저지르는 폭력, 폭력의 희생자가 다시 폭력세력이 되는 것을 목격하고 열병을 앓았다고 고백한다. 아렌트는 세계시민의 교양을 팽개치고 오로지 출세의 길에만 매몰되는 유대인의 근성을 비판했다.

인종 정체성이 아닌 수행 정체성이다. 아인슈타인이 한국 교육의 체제와 사회의 체제에서 살았다면 우리가 기억하는 물리학 탐구자가 되었을까. 지나간 것은 지나가게 두자. 국익이니 발전이니, 인류와 지구에 저지르는 죄악을 이제는 내려놓자. 교권과 학생인권을 말하면서 인재양성교육정책을 들고 나오는, 한 입으로 두 말을 하는 지적 혼란에서 벗어나자.

영양학 전문가의 영양 강의를 들었다. 강의에서 전수 받은 지식과 기술로 오늘 일곱 식구들이 둘러앉는 가난한 저녁상을 차릴 수 있을까? 일곱 식구의 흡족한 닭요리 저녁상을 영양학 전문가는 만들 수 없을 거예요. 당신이 그 전문가보다 뛰어난 살아있는 요리사입니다.

인문학 강의를 들었습니다. 문명국가의 거대한 건축물 그림 명품도자기에 대해 배웠습니다. 당신은 그런 문명 문화에 가까이 갈 엄두도 못 냅니다. 그러나 당신은 한 송이 꽃을 아버지 가슴에 달아드렸습니다. 그 한 송이 꽃은 문화입니다. 그것이 문화인 것은 사람들에 대한 예의이기 때문입니다. 영국여왕의 거창한 장례식은 사람이 아니고 그 사람이 쓴 왕관에 대한 예의일 뿐이겠지요. 그들과 우리는 문화에 대한 매우 다른 의미를 부여하고 있나 봅니다.

정신의 확장은 우리의 판단을 다른 사람 실제적 판단보다 오히려 가능한 비교하는 것을 동반하며 다른 사람의 입장에 서서 비교하는 것을 동반한다. 이것을 가능케 하는 능력은 상상력이라 불린다. ...다른 모든 사람의 관점이 검토할 여지가 있는 곳에서만 비판적 사유는 가능하다(Arendt, 정신의 삶, 홍원표, 630).

교육의 질은 교사의 질을 넘지 못한다.

질문은 사물에 '의미를 부여하도록' 이끄는 자극이다.
의미 부여는 그 사물을 드러내 표현하는 어려운 '머릿속' 작업을 거쳐 이루어진다.
드러내 표현하면서 자신이 부여하는 의미가 세상에 대해 어떤 중요성을 갖는지 체감한다.
감성이 깃든 삶의 지식을 형성한다. 깨달음awareness이라는 이유에서 지혜라고 해도 된다.
깨달음은 그 사람의 삶의 내력을 표명한다. 서양 사람들은 그 내력을 자신의 이력으로 적는다. 누구나 이정표를 세우며 걷는 삶의 궤적을 그려간다. 2학년 그 아이는 선생님과 맺은 아주 특별한 관계에 더할 수 없이 감동하면서도 그것을 친구들에게 내색하지 않는 인성, 삶의 태도를 다진다, 그는 답사에서 자신이 쏠려들었던 관심에 대해 애써 글로 적은 그 노력이 선생님께 인상을 주었다고 생각한다. 서로 서로 인상을 주고받는 관계라는 삶의 이정표를 하나 세웠다.
서로 영향을 주고받는 상호작용의 교육학적 가치, 즉 지적비약과 기술의 응용에 대해, 도대체 그것은 어떤 패턴과 관계로 선명하게 드러낼 수 있는지, 교사들 저마다 교직생활 내내 풀어야 할 숙제이다. 만약 그가 가르치는 프로그램을 만들고 세련시키는 일이 그 자신의 직업적 소명이라고 받아들인다면 그러하다. 가르치는 프로그램이 우선한다. 자신의 날 것 프로그램의 그 날 것을 멈춰 세워 뿌리를 내리게 하고 잎이 무성하게 자라도록 하는 고된 작업이 그의 교직 삶이 되면 된다. 아이들의 지식활동과 교사의 지식활동은 병행한다고 나는 믿는다. 또한 그 지식활동은 인성활동(생활지도)을 포함한다고 믿는다.

아이들과 가르치는 사람의 관계

　나는 탐구자이다. 나는 당혹감을 안겨주는 사건을 마주하면 멈칫거리지만 이내 그 사건은 뭔데 내가 이다지도 당혹해야 하는지 그게 그렇게 중요한 것이냐고 묻는 탐구자의 자세가 된다. 어떤 의미를 부여하면 되는지 물음을 가진다. 그 물음은 그 사건을 지칭하는 낱말, 개념의 사용법에 대해 이모저모 따져보는 방식으로 나타난다. 물음이 머릿속을 떠나지 않는다. 이런 저런 응답을 스스로 해본다. 노트를 해두기도 한다. 일상의 삶 그 어디에 그게 자리하는지, 읽은 책 속 그 어디에 자리하는지 탐색 탐문하고 거기서 얻은 암시sugession와 거기에 동반하는 상상을 노트한다. 나의 표상이 무너지지 않게 조직하는 내적 지적 작업이다. 거기에 있는 사건을 나의 것으로 인간화 한다. 내 안의 발현하는 힘과 내 밖의 요구에 응하는 힘이다. 나는 견고한 조직화 작업, 건축 작업을 하지는 못한다. 나는 단지 탐구자이다. 이런 탐구자는 어디든 늘 려있다. 이 흔해빠진 탐구자가 교육의 대상이고 교육의 목표이다. 교육은 만 명을 먹여 살리는 맞춤형 인재를 겨냥하는 것이 아니다. 자연스럽게 탐구자인데도 그 '자연스럽게'를 빼앗아버리는 환경이 교육의 문제이다. 교육은 아이들의 날 것 지식활동을 자극하는 환경을 조성함으로써 가르친다는 명제로 정리될 수 있다고 말하는 이유이다.

　아이들의 것, 날 것 지식활동, 가르칠 수 없다. 지식활동을 수행할 수 있는 공간, 환경을 조성한다. 그 환경에서 아이들은 스스로 활동하려고 무진 애를 쓰고 그리고 그런 애씀을 통해 자신의 생각이나 행동에 변화가 일어났음을 깨닫고 내심 놀라는 성취의 경험을 얻는다. 학습경험은 애씀의 과정을 거쳐 얻는 성취의 경험이다. 학습경험은 자기의 것이 된 지식, 그 지식은 새로운 문제를 출제하려는 탐구욕으로 기능한다. 도구가 된 지식은 탐구를 향한 물음의 형태로 성립한다.

'환경을 조성함으로써 가르친다.' 그것이 왜 좋은가, 교육적인가 (2)

그로 하여금 몰입하도록 이끈다. 주어진 과제를 '수행하도록', 거쳐야 하는 과정(활동)을 남김없이 거치도록 길목을 안내한다. 그가 진정 그 과업을 수행하며 스스로 '애를 태우고' 있는지 그로 하여금 스스로에게 묻도록 지도한다. 성과를 독촉하지 않는다. 결과를 판정하지 않는다. 가르치는 일은 앎을 형성 혹은 터득하도록 돕는 일이며, 한편 앎의 형성, 터득하는 것은 배우는 자의 몫이다. 배우는 자는 자신의 학습경험으로 자신의 몫을 증거 한다. 학습경험은 가르치는 자가 조성한 환경(과업, 물음, 활동)속에서 살면서(행동하면서) 자신의 생각이나 행동이 변화를 겪고 있다는 것을 내심 깨닫는 (놀람의) 경험이다. 그는 자신의 변화를 '이해와 적용'의 행위 양식으로 갈무리 할 수 있다. 가르치는 자는 그의 학습경험을 이해와 적용의 지표를 사용하여 평가할 수 있다. 평가는 가르치는 자의 고유한 권능이 아니라 배우는 자의 학습경험의 진단이다. 나의 평가에 대해 그가 동의할 수 있는지 묻게 되었다. 이런 방식이라면 가르치는 자의 평가는 객관화 할 수 있다고 말해도 될 것 같다. 이런 의미에서 다음과 같은 진술이 성립될 수 있다.

선발이 교육을 지배하는 일은 일어날 수 없다. 누구나 의사가 되고자 하면 의사가 되는 교육체제를 구축할 수 있다. 이 관념이 교육체제에만 유효할까? 아닐 것이다. 지금 내가 하고 있는 일은 내 스스로 선택한 것이야. 선택에 높낮이가 있겠어. 자기결정의 능력과 태도를 승인하는 사회질서라면, 그래도 살아볼만한 세상이라고 말하지 않겠는가. 의과대학 입학정원을 가지고 싸우고 간호법을 가지고 싸우고, 심지어 공공의료 체제를 부정하려고 싸우는 우리 사회를 생각해본다.

문화를 창조하며 겪는 지난한 역경, 그것이 교육과정의 현실성 자원이다.

환상 속의 교육을 버리다.

교과서주의에서 벗어나 삶을 이야기하는 교과지도법을 구상하다.

도덕성 발달 지성 발달은 퇴행하지 않는 불가역 발달이다.

에너지는 불변이다.

이런 공식이 하늘에서 떨어지나? 땀과 눈물로 만들어진 성취일 것이다.

세계를 바라보는 눈을 밝혀준 그들의 성취와 그들이 겪은 피와 땀으로 얼룩진 역경을 상상할 수 있고, 그 역경에 감정을 이입할 수 있는가? 전쟁을 겪은 우리들 어머니들의 탄식, '내 살아온 세월을 책으로 엮으면 백 권으로도 모자란다.' 지금도 그런 역경을 겪는 사람들이 여기저기 있다. 교육의 대상은 삶의 역경과 감정이입일 것이다. 그것을 두고 정신적 성장이라고 했을 것이다. 지적 도덕적 성장의 진국은 세상사에 아프고 분하고, 그 마음의 상태, 서로 의존하여 살 수밖에 없는 다정하고 연약한 심성을 표상할 것이다.

성취의 경험을 기록한다. 기록은 삶의 이정표를 세우는 작업이다.

가계부를 쓰고 있는지, 반복되는 지루한 그렇고 그런 어디에도 쓸모 없는데 왜 쓰지. 그럼에도 가계부를 쓰는 것이 바람직하다고 가르친다. 가정교과 교실에서도 가르친다. 위기에 보험일 될 수 있는 저축을 위해 쓴다. 가계부를 쓰면 내 주머니의 돈과 관념속의 돈은 다르다는 것을 실감한다. 지출과 수입을 관리하는 일은 가족의 현재와 미래의 삶을 결정한다. 세상은 살아가기에 만만치 않다는 것을 모르는 사람은 없다. 일상의 삶을 영위하는데 이 정도의 합리(의지)를 갖고 있다면 충분치 않은가? 그런데 그 의지가 가계를 쓰는 것과 어떤 필연적 관련을 갖는가? 나의 의지를 나 자신이 믿지 못한다. 믿을 게 못된다. 그래서 가계부를 쓴다. 그렇다면 가계부는 의지를 받쳐주는 시스템이라고 봐야 하겠다. 가계부는 나의 의지, 뜻, 의욕을 살리는 다른 정신이다.

지신의 일상을 기록하는 교사가 아이들의 그림일기를 지도한다. 가계부의 문법은? 기록이 되게 쓴다. 일상을 들여다 볼 수 있게, 남길 수 있게 쓴다. 그 때 가계부는 당신으로 하여금 일상의 삶을 음미(반성, 반추)하도록 '합리적으로 강제하는' 시스템 이라고 해도 되지 않을까. 기록과 음미, 그것은 아이들의 그림일기를 지도하는 원리일 것이다. 그냥 그 날 쓴 돈을 적는 것을 두고 가계부라고 하지는 않듯, 그림일기를 지도하며 아이들에게 반성에 신물이 나게 하는 교사는 아마 없을 것이다. 아이들이 그린 그림이 무엇을 표현하는가?

'엄마의 화난 얼굴' 내가 그림일기를 쓰지 않는다고 화를 냈다.
그런데 엄마의 화난 얼굴이 무섭지 않네,

엄마 화난 얼굴이 무서워?

아니요 엄마는 무섭지 않아요.

엄마 웃는 얼굴을 그려봐, 엄마는 언제 웃는지 그림으로 나타내봐.

교사는 교실일지를 기록한다.

환경을 조성함으로써 가르치는 교사는 교실일지를 쓴다. 향촌문화를 가진 마을은 모다 지리지를 갖추고 있듯이 그러하다(주재술, 흐르는 강물 따라 걷다 듣다 느끼다). 공동체의 삶을 살리고 하면 일상을 기록하고 음미할 수밖에 없다. 같이 서로서로가 되는 휴먼 랭기지를 사용할 수 있어야 하기에 그렇다. 난관에 처하는 일이 한 두 가지이겠는가, 그 때마다 서로서로가 되는 사람 말을 찾아내야 한다. 그리고 연습해야 한다. 교사의 삶, 교육적 삶은 두말 할 것 없이 매일 교육과정 작업을 해야 한다. 거기서 동료교사들, 우리의 아이들과 서로서로가 되는 말을 찾아야 하고 연습한다. 마치 가족 공동체에서 가계부를 쓰듯, 아이들의 가족공동체의 삶에서 빚어지는 사람 말을 세련시키려고 그림일기를 지도하듯 말이다.

따지면 환경을 조사한다는 것은 기록이 가능한 교육활동, 가르치는 활동과 배우는 활동, 을 하고 있다는 것, 곧 기록이 환경조성의 핵심적 내용이고 맥락이다.

그런데 왜 기록이 금방 싫증이 나는가? 변화를 포착하는 교육과정 작업이 아니라, 정해진 고정된 그래서 변화라고는 없는 인습적인 진부한 일처리를 하며 세월을 보내서 그런가. 적을 것이 없으니 말이다. 어느새 학생생활기록부를 적는 것은 고역이 되었다. 왜지? 학부모들 항의 때문에 그런가? 아이들의 미래가 걱정되어서 그런가? 아니면 뭘까? 적을 것이 없어서 못 적는 것이 아닌가. 적을 것이 없어서 솔직해지지 못하는 것 아닌가. 왜 그런가, 무엇이 기록이 싫증나고 기록을 믿지 못하게 만들었는가?

왜 기록할까, 왜 지리지를 쓸까? 왜 보부상들은 가는 곳마다 동네 인심을 기록할까 그 곳 물산을 기록하는 것은 그렇다 하더라도 굳이 동네 사람들 인심, 하위문화까지 기록할까, 세밀히 살펴야 기록할 수 있는 아주 힘든 일인데. 난중일기이든 동의보감이든 대동여지도이든 연여실 기술이든 삼국유사이든, 찾아가서 직접 보고 채록하기도 하지만 먹고 살기 바쁜 그 민초들이 사람들 틈에서 빚어나온 이야기 기록을 더 중하게 여겨 편집하지 않았는가. 이른바 그 하위문화, 생활문화의 중요성은 예나 지금이나 마찬가지이다. 아이들 사이에 만들어지고 삐져나오는 이야기를 기록하는 것만큼 가르치는 일의 현실성 자원이 있을까? 그것을 놓치면서, 성가시고 적을 것이 없으니 상투적이고 진부한 것을 반복해서 너도 나도 배낀다. 거기에 신뢰를 보낼 수 없다.

아이들을 움직이게 해야지 그래야 적을 것이 있고 적을 것이 있어야 관찰의 눈이 밝아지는 게 아닌가. 생각 관념 몸 활동 느낌을 드러내게 하는 가르치는 프로그램이어야지.

기록, 그것의 교육적 의미는 무엇이며 삶에 대해 갖는 의미와 의의는 무엇인가?

왜 기록을 그만두는가? 왜 지도를 포기하는가? 쓸 것이 없기에, 쓸 것이 없는데 쓰라고 하면 결국 거짓말을 하기에 그런가? 삶은 세상의 문제에 직면하는 인간적 방식인데 그런데도 쓸 것이 없다. 이해되는가? 귀촌 귀농한 사람들은 기록한다. 생활의 달인들도 기록한다. 전문직인들도 기록한다. 그들만 기록한다고 그러면 그들만 살아볼만한 세상을 살고 있기에 쓸 것이 있다고 단정하는가? 모다 사연이 있는 삶을 산다. 삶은 정보다. 삶의 지식 지혜, 지식경영, 사람경영이 새로운 시대를 만들고 있다.

　기록할 것이 없다. 놀랍게도 이런 반 지성 반 인간의 흐름이 우리교육과 우리사회를 운영하는 체계로 작동하고 있다. 저들은 삶을 기록해 본적이 없기에, 당연히 종생부를 못 믿는다. 교사를 못 믿는다. 학교교육을 못 믿는다. 보완 장치를 만들어야 하겠다. 입시는 학교와 아이들 세계의 변화를 객관적으로 공정하게 판정하는 장치가 되었다. 공정한 입시가 우리 교육의 근본 문제가 되어버렸다. 입시 정책은 교육의 본질을 건드리게 되고 이념논쟁으로 확장된다. '몇 점이라도 많은 학생이 좋은 대학가야지, 그것 무시하면 학부모와 신문이 그냥 있겠어요.' 정부를 책임지는 분들의 말이라고는 도저히 믿기지 않지만, 아무튼 그들의 말, 곧 그들의 정신세계, 사상이다. 몇 점과 좋은 대학을 본질문제인양 이념논쟁인양 과장한다. 교사인 당신인 어떤 반응을 보이는가?

어떻게 할 것인가

　인간다움의 정신세계를 넓혀주기 위해 합리적으로 교육이라는 세계를 설계했다. 그런데 그 세계에서 일어나는 사물과 사건들을 믿지 못하겠다. 무엇보다 학생의 마음의 상태와 그 마음의 상태가 겪는 변화를 기록한 것에 대해 도저히 믿음이 가지 않는다. 저들에게 맡겨진 과업인 아이들의 세계에 변화를 일으키는 교육적 개입에 대한 기록을 믿지 못하겠다. 이 문제 상황에 대해 당신은 무엇을 할 수 있는가? 사회가 당신을 이 문제 상황에 몰아넣고 있다. 교육학은 당신에게 환경을 조성함으로써 가르치려고 한다.

앎을 관리하는 관료주의

현장을 모른다. 교실을 모른다. 교사와 아이들 관계를 모른다. 사람을 모른다. 삶을 모른다. 현장의 목소리를 듣는다? 저들도 삶을 살고 있고 현장의 사람들도 삶을 살고 있는데, 그 삶이 너무 달라서 들어봐야 되겠다고? 이런 오만한 권력이 교육을 경영한다. 당연히 그들의 경영방식은 삶의 현장을 구성하는 힘겨운 사람들의 앎을 관리하여 순치시키는 방식일 터이다. 현장 그들을 청강생으로 만드는 적극적 관료주의적 방식이다.

사람판정의 사회체제, 책임지지 않는 자들이 저지르는 죄악

일상의 구석구석에 편재하는 권력, 그 권력이 만들어놓은 세상의 질서는 개인경쟁력이다. 세상에 내놓을 스펙을 쌓는 것이 인생을 관리하는 방식이 되었고 사람을 등급매기는 것이 세상을 평안케 하는 가장 효율적인 (국가)사회운영 정책이 되었다.

그 세상을 비판하며 득세한 진보도, 지방 현장의 소리를 듣지 않는다. 현장을 모른다고 말 하고 다니는 중앙 권력이 되었다. 더 전문적 용어로 화려하게 치장한 개인경쟁력이 국가 사회운영의 밑돌이 된다. 진보건 수구건 조금도 다른 것이 없다.

일상의 삶을 영위하지 않으면서, 거기에 교육이 있을까? 문화가 있을까? 이념이 있을까? 정치가 있을까?

아무도 책임지지 않는 교육이 저지르는 죄악
    자리수를 몰라 산수 시험 0점을 받는 '학교'에서 퇴출된 수포자의 아직도 지워지지 않은 아픈 흔적, 단지 행정 처리되는 학교의 교육과정 관리 정책, 그 피해의 심각성에 대해 생각해 보았는가? 사물에 대한 지극히 추상적인 고지식한 이해,

    모든 논의의 결말은 '공정한' 입시로 귀결되는 순환논리에 대해
    획일이 곧 효율성이 되는 학교의 교육과정 관리에 대해

의지와 시스템

시세에 흔들리지 않는 교육 시스템: 기록 가능한 교육
    잠시 흔들리지만 그 뿌리는 절대 흔들리지 않는 시스템; 기록 가능한 교육, 성과를 묻지 않고 과정을 묻는다. 관계의 맥락을 묻는다. 우리 수군이든 왜군이든 속절없이 죽어간 병사들과 그들 어머니들의 애끓는 울음을 듣는다. 그는 이순신의 승리의 함성만 듣지 않는다.
    학교교육schooling은 학습의욕을 매개로 성립한다. 학습의욕은 학교의 문제이며 넓게 보면 사회의 문제이다. 이 문제가 해결된다면 교사는 지식에 접근하는 방식, 지식을 사용하는 방식에 전념할 수 있다. 실은 교육과정은 학습의욕을 북돋우는 학교 전체 기획과 교육내용(지식 문제)에 국한된다고 봐도 된다. 학습의욕? 우리 교육의 현안이고 근본

이다. 브루너를 빌려 말하지 않아도 교사라면 누구나 절감하는 문제이다. 그럼에도 교사의 가르치는 프로그램에 대해 묻고 묻는다. 가르치는 프로그램을 가지고 싸움하듯 교육현장을 구성해야 한다. 의지를 굳게 하기 위해 우리 수학교과서 머리말을 조금 인용한다.

> 수학은 세상을 바라볼 수 있는 눈이라고 할 수 있어요. 우리가 살아가는 세상은 수학으로 가득 차 있고, 수학을 점차 알아가면서 사람들은 많은 발전을 이루어 왔지요. 수학은 여러분이 실생활 속에서 많이 경험할 수 있는 과학문명의 발전과 많은 학문의 기초를 이루고 있어요.

머리말대로 수학지식에 접근하는 방식과 수학지식을 사용하는 방식을 가르치는 프로그램으로 만들어내려는 의지, 그 의지를 지속 가능케 하는 시스템은 교실경영 기록이다. 핀란드가 어떠니 독일이 어떠니, 따지고 들면 그들과 우리의 차이는 기록일 것이다. 그들은 교실을 경영하듯 아이들의 표현folk knowledge를 경청할 것이다.

학습자와 교사(가르치는 자)의 부조화
학습의욕과 지도 프로그램의 부조화
학습의욕을 자극하는 지도 프로그램
지도 프로그램의 산물로서 학습의욕

학습의욕, 세계에 접근하는 적극적 자세, 학습의욕은 합리적 정신과 연관된다. 학습의욕은 학력에 선행한다. 학력이 학습의욕을 규정하지 않는다.

학력은 자신의 관심사를 추구하며 형성된 능력이며 그 능력은 스스로 준칙을 세워 뜻을 세워) 행동해온 그 사람 특유의 성격을 반영한다. 그 능력은 곧 그의 개성이다. 학력은 측정할 수 있는 영역과 측정할 수 없는 영역이 있다. 성취도나 적성(지능)은 학력을 이 해하는 중요한 자료이다.

맺음

대화의 환경(이훈도 외 옮김, 교육 문해 인간화, 2023). 해방교육의 더 광범한 목적은 문제제기와 접근을 통한 해방이다. 이것은 부분적으로 억압의 문제에 충실한 대화적 환경의 형성을 포함한다. 각각의 교육 프로그램은 더 구체적인 목적을 가지거나 가져야만 한다. 예컨대 읽고 쓰기 학습, 주어진 교과지식획득, 특별한 교과 수행방법 발견 등이다. 더구나 어떤 해방 교육 노력도 일반적인 억압이라는 추상적인 개념이 아니라 이런저런 억압 상황을 다룬다. 해방교육의 의도덕 성격은 또한 프레이리안의 존재론적 소명 개념과도 관련이 있다. 즉 모든 인간 삶의 목적은, 인간이 됨을 통한 인간화이고 모든 해방교육의 노력은 궁극적으로 이러한 목적을 지향한다(132-3). 옮긴이는 프레이리를 독서하며 우리교육에서 해방의 교육이 어떻게 가능한지에 대해 내내 질문하고 토론했다. 그들은 자신들의 공부의 한 단편을 이렇게 진술하고 있다.

삶의 지식 folk knowledge, 배우지 않고도 아는 앎이 있다고 믿는다. 그 앎이 우리의 본성 그 깊은 곳에서 나오지 않을 수도 있으리라. 말로서 말을 이해하지 못하는 만남 속에서도 우리는 삶을 꿈꾼다. 이해하지 못한다고 해서 우리는 남이 아니다. 마주 할 수 있는 만남을 단지 미루었을 뿐, 내가 너를 이해하지 못하는 것은 오로지 나의 한계라는 것을 이제야 깨닫는다. 그런데도 너를 안을 수 있을 것이라는 희망을 포기하지 않는다. 우리가 공부하는 이유는 바로 이것 때문이다.

강의10. 교육의 관점, 교육의 목적, 인간발달의 과학

예수는 여기 톤즈에 성당을 먼저 지으라고 할까요, 학교와 병원을 먼저 지으라고 할까요?

불자라도 이슬람이라도 같은 대답을 할 거예요. 아마 여러분들도 마찬가지로 같은 대답을 할 거예요. 다시 묻는다. 여러분은, 풍요를 구가하는 지금 여기 한국에 어떤 학교 어떤 병원을 지었으면 소망하는가요? 궁핍하기 그지없는 아프리카 그 곳 학교와 병원과는 사뭇 달라야 한다고 생각하는가요? 예수도 여러분들과 마찬가지로 '분수에 맞는' 교육과 의료를 생각하고 있을까요?

기독인이든 불자이든 이슬람이든, 교육이나 의료는 신분 계층 인종 상관없이 같은 하나라고 힘주어 말할 거예요. 그 누구든 시험에 쫄은 아이들을 자유롭게 하는 학교이어야 한다고 주장할 거예요. 시설이 낙후되었다면 그 만큼 교사와 의료진이 힘들겠지만, 그래도 그들은 학습자 중심 학교, 환자 중심 병원이어야 하는데 그 어느 누구도 이의를 제기하지 않겠지요. 신앙을 가진 사람이면 더 말할 나위 없겠지요. 그들은 고통 받는 사람들의 편에서 대답하겠기에 말입니다. 어디서 누구를 만나든 '낮은 자리'를 찾잖아요. '신앙의 힘은 하늘만큼이나 높고 바다만큼이나 깊답니다. 이태석 신부의 그 신앙이 그리운 시절입니다.

학교에 교육이 없는 현상

가르치는 맥락이 시험용 지식전수에 치중하고 있다면 아마도 교사 자신도 속으로 하품하고 있겠지요. 그러면서 아이들이 문제라고, 쉽게 해야 한다고, 그래야 줄지 않는다고 말합니다. 도대체 쉽게 한다는 것은 뭘 어찌 하는 것일까요? 쉽게 하라고 주문하는 그 사람은 쉽게 하는 법을 알고 있을까요? 쉽게, 쉽게, 입에 달고 살다가 교육의 관점마저도 놓쳐버린, 사이비 교육을 하고 있지나 않은지. 사이비 신앙인지도 모르겠습니다. 한편에서는 변별력이 확연한 문제를 출제하여 될 아이들과 안 될 아이들을 골라내면서, 교육의 관점이니 교육의 본새니 하는 것에는 아예 눈을 감았습니다.

어느덧 가르치는 일이 '업무수행'으로 관료화 되어 버렸다. 업무수행이 된 수업이 인재라는 시급한 욕망(목표)을 충족시킬 리가 없었기에, 아주 자연스럽게 학생과 학부모는 심지어 교사마저도 사교육에 고개를 돌리게 되었다. 공교육의 제도적 효율을 제고한다는 명분으로 교육개혁 한다고 했지만, 그 결과는 다양한 교육이라는 이름으로 학교와 아이들을 구별하고 선택 집중하는 특수 목적형 맞춤형 인재교육으로 귀결되었다. 학교현장에 '교육과정 맥락'이라는 기본 개념마저도 사라지고 없다. 톤즈의 질문 그 자체 사라지고 없다. 어떻게 해야 하나? 우리교육의 문제를, 교육의 자율과 교사의 자주의 문제로 확정하자. 전략적으로 그렇게 하자.

교육과정 맥락, 교육 자율과 교사 자주의 근거

교정에 꽃을 심는 생물 교사, 생물학 지식의 체계는 '생명' 아닌가, 교정이 생명으로 가득하다면 생명의 법에 대해 감성을 가지게 될 거야. 감성을 갖고 생물교과를 읽고 배우면 생물지식은 기억의 대상이 아니라 생명의 신비에 대한 물음이라는 것을 깨닫게 될 거야. 정의를 가르치겠다고, 정의를 연습시킨다고 나서는 교사는 아마도 없을 것이다. 그럼에도 정의를 가르친다고 상정해봐. 어떻게 하겠는가? 밤새 이 궁리 저 궁리, 끝내 '그게 그렇구나,' 결국 이치reasonable를 깨닫게 돼. 정의의 감sense of justice이 먼저야. 정의의 감은 실재한다. 정의는 학력이니 지능이니 이런 것과 무관해. 이것인가 저것인가, 어느 편에 서서 말하는 것이 옳은가, 심각한 갈등일수록 옳음을 명확하게 가늠할 수 있다. 어떤 처지의 어떤 사람도 그러하다. 실제로 그 옳음을 행동하는 것과 상관없이 그러하다. 옳음의 판단은 행동과 무관하게 성립한다. 교사인 나는 적어도 '옳음의 판단'을 what to teach로 확정하고 거기에 알맞은 how to teach를 조직한다. 있는 기술을 응용한다. 기술의 응용은 정의의 감은 실재한다는 지적비약과 동반한다. 교사는 다시 '정의를 가르치려면 정의로운 학교(교실)를 필요로 한다.'고 지적으로 비약한다. 옳음의 판단과 옳음의 선택, 행동 간의 관계에 대해 숙고하면서 다시 진전된 지적 비약에 이른다.

하나하나 따져 묻고 답을 정리하는 것은 나중이야. 삶의 난관을 뚫어낸 사람들은 누구나 전체성wholeness을 직감한다. 뒤로 물러나 일의 전체를 살핀다. 브루너의 구조감 sense of structure이라는 개념일 것이다. 지식활동은 구조의 감, 말하자면 feeling을 포함한다. 자신의 관심사를 추구하는 사람은 자신이 어떤 지식활동을 수행하고 있는지 의식하고 있다. 자신의 지식활동에 몰입하며 그는 구조의 감에 지극히 민감하다. 그 feeling은 그의 지식활동의 근육을 키운다. 가난한 우리 어머니들은 모다 그 길을 걸었다. 그 어머니들의 삶의 지식을 떠올려보라.

물리교과지식을 불쑥 내밀고, '모르면 그냥 외워라, 물리만 그런 게 아니야, 수학도 마찬가지야, 다 이해하고 풀려고 하지 마, 풀리지 않는 문제는 그 풀이를 외워라.' 나는 아직도 디지털 혁명에 대해 지적 난관에 처해 있다. 디지털 세상과 상호작용할 수 있는 기회를 놓쳤기 때문이다. 디지털 혁명에 관해 듣기만 하는 청강생이었고 그 청강생 지위가 언제 끝날지 모른다. 디지털 교실의 교육과정 맥락 속에 들어간 본 적이 없다. 영원한 구경꾼, 뒷자리에 앉는 청강생이다. 잠이 온다. 나 같은 처지라면 누구나 엎드려 잔다. 어려워서 자는 것이 아니다. 교육과정 맥락으로 구성되고 제시된 디지털 지식과 기술을 만나지 못해 엎드려 잔다. 맥락이란 배움(가르침)의 전체 판을 읽고 어느 지점이 판을 이끌어가는 맥 점인지 짚어내는 지적비약을 함축하고 있지. 맥락은 인간의 자연스러운 정신 활동의 핵심일 것이다. 인간은 부지불식간에 지적 비약을 맛보고 비약과 함께 익숙한 기술을 응용하여 새로운 기술을 만들어내는 계기를 만난다. 교육과정 맥락은, 의식하지 못하는 지적 비약과 기술의 응용이라는 정신적 특성을 의식으로 떠올려 직접 경험하게 하는 의도적 작업이라고 봐야 한다. 변화, 변이 없이는 진화도 없겠지요. 이제 우리는 교육의 관점을 말할 수 있는 발판을 마련했다.

교육의 관점

정신적 성장은 실재한다. 교육은 정신적 성장을 어떤 가치기준에 의거하여 통제 조력하는 도구, 제도이다. 정신적 성장은 발현하기도 하지만 또한 요청되기도 한다. '대상화 하여' 우겨넣을 수 있는 그런 가치는 아니다.

교육적 관점이란, 사물을 제 자리에 배치하는 가늠자(안경), 조준점을 지칭한다. 가늠자, 조준점은 '발달하는 아이들의 정신, 그 정신은 지적 도덕적 발달의 과정에 대한 설명을 통해 드러낼 수 있다는 이론적 가정이기도 하다. 또한 그 발달은 교육의 목적으로 진술될 수 있을 것이라는 가정을 포함하고 있다. 그 때 교육은 심리학과 철학을 통합하는 실천적 원리에 의해 규제된다고 주장한다. 교육적 관점을 성립시키는 인간발달 과학이 현대교육의 바탕을 이루고 있다.

> 정치와 교육과 의료: 의학의 진보는 궁극적으로 사람의 생명을 연장하겠지만 사회적 여건의 개선은 이러한 결과를 더 신속하게 더 성공적으로 성취할 수 있다. 바로 그래서 의사는 가난한 사람의 변호인이고 사회문제는 넓게 보면 의사의 영역에 들어간다. 인간을 다루는 과학으로서 의학은 사회문제를 자신의 문제로 인식하고 해결할 수단을 제시해야 할 책임이 있다. (중략) 성공하지 못한 사람들을 모욕하고 무시하는 정책을 펴는 폭력 정권이 들어서면 죽음의 전염병이 번진다. 오래 집권하면 죽음의 곡선이 가팔라진다. 왜 이 사실을 아무도 몰랐을까(어떤 정치인은 다른 정치인보다 해로운가. 225-226).

철학이 필요한 시점이다. 교육적 관점을 명확하게 하지 않으면 무슨 일이 일어날까? 의료나 교육이나 사법이나 그런 영역에서도 권력이 교육, 의료, 사법의 현장을 지배하는 일이 일어날 것이며 그 결과 사람이 기를 펴지 못하는 세상이 될 것이다.

우리 의사들은 병을 치료하기 전에 사람을 치료합니다. 우리는 언제 어디서든 사람들 곁에 있습니다. 의사가 되고자 하는 사람은 그 누구나 의사가 될 수 있는 교육체제를 구축해놓았습니다.(송필경의 쿠바 여행일기) 의과대학을 지원하면 10년이 걸릴지언정 그 의과대학에 입학할 수 있습니다. 중간에 지원을 스스로 철회하지 않는 한 말입니다. 다른 일 하다가도 늦게라도 입학할 수 있습니다.

교육적 관점을 명확하게 정립하려는 자기와의 싸움

교육적 관점을 분명하게 한다는 것은 교육의 의미와 의의를 다른 것과 구별하여 규정하겠다는 것이다. 교육적 관점은 '정신은 성장한다.'고 인정하겠다는 의지의 표명이다. 신체는 자란다. 정신은 자란다. 자명하다. 자라는 대상이 무엇인지, 자라는 과정을 재는 도구가 있는지, 명료한 것은 아무 것도 없다. 그럼에도, 모호하기도 하고 이런 저런 뜻으로 사용되는 정신적 성장에 대해 일단 몇 가지 의미를 부여하고 그 의미를 중심으로 생각을 모아보려고 한다. 듀이가 지적 도덕적 성장이 교육의 목적이라고 진술할 때 분명 그것은 정신적 성장에 교육학적 의미를 불어 넣은 최초의 작업이라고 생각했다. 그 단초는 페스탈로치와 칸트이다. 그러면서 지적 도덕적 성장이라고 진술한 교육의 목적은 교육에 대해 중요한 관점의 전환이다. 교육에 대해 인위적으로(이상적으로) 지정한 어떤 지점에 도달하는 방법 내지 수단이라는 관점을 폐기하고, 교육은 예측된 결과 쪽으로 나아가는 명료한 방향(과정)으로 설정되었다. 목적은 인간의 활동에 내재한 것, 활동의 동력으로 작동하는 것이었다. 교육은 어딘가에 쓸모 있는 인재를 기르는 것은 아니다. 교육 그 자체, 인류의 목적지향의 인간활동의 영역이 되었다. 교육은 인간 삶의 유미성과 같은 걸음을 걷는 모습으로 형상화 되었다. 한편 듀이 이후 정착된 인간발달 과학, 특히 피아제 콜버그의 발달과학은 듀이의 관점을 다시 정교하게 다듬는 기회가 되었다. 콜버그는 교육의 목적으로서의 발달이라고 표제 한 글을 쓰며, 듀이의 관점을 다시 진술한다고 한 점, 아마도 듀이의 지적, 도덕적 성장이 드러내는 방향(과정)으로서의 목적에 대해 좀 더 정교한 말을 하고자 했을 것이다. 교육의 목적은 인위적 도달점이 아니라 방향 혹은 과정이라고 본 것은 놀랍지만 그러나 방향을 가늠케 하는 종착점을 가정하고 있어야 하고 그래야 과정은 성취의 경험으로 골격을 가지게 되리라고 생각했던 것이다. 그럴 수 있는 근거를 인간발달 과학의 설명체계에서 제시한다. 말하고자 하는 바 대강을 진술하면서 일단 사전의 정의에서 단서를 얻으려 한다.

정신적 성장

 교육은 정신적 성장을 어떤 가치기준(이상)에 의거하여 통제 조력하는 도구, 제도라고 선포하고 정신적 성장의 대상을 제시하고 어떻게 관여하여 변화를 인도해낼 것인지 말함으로써 교육의 성립근거와 존재이유를 밝히는 것이다(교육학 용어사전)

선포한다

    교육은 정신적 성장을 돕는 도구 혹은 제도라고 (광야에서 들으시오) 선포한다.

    정신적 성장은 실재한다.

    정신적 성장의 대상은 지성과 도덕성이다.

    그 대상에 관여하여 변화를 이끌어낸다.

    그 때 우리는 교육의 성립근거와 존재이유에 대해 말할 수 있다.

가치기준(이상)

    인간다움의 특성, 세계에 의미를 부여하는 성향(천부적 능력), 그리고 거쳐야 할 과정을 다 거치며 결실에 이르는 인간적 수고human endeavor

    인류의 진화는 인간다움의, 품위의 진화

어떻게 통제 혹은 조력?

    세계(사물 사태)에 의미를 부여하는 방식으로 세계의 질서를 탐색하는 활동을 자극함으로써 통제 혹은 조력한다.

학습활동이 언제 어디서 어떻게 행해질지 종합적으로 판단, 설계

    지속적 행동 변화를 낳는다.

    자신이 무엇을 하고 있는지 알면서 탐색 활동한다. 학습경험으로 귀결되는(갈무리되는)학습활동이다. 정답이 없다. 진도도 없다. 왕도도 없다. 속도 경쟁도 없다.

    교육목적(이념, 지혜)도 학습자로 대우하는 방편(학습자원)도 학교

안에 있다. 지혜와 방편은 학습경험을 자극하는 프로그램에 그대로 표명된다.

교육의 장에서 그가 학습활동 하고 있는 대상에 몰입하도록, 다른 부수적 가치에 한 눈 팔지 않도록 한다면 그 몰입이 그의 나아갈 방향, 목적으로 격을 높여 줄 것이다. (본질이니 궁극이니 하는 언어를 접어둔다.)

정신적 성장이라는 언어에 함축된 의미

정신은 자란다. 생물이다. 서식지를 필요로 한다.

정신의 성장을 믿는 사람은, 상식과 공정이 거부되는 현실에 마음이 아프다. 그 현실에 고통 받는 사람들 편에 서서 작지만 행동한다. 인간세상이든 자연세상이든, 세상의 질서를 의식할 수 있기에 그는 그 세상의 질서를 흐트려 놓는 권력의 횡포에 분함을 주체할 수 없다.

도대체 정신이라는 것을 어떻게 체험하는가? '철학적 사유에 의해 정신이 번쩍 든다.'(야스퍼스) 철학적 사유는 언제 출현하나? 눈에 보이는 것, 이득을 주는 것, 익숙한 것, 그런 것에서 용감하게 벗어나라. 숨어 있는 다른 것을 보라. 아무도 가보지 않은 낯선 길을 가겠노라고 처한 현실과의 단절을 결단하라. 페스탈로치가 그랬듯이.

어떤 형태의 학교이든 어떤 형태의 교육과정 이든, 기반을 두고 있는, 공유하고 있는, 가치는 무엇인가?

아이들을 분류, 분별하지 않는다.

학습경험의 확장과 심화에 중심을 두는 장기적 기획에 따른 교육정책을 편다.

자유교육을 지향하면서도 (교사)책임교육 시스템을 구축한다.

역할을 가지고 참여함으로서 공동체 구성원이 된다는 사회발전 프로그램으로서의 교육에 대한 의미를 인정한다.

교육은 하나이다. 이 원칙은 쉬이 무너지지 않는다; 농촌학교라서 혹은 특성화 학교라서 혹은 특수목적형 학교라서, 교육과정 정상 운영이 어렵고, 파행운영을 정당화하는 어떤 논법도 거부된다.

생각, 잡념, 정신

'나는 온통 잡념 밖에 없어요. 잡념은 생각이 아니라는 것, 정신이 없다는 말인가요?

생각이 없는 정신, 마음의 상태를 상상할 수 있는가? 잡념은 없다. 하나에 오래 머물지 않는 생각은 있다. 연습을 통해 생각을 오래 머물게 하면 된다. 거기에 비법은 없다. 당신이 듀이의 철학을 공부한다면, 듀이의 경험의 개념을 명료하게 드러내 설명하기 어렵다면, 경험이라는 낱말을 가지고 갖가지 짧은 문장을 만들어보는 연습을 해보라. 당신의 일상을 소재로 문장을 만들어보라. 머릿속에서 작업하든 노트에 적어보든, 어느 순간 경험이라는 낱말이 논의의 대지를 적시는 신선한 물줄기가 될 것이다. 생각은 자연스럽게 잡념의 형태로 나타나게 되어 있다. 문제는 한 가지 생각을 오래 머릿속에 머물게 하는 연습을 하는지 어떤지, 그것을 연습하는 문제상황 속에 뛰어들었는지 그것이 문제이다. 유별스런 사람만 생각하고 그래서 정신이 성장한다고 말할 수는 없다.

기초에 대해 체계에 대해, 교육과정 맥락에 대해

학교를 다니면서 그 때도 궁금했고 지금도 궁금한 것이 있습니다. 기초와 체계입니다. 교수들은 저희에게 기초가 부실하고 체계가 없다고 지적했습니다. 수학이 기초이고 철학이 기초이다. 그래서 먼저 그것부터 배워야 한다. 기초가 튼튼해야 체계를 잡는다. 설사 그것이 기초라고 할지라도 그것을 반드시 1학년 2학년 과정에 편성해야 할 이유는 없지 않은가요? 수업설계니 평가기법이니 이런 강좌를 저학년에 배우고 4학년 과정에 철학이나 수학을 배우면 어떨까요? 저학년 때 실제에 해당하는 강좌를 공부하면서 그 때 그 때 필요한 수학이나 철학을 곁들여 배우면 진정 공부에 도움이 될 것 같아요. 철학 수학을 다 배우고 그것을 기초로 실제문제를 능숙하게 처리하는 적용능력을 기르는 것이 체계라고? 그런 교과과정으로는 기초도 체계도 없을 것 같아요. 교수들은 여전히 우리에게 기초도 체계도 없다고 했습니다. 교수들은 그들 나름 오래된 검증된 관념, 관행을 되풀이 하고 있었습니다. 교수들만의 잘못된 관념과 관행, 시대고착 아닌가요? 이런 말을 들었습니다. 독일 악기 제작 기술학교는 2년간 대패질만 시킨다고, 일본 공과 대학은 못질하기만 1년을 시킨다고, 이 말이 사실인지 어떤지 따지기 전에, 선긋기 못질하기 대패질 같은 기본 스킬이 기초 아닐까? 몸이 기초 아닐까? 기초가 아니라도 먼저 배워야 하지 않을까? 선을 긋고 못질을 하며, '집중해야 하는 구나' 정갈하게 고르게 해야지, 자세를 잡아야 그렇게 할 수 있어, 선긋기 못질은 대상의 성질을 알고 거기에 맞춰 일을 해야 한다는 뜻이야, 대상도 알고 나를 아는 거야. 뜻 의지를 굳게 하고 그것을 일관 지속시키는 일 자세, 일 철학, 이것이 체계 아닌가, 체계는 뜻을 일관 지속시키는 시스템이라고 보면 어떨까. 이런 교육과정 맥락이 절실하다고 그 때도 지금도 느끼고 있다.

절박함, 결과에 대한 무한 책임

　일타강사, 그들은 '고3의 절박함'을 마주 세우고 그 절박함을 뛰어넘는 절박함으로 그 절박한 아이들의 필요와 요구를 채워주고 밀어 올리는 자신만의 가르치는 프로그램을 만들었다. 진정 환경을 조성함으로써 만족스럽게 가르쳤다. 그들이 기울인 교과연구는 시험출제용 지식이라고 폄훼 할 수 만은 없다. 아이들의 지식활동을 직접 자극하기에 충분하다고 할 수 있는 여지도 있다. 이런 식의 집중 공부를 칭찬하지는 않지만 그럼에도 지금의 입시제가 폐기 된 후에도 학교교육에 필요한 보충 자료가 될 것임에 틀림없다고 본다. 동기의 순수성은 없었지만 그 일에 몰입하면서 결과적으로 엄청난 지적 비약을 가져오고 거기서 기술을 응용하여 창조에 이른 지식과 기술의 역사를 많이 보고 있다. 구텐베르크가 그 좋은 보기가 아닐지, 오늘 구텐베르크혁명이라는 말이 회자 되고 있지 않은가.

　정신, 의욕과 열정이다.
　정신은 붙잡을 수 없는 것이라서 조작적으로 접근이 어렵다고 말하는 실증주의자를 믿지 마라. 과학은 보이지 않는 것에 대한 관심이다. 그래서 실증도 중요하지만 필요하다면 해석하기를 주저하지 않는다.
　생산이 안돼서 사회주의가 몰락했다. 분배가 안돼서 천박한 자본주의가 되었다. 개간해서 경작지를 넓힌다. 종자를 개량하고 비료를 확보한다. 별보고 집에 간다. 이 만한 실증주의 과학이 있는가? 그런데 여기 저기 굶어죽는 사람들로 넘쳐난다. 파이를 키워라 그게 먼저이다. 파이를 키우면 절로 나누어줄 여분의 것도 그 만큼 커진다. 나누어주는 것을 먼저 내세우면 누가 나서서 파이를 키우겠는가. 이 실증주의 과학이 승자독식으로 나타나고 빈부의 격차는 넘을 수 없는 절벽이 된다. 정신을 바짝 차리고 다시 생각해보자.

눈에 보이는 것을 더욱 돋보이게 하여 그것이 곧 가치임을 입증하는 게 과학이라고 우기는가, 어째서 과학이 눈에 보이는 것을 대상으로 하고 그것이 실제로 존재한다고 밝히는 것이 과학의 목적이라고 우기는가? 과학이 그런 쪼잔한 실증주의적 결과로 환원되어도 좋은가? 사회주의, 자본주의 그 자체 이미 몰락, 타락을 예비하고 있었다. 인간의 지식활동을 부정하는 야만, 민중의 앎을 관리하려고 드는 야만, 가르치려고 드는 야만, 이에 맞서 우리는 가르치는 자 따로 있고 배우는 자 따로 있는 사회문화적 분열 구조를 순치시킬 수 있는 특단의 방도를 찾아야 한다.

교육은 눈에 보이는 실익, 보상을 다루는 문제가 아니다. 세상에 대한 아픔, 기대, 희망의 문제이다. 그 정신적 성장의 대상은 관점의 전환과 행동이다. 어떻게 관여하면 전환과 행동을 이끌어낼 수 있는가? 생각과 판단의 적절성 물음을 묻는 탐구자의 자세, 혹은 난관에 처한 삶의 그 난간을 당대 그 곳의 문제로 출제하여 풀어내는 문제해결의 지성이 필요하다. 교육은 인류 진화의 길고도 긴 과정이며, 그 방향으로 길을 걸으며 성취의 경험을 맛보는 이정표를 세우는 실제적 효용이다.

교육은 인류문화의 성취인 지식을 매개로 이루어진다. 이 지식을 아이들에게 어떻게 제시할지, 아이들의 정신이 번쩍 들도록 자극하는 방식을 찾는다. 어떻게 하지? 물리적 세계의 사물과 사태를 정돈하는 과학적 인과, 그리고 사회적 세계의 공존과 자율의 균형추를 고쳐 잡는 정의의 원리가 체계로 작동하는 마음의 상태를 가정할 수 있다.

정신적 성장과 인간발달의 과학

피아제와 콜버그의 발생적 인식론

  인간다움의 특성, 마음mind(정신)은 실재한다.

  마음은 세계를 이해하는 능력, 물리적 세계와 사회적 세계의 질서를 조망하는 가늠자이다.

  구조의 틀로 사물을 인지한다. 구조의 틀의 전환은 발달의 특성을 지닌다. 이전 구조의 사물인지 능력은 이후 구조의 인지 능력에 통합된다. 이전 단계의 논리(문제해결)를 현 단계의 논리에 통합한다.

  구조의 틀의 발달은 지성과 도덕성의 단계 상향 운동이라는 설명체계로 이해된다.

  발달 단계는 연령-의존적 변화이다.

  단계 상향운동, 단계의 비약도 없고 단계의 퇴행도 없다.

  단계 발달은 문화적으로 불변이다.

  발달의 지체, 정체는 있지만 발달의 정상과 비정상은 없다.

  단계 운동의 힘, 기제는 '역할을 가지고 참가함으로서 공동체 구성원이 되는 상호작용'이다,

  감옥에는 발달이 없다. 정의로운 학교에서 정의를 가르칠 수 있다.

  발생, 일상의 삶의 경험인 '약속'에서 '도덕성'으로 발달(준칙의 보편화 가능성), 보이는 것에서 머릿속 과정을 거쳐 보이지 않는 것을 보는 '지성'으로 발달한다.

  단계 상향의 불가역 운동, 단계 내 가역운동, 그 사람의 경험에 따라 발달의 수평적 불균형이 일어난다.

  교육은 단계의 도약을 문제로 설정하지 않는다. 수평적 불균형이 교

육의 쟁점이 된다.

하나의 '인문'교육이 있을 뿐, 그 교육의 대상은 생동적 사고 active thinking이며 목표는 세계를 이해하는 능력이다.

정신적 성장이란 곧 아이들이 살고 있는 (물리적 사회적) 세계의 변화로 나타난다. 듀이는 지적 도덕적 성장이라고 고쳐 말했다.

발생적 인식론은 지적, 도닥적 발달의 특성을 단계 상향운동으로 규정함으로써 인간발달의 과학을 정립하고 있다. 물론 발달의 특성을 다르게 규정하는 이론도 있다.

정신적 발달과 관련하여 교육의 목적에 대해 생각해보자.

교육의 목적은 교육의 지난한 과정을 거쳐 이르게 될 종착점이라고 규정해야 하지 않을까? 교육이 지적 도덕적 발달 그것 이외 다른 목적을 가질 수 없다. 교육의 목적은 교육의 과정을 이끌고 가는 방향이며 그 방향으로 일관되게 길을 걸으며 이정표를 세워가는 현실적인 활동이다. 방향을 말하고 가르치는 활동의 성격을 말하면 교육의 목적을 드러내 말하게 되는 것이다. 그렇다면 교육의 목적은 오늘 요청되는 인간다움의 특성으로 진술되어야 한다. 민주주의 체제라면 이 목적은 수정될 수 없는 헌법적 가치가 된다. 정의는 사람과 사회의 기본 가치이다. 정의는 젊은 세대의 삶의 미래의 안전판이다. 정의가 미래의 가치가 되지 못한다면 그것은 가치가 아니다. 정의는 교육의 대상이 되어야 한다. 학교에서 정의를 가르치려면 먼저 정의로운 학교가 반드시 필요하다(도덕발달의 철학, 77).

교육은 모든 아동에게 보편적 운동방향으로 계열을 이루는 단계 진보를 이루는 개방적 방법 위에서 성립, 이런 의미에서 자연적이다(도덕발달의 철학, 139).

그럼에도 세계는 변화하고 있으며 변화는 발현되기도 하지만 요청되기도 한다. 세계의 변화를 설명하는 과학적 이론체계를 확립하고 있다. 발생적 인식론으로 명명된 이론체계만 있는 것은 아니다. 프로이트 이론체계도 있고 행동주의 이론체계도 있다. 피아제 콜버그의 이론체계는 문화적 상대주의와, 가치와 사실을 뒤섞어놓는 자연론적 오류를 범하고 있지 않다는 점에서 정신적 성장으로서의 교육적 관점을 지지해주는 참조틀일 수 있다. 다시말해 교육의 목적을 진술하며 자의성과 상대주의 함정을 벗어날 수 있게 해준다. 더구나 듀이 현대교육학을 뒷받침하는 지적 도덕적 목적에 대해 실체적 골격을 부여해주고 있다는 점이다.

듀이는 정신적 성장을 지적 도덕적 성장으로 그 방향성을 뚜렷하게 제시했음에도 그 방향을 지향하여 나아가는 교육의 길목을 지정하지는 못했다. 프터즈는 교육현장에 교육목표를 반드시 명시할 필요가 있는지에 대해 회의적이었다. 한편 프레이리는 교육의 목적은 역사가 결정해 놓았으며 그 목적은 피억압자의 비판의식에 의한 억압코드의 해체라고 못을 박고 있다. 피아제, 콜버그의 교육목적은 칸트 페스탈로치의 앎을 통한 자기해방을 현대화 했다고 볼 수도 있다.

인간이 세계에 의미를 부여하여 조작하여 operate 비판적으로 구성할 수 있는 세계는 그다지 많지 않다. 인간이 비판적으로 구성할 수 있는 이상적(머릿속) 세계는 어떤 모습일까? 생각할 수 있는, '논리적으로' 어긋남 없는 최상의 세계는 어떤 모습일까? 칸트가 그려본 세계가 아닐까, 일단 인간의 자유와 이성의 자율의 최대치를 끌어낸 그 세계라면, 그 세계를 정점으로 인간의 도덕발달의 단계를 설정해 볼 수 있을 것이다. 그것은 능히 인간의 발달을 설명하는 체계로 작동할 것이다. 세계의 변화는 식물의 자람에 비유될 수는 없을 것이다. 인지적 갈등을 겪는 인간이 구성하는 세계는 '연속과 도약'의 운동이라고 할 수 있을 것이다. 콜버그는 인류사적 자료를 통해 여섯 단계(구조의 내의 연속과 구조를 뛰어넘는 도약)를 가정했다. 인류사적 자료란 인간다움의 특성이 진화, 진전되어가는 과정을 뒷받침하는 근거들이다. 불의 사용은, 인간다움의 특성이며 이 특성이 인간의 삶을 공존의 관계로 발전시켰다. 협력하여 사냥을 하는 인간다움의 특성은, 불의 사용을 더욱 유용하게 확대하면서 인간 삶의 관계를 진화시켰다. 불은 사라지지 않았고 삶의 장애로 작용하여 퇴행시키지도 않았다. 개념을 사용하여 사물에 일정한 성질을 부여하는 인간다움의 특성의 진화도 마찬가지이다. 인간다움의 특성이 그러하듯 인간 정신의 발달도 그러하다.

교육목적으로서의 발달

교사(와 이론가)가 직면하는 가장 중요한 쟁점은 교육의 과정의 종착지를 어떻게 선택할 것인지 결정하는 일이다. 분명하고 합리적인 교육목표가 없다면 어떤 프로그램이 일반적으로 중요한 목적을 달성하고 또 어떤 것이 잡동사니와 모호한 가치를 가르치게 되는지 결정하는 일은 불가능하다. 교육방법과 프로그램이 성과에 미친 효과를 비교하는 많은 연구가 있지만 그러나 그 성과 그 자체의 값어치를 드러낼 수 있는 실증 연구는 거의 없다. 1960년대 IQ검사와 성취도 검사를 이용하여 프로그램의 효과를 검토한 연구와 정책적 결론을 도출하려는 의도에서 프로그램의 효과를 검토한 연구들이 쏟아지긴 했지만, 이젠 다음과 같은 질문을 제기하기 시작했다. '프로그램을 평가하기 위해 지능검사나 성취도 검사를 사용하는 정당한 이유는 무엇인가?' 정당한 이유가 되기 위해, 문화적 상대주의 논법을 넘어서야 하고 그리고 필요하다는 이유만으로 모종의 과업을 부과하는 식의 자의성은 피해야 한다. 콜버그는 인지발달 심리학 이론이 합리적이고 생명력 있는 진보적 교육이데올로기로 번역될 수 있음을, 심리학적 인식론적 윤리학적 기본가정을 중심으로 논증한다. 교육이데올로기란 교육목적 내용 방법을 규정하는 일련의 개념이다. 교육은 정신적 성장이라는 가늠자로 세계를 바라본다. 다변 다층의 세계가 현실적으로 존재한다. 아이들의 세계와 성인의 세계, 아프리카인의 세계와 유럽인들의 세계, 한국인의 세계, 나의 세계, 장애인의 세계 등 세계는 무수히 많다.

발달 교육론의 의미와 의의, 그리고 그 정당성에 대한 논의의 대강

지적비약을 매개하는 인간발달의 과학에 바탕을 둔 교육 프로세스의 체계 구축에 대해,
 교육목적으로서의 발달(도덕성 발달의 철학 3장)과 제도의 도덕적 분위기 탐색: 도덕판단과 도덕행위의 가교(도덕성 발달의 심리학 6장)을 읽고 다음과 같이 정리했다.

모든 학교가, 정의로운 제도의 운영체가 됨으로써 그리고 사랑의 공

동체를 이룸으로써 선의 지식을 꽃 피우는 자족적 소공화국일 필요는 없으며 또 그럴 수도 없다. 그렇긴 해도 그 학교에 대한 신념 없이는, 덕 주머니를 차라고 요구하고 뭐니 뭐니 해도 대학자격시험에 통과하는 것이 진짜 좋은 거야 라고 가르치는 기존 교육체제에 맞설 수 없을 것이다. 내가 드러낸 플라톤의 관점은, 여러분에게는 아닐지라도 나에게는 혁명적이고 놀라움을 주는 어떤 것이다. 학교에서 어떻게 하면 선의 진실한 지식을 가르칠 수 있을지를 심각하게 고민할 때, 그 때 그 학교는 지금의 것과는 매우 다른 것이 되리라고 확신한다.

문제

 교육은 가난한 아이이건 뒤쳐신 아이이건 아이늘의 것이 되어야 한다. 교육은 인지적 도덕적 발달에 복무한다. 그런데 교육제도는 학교와 교사에게 다음과 같은 불의를 저지르지 않을 수 없게 한다. 모든 아이들에게 '왜 그래야하는지'의 물음을 봉쇄한 채 학구적 지식을 부과하거나, 아니면 우열의 트랙과 열등의 트랙을 나누고 우열에게는 학구적 지식을 열등에게는 직업훈련을 강요한다.

 교육은 하나이다. 아이들에 대해 하나이고, 사회에 대해 하나이다. '그 하나의 교육'을 성립시킬 수 있는 이론을 구축하지 않으면 안 된다. 그것은 교육문제가 사람문제임을 밝히는 논리를 확립하는 일이 될 것이다. 목적을 인간문제로, 과정을 인간문제로, 성과를 인간문제로 해명한다. 그렇지 않은 모든 교육론은 환원론에 빠지거나 결과론에 매몰된다.

 모든 진실한 교육에 대한 관심은 발달의 심리학에 대한 관심에 기울어지게 되어 있다. 플라톤이든 칸트이든 룻소이든 듀이이든 몬테소리이든 다 그러하다. 문제는 심리학연구에 뿌리내린 발달론이, 심리학자의 오류를 범하지 않고 교육목적을 명확히 하는 방식으로 재규정 되는가 하는 점이다. 미국의 교육심리학은 이점에 매우 소홀했다. 인간은 '진실을 쫓는 삶을 살고 있는' 방식으로 존재하는데, 그런데 미국의 교육심리학은 그 존재방식의 격을 부수는 인간이해의 과학을 밀고 갔다. 가치중립의 과학이라는 명분으로, 명분은 그러했지만 사실은 가치편중이었다. 의도하지는 않았겠지만 결과적으로 권력의 편에 섰다.

목적과 과정을 평가하는 도구

성취도와 아이큐 검사가 어째서 목적과 과정을 평가하는 도구가 되나. 지금 당신이 왜 하필 그렇게 하고 있는가. 제 길을 가고 있는지를 물을 수 있고 계속 물을 수 있는 지성의 교사(학교)가 절실하다.

이 길을 가면 소망했던 바의 것에 이르게 되는 것, 그렇게 소망했으면 그 길을 갈 수 밖에 없다. 이 '예측가능성'이, 목적을 의식케 하는 기반이고 결과에 대한 해석의 기반이다. 거부권을 행사해야 했다.

    1. 논리관계에 상반되는 것에 거부
    2. 사실관계에 충돌하는 것에 거부

스스로의 교육활동에 대해 반성·평가력을 발휘하는 것이다. '내가 이런 자료를 사용하고 이런 전략을 사용하여 활동했는데 과연 그것이 교육목표에 이르는데 얼마만큼의 가치를 갖는지를 판단한다. 왜 하필 그렇게 교실을 프로그래밍했는지를 변호한다.

그 '하나의 교육'을 성립시키는 이론 grand theory에 대하여

1. '목적과 수단 관계'라는 논리를 구사하여 교육을 체계적으로 이해한다. 교육의 이론은 이데올로기의 구조를 취한다. 신념의 관철 문제이다.
2. 교육의 이론은 발달의 사실(심리학)과 발달의 가치(철학)를 통합하는 방식의 진술이다. 진정한 이론이라면 반드시 가치상대주의의 함정에 빠져들지 않아야 하고, 그리고 자연론적 오류를 범하지 않아야 한다.
3. 진보주의라고 이름하는 이론은 1과2의 조건을 충족하고 있을 뿐만 아니라 학교와 교사에게 교육목표를 규정하고 교육경험을 평가하는 전략을 제공할 것이다.
4. 진보주의는 하나의 교육이라는 신념을 관철하는 활농을 기획하는, 말하자면 목표와 내용과 방법을 규정하는 일련의 개념이다.

인간발달 심리학과 진보주의 이론 혹은 이데올로기
1. 교육이론을 이데올로기 구조에 준하여 분석해 보이겠다. 다시 말해 어떤 발달의 사실에 기반 하여 하나의 교육이라는 신념을 고집하는지, 그것을 사실로 받아 들일만한 이유가 있는지, 그 발달이 좋은 것이라고 주장하는 근거는 무엇인지를 캐묻는다.
2. 서구 교육사상의 기층을 세 가지 흐름으로 유형화하여 살피면서 진보주의가 지성적으로 더 진전된 것임을 증거한다.
3. 진보주의만이 과학과 철학을 통합하는데 성공하고 있음을 명료히 하기 위해 대조의 논리를 구사하겠다. 진보주의 이데올로기에 따른 교육목표의 정립을 옹호하면서, 낭만주의와 문화전승주의가 심리학의 발달 사실과 철학의 발달 당위를 통합하고 있지

않다는 것을 밝히려 한다. 통합에 실패함으로써 두 이데올로기는 엘리트주의(원호주의)의 함정에 빠진다.

교사가 부딪치는 지적 윤리적 문제를 아이들도 함께 부딪친다. 아이들에게 뭘 시키면서 그 아이들도 뭘 시킬 수 있는 사람이 되게 한다.

4. 여기서 그치지 않고, 학교와 교사가 진보주의 이론에 의거하여 교육활동을 자신의 일이 되게 구성하는 방식에 대해 상세히 논의한다. 이 부분이 나의 주된 관심이다. 미리 그것을 이렇게 말해 놓겠다.

- 성취도 관점을 가지고 교육목적을 규정하는 방식은 경험적으로, 논리적으로도 정당화 될 수 없다.
- '가치중립' 심리학을 토대로 수업과 평가를 개발하는 교육심리학은 오류이다.
- 교육의 목적은 인간발달일 수밖에 없다는 대안적 개념은 과학적으로, 윤리적으로, 실천적으로 온당하다. 그것은 새로운 교육학의 방법론이 되기에 충분하다.

이 주장의 근거를, 교육목표를 정립하는 방식에 대한 분석과 비판을 통해 얻는다.

교육목표를 명확하게 규정하는 일은 교육정책(과정과 성과)을 수립하는 일의 기초를 다지는 일이 된다. 목표와 정책은 사실이 아닌 신념의 문제이다.

정책은 치우친 균형이다.

목표는 '치우침'의 이유를 구성한다.

주된 관심을 표명하기 전에, 먼저 교육이론의 성격과 형성에 대해 다음과 같은 프레임을 가지고 말해 보겠다.

진보이데올로기가 성립한다는 것을 증거하려는 작업가설을 가지고 있다. 진보이데올로기의 얼개를 명료하게 하기 위해 진보 아닌 다른 이데올로기 낭만파와 문화전승파 이데올로기에 대조시킨다는 논리를 구사하려고 한다.

교육이데올로기의 핵심 주제는 아이들의 특성과 발달에 관한 사실관계(심리학)를 '바람직한'에 관한 철학진술과 연관 짓는 문제이다. 진보이데올로기는 일간발달심리학이 바람직한 목적 내용 방법을 규정하는 개념을 정립하는데 유효하다는 것의 근거, 유효하다는 것을 말하려고, 가치이론을 쟁점으로 삼아 그것에 집중논의를 하려고 한다.

가치상대성과 사실·당위간의 괴리를 문제시한다. 만약 인간발달·진보가 있다는 접근법이 이 쟁점을 만족스럽게 풀어줄 것이다. 한편 낭만파와 문화전승파는 그것에 실패한다.

결국 교육이론은 가치이론의 틀 안에 자리 잡을 것이고, 그러면서 하나의 교육을 증거하는 가치이론을 구성할 수밖에 없다. 그 가치이론은 보편의 것, 개인과 사회 어느 쪽에도 의지하지 않는 것, 불가역의 변화인 것, 이런 기본 가치원리위에 건축되어야 한다.

이데올로기: · 바람직한 목적, 내용, 방법을 규정하는 개념 틀 a set of concepts 이다.

교육적 사고는 기본적으로 이데올로기이다. 이데올로기로서 온전하게 교육적 사고를 전개시키려고 한다면, 일련의 가치원리와 심리학적 사회학적 사실에 관한 이론, 두 가지를 체계적으로 결합하지 않으면 안 된다.

'교육실천'이기에 충분한 규범·단위의 제시는 심리학이나 과학만으로는 안 된다. 아이들이 어떻게 학습하며 어떻게 발달하는가에 관한 이론과, 교육적으로 선하고 가치 있는 것에 관한 이론을 필수적으로 요구하기에 그렇다.

　교육이데올로기는 '목표와 수단 단계'에 따른 합리의 확립이다(합법을 넘어서려는 교육학적 고민이다).

　교육이데올로기는 교육목표를 규정하고 과정(수단)을 평가하는 전략으로 기능한다고 볼 수 있다.

진보주의가 내세우는 일반적 교육목표와 일반적 방법
　발달의 자극, 시련을 겪는 최적의 환경적 조건. 발달과 민주주의
　라는 기본 가정
· 발달하는 환경과 발달하는 아이들 간의 자연적 교류, 상호작용의
　함양.
· 발달은 불변의 계열을 가진 단계를 거쳐 감.
· 아이들의 능동적 사고 active thinking이 발달의 구조적 힘.
· 능동적 사고는 문제상황에 대해 자극 됨.
· 문제상황이란 인지적 갈등에 의해 매개됨.
· '교육활동 한다'는 것은 아이들이 사고하도록, 인지와 정서를
　조직하는 방식으로 사고하도록 이끈다는 것.
· 지식을 얻는다는 것은 사고 패턴의 능동적 변화가 일어났다는
　것, 도덕을 얻는다는 것은 사회적(인간관계) 대립 장면에 대한
　반응패턴의 능동적 변화를 겪는다는 것.
· 도덕성은 정의의 감과 정의의 인식이다. 갈등과 대립의 사회에서
　개인과 개인 간의 상호성 확립

　이러한 일반적 목표와 방법의 사실 기반(심리학)
　이러한 일반적 목표와 방법의 인식 근거(인식론)
　이러한 일반적 목표와 방법의 지향성(윤리학)

　구체적 교육목표를 명확히 하고, 구체적 교육경험을 평가할 수 있는

전략,
 듀이 피아제가 채택한 발달 철학전략, 인간이해의 과학과 인간발달의 관여의 실천의 통일

교육의 목적을 구상하는 요소, 능력

능력사회의 그 능력이란 도대체 무엇일까.
 성적 수능 아이큐 이런 것에 의해 측정된 것일까요? 성적을 매기는 자가 하늘이라도 되는가요, 인간의 하나의 내부적 조건인 아이큐가 세계를 압도하는 힘을 갖나요? 능력은 태도, 헌신 열정 봉사에서 출현하고 자기화 되는, 말하자면 양성되는 것 아닌가요. 자기를 온전히 살아가며 정신적으로 성장하는 것 아닌가요. 정신세계 state of mlnd(마음의 상태)를 구축하는 것, 마음의 약량 competence을 높이는 것, 말하자면 진리를 위해 목숨도 내놓을 수 있는 순교자의 마음의 역량, 정신세계, 그 다른 어떤 것이 아닌 '마음의 의지처'를 구하는 것, 그것이다. 제도종교라면, 신도들에게 성직자의 마음이 되라고 혹은 순교자의 마음의 의지처를 다짐하라고 하지는 않는다. 교육도 마찬가지 이다. 아이들에게 엘리트 인재가 되라고 천재의 마음의 상태를 표준으로 제시하지 않는다. 천재의 마음을 복사하여 그 마음을 주제로 제시하지 않는다. 무엇보다 날 것 인간정신을 나레이션 한다. 이른바 folk knowledge이다.
 마음의 역량이 그의 삶의 의지처가 될 수 있을 만큼 엄중하고 강력하다. 마음의 역량을 키울 수 있는 합리적 과정이 존재한다. 합리적이란 과학적으로 이해할 수 있다는 것, 그 만큼 교육적 개입이 가능하다는 의미이다. 도대체 마음의 역량을 드러내는 반복적이고 지속적인 특성

은 무엇인가?

다시 강조한다.

'지적 도덕적'이란 인간다움을 가까이 자세하게 다시 보려고 더 낮은 자리를 찾는 정신적 고뇌를 일컫는 정신상태를 지칭하는 언어이다. 발달의 지체 정체를 겪는 아픔, 그 아픔에 감정이입하며 그들의 인간다움을 자각하고 반응하도록 자극하는 절박함, 그것이 오늘 철학이다. 의사도 있고 간호사도 있고 보조자도 있고 의료기 제작자도 있고, 판매자도 있고, 의료 공학자도 있고, 모든 일하는 사람을 존중하는 사회가 혼신 열정 봉사를 불러내는 환경이겠지요. 어떤 처지 어떤 사람도(아이도) 자신의 경험에서 물음을 얻으며 탐구자가 된다. 설명할 수 있으면 설명하고 설명할 수 없으면 보여주는 열린 환경이겠지요, 거리에서 놀이터에서 얻은 물음(언어)을 자유롭게 사용하는 환경이겠지요.

개인의 책임과 사회의 참여

공동체를 운영한다. 학교를 운영한다. 가정을 운영한다. 국가를 운영한다. 무너지지 않게 한다는 것, 결속력을 다진다는 것, 그것이 사회를 운영한다는 말이다. 동호회이건 학교이건 가정이건 국가이건 그것들은 다른 다양한 사람들 관계로 구성되어 있다. 사람들 저마다 그 사회 혹은 조직에서 자신의 역할(권한, 책임)을 다하고 있으며 한편 사회 혹은 조직은 구성원들의 참여를 독려할 충분한 공간이다.

인간활동을 굳이 정신활동(mental activity)에 국한시킬 필요는 없다.

인간 삶의 영역과 그 영역별 삶의 형식, 다시 말해 영역에 따른 특수한 내용을 추구하는 형식을 형이상학적으로 추출 하는 방식(Spranger 삶의 형식들 연구, 이상오, 52-59)을 지지하지 않는다. "인간의 정신활동은 비록 그것이 머릿속에서(inside head) 진행되고 있을 때조차도 독창(solo)이 아니며, 그렇다고 지휘자에 의해 무작정 이끌려 다니는 그런 것도 아니다. 우리는 뭔가 중요한 방식으로 가르치는 행위를 하는 유일한 종種이다"(Culture of education, Xi). 인간활동은 인지적이며 사회적이다. 인간은 사태의 앞뒤를 잘 알고서 타인과 관계 맺고 서로 침투한다. 그는 자기 개인 생활스타일을 즐겨 하지만 상호침투의 더 큰 생활스타일이 더 중요한 줄을 알고, 삶의 방식이 명백히 역사되고 있다는 것을 알만큼 인지적이다. 인지적이고 사회적인 조건을 충족하는 그것만큼 인간활동을 정신활동이라고 규정한다.

교육은 삶의 방식의 변혁, 즉 문화화 된 삶(능력과 태도)을 문제 삼는 문화적 혁명행위이다. 생각해온 것을 다시 생각하고 생각해서 정돈하는 활동인 문화행위를 산출해내는 교사·학생 관계, 즉 교육적 관계는 엄중한 것이다. 프레이리에게 '나를 바라보는 나에 대한 앎을 구성하는 것'이 교육의 문제이며, 그래서 문화적 활동 안에 삶과 교육을 연관 짓는다. 나의 앎을 짓는' 교사와 학생의 관계, 그 교육적 관계는 엄격한 것이다. 삶의 교육은 교육당사자들로 하여금 세계를 묘사하는 꼼꼼한 각자의 교재를 만들도록 요구한다. 노트하기가 아닌 묘사하기가 교재이고 필기이고 수업인 슈타이너 학교에서도 삶이 되는 교육을 발견할 수 있다. '각자의 교재만들기' 활동을 서로에게 강요하는 교사·학생 관계, 교육적 관계는 더욱 진지한 것이다.

 교직은 '교육목적에 따른 교육활동'을 하고자 하는 교사의 자존심을 가리키며, 학교를 삶의 현장으로 구성하려는 교사의 역사적 참여를 가리킨다. 목적에 따른 교육활동의 외연을 확장하면, 우리는 왜 교육의 자주성만이 권력정치로부터 교육의 중립을 지킬 수 있는지를 확인하게 될 것이다. 다시 교육목적의 정립이 긴요한 그만큼, 거기에 난점이 따라 온다는 것을 안다. 그 난점을 인정함으로써 교육의 안과 밖을 두루 살릴 수 있을 것이며, 인내심을 갖고 장애를 조금씩 거두어가는 일이 세상 바꾸는 것만큼이나 긴요하다는 것을 알 것이다.

 나는 삶의 방식의 변혁을 꿈꾸며, 그 꿈을 체계화하려고 한다. 그 꿈의 체계화는 반드시 인간 삶의 조건, 즉 묻고 답하기의 자기 배움력을 집요하게 파손시켜 온 역사를 참조체제로 해야 한다. '교육에서 보자면 궁극적인 문학은 비극이다. 비극만이 삶의 중심문제를 껴안은 개인들을 도울 수 있기 때문이다. 비극은 사람들로 하여금 고통에 직면하도록 할 뿐 아니라 고통을 통해 발달하도록 돕는 것이다. 이런 의미에서 우리는 비극적 통찰을 느끼고 알 필요가 있다.'

 존재론적 차원에서 말하면, 소통이란 자기의 것만을 자기라고 하고 그것에 넘치고 모자라는 것은 없는 것이라고 말하는 능력이다. 소통은 자기의식, 자기의 경험을 밑천으로 삼아 남이 알아들을 수 있을 만큼 비판적으로 세상이야기와 역사이야기를 만드는 최고의 지성이다. 존재를 드러내는 소통에서, 아픔은 최고의 감각이고 논리이다. 말하자면 민주주의의 목마름(민감성)은 오로지 자기 몫만으로 기쁨을 누리는 인간해방의 철학(인식)을 생성시키게 되어있다.

 국가권력마저도 무력화시키는 기득권자들의 유령이 한반도를 배회

하고, 참으로 딱하게도 우리들 마음속에서도 꿈틀거리고 있다. 그 유령이 손을 뻗치는 것마다 사건 사고가 되고, 그 사건 사고에 놀아나는 무뢰한 지성을 밖에서도 내 안에서도 마주하고 있다. 그 무뢰한 지성을 저자거리에서 보다 대학에서 더 많이 만난다. 이 글을 짓는 동안에도 그것이 극에 달한 듯한 느낌이었다. 우리사회도 느리지만 품위 있게 진화할 터이고 그러면 그럴수록 무뢰한 지성이 더욱 기세를 올리겠지.

교육목적을 정립하지 않을 수 없게 된 시대

우리사회와 우리교육의 실패는 귀결점(end)을 발견해내지 못하는 그들의 무능력, 우리의 활동에 충분한 이유를 주어서 우리의 활동을 합리적으로 그리고 만족스럽게 해줄 수 있는 그런 목적(Purpose)을 발견해내지 못하는 그들의 무능력에 가로놓여 있다(MacIntyre, Against utilitarianism,1-2).

'교육목적에 따른 교육활동'을 설계하려는 추세는, 교육 밖의 세력들이 교육에 '목적을 부과하는' 방자함에 대한 적극적 대응이었다. 이런 식의 적극적 대응에 대한 자유주의적 반격 또한 자연스러운 것이었다. 즉 교육 과정(월말)의 비합리성(비도덕성)이라는 대가를 지불하면서까지 목적 우선의 교육활동론을 성립시킨다면, 그것은 필시 교육에 교화와 조작을 불러들이게 된다고 비판하고 나선 것이 듀이와 피터즈의 이른바 '자유교육론'이다. 한편 콜버그는 목적우위론에 비판적이었던 자유주의에 대해 더 진전된 자유주의는 교육목적의 합법칙성을 용인할 것이라고 생각했고, 그 자유주의를 새롭게 진전시킨, 인간발달의 사실과 규범을 결합한 신념체계에 근거한 교육목적 정립의 합리를 과학했다.

왜 콜버그는 듀이의 재 진술이라고 했을까

　지적 도덕적 성장에 골격을 짜넣기 위함 아닐까, 방향은 있지만 그 방향으로 가는 성취의 경험을 이정표로 세우는 다시말해 지속가능한 빌달의 시스템을 구상할 수 없었다는 것이다.

　콜버그는 교육은 유목적적 활동이며 학교교육은 그 유목적성을 드러내 형태를 갖춘 목적으로 진술해야 한다고 보았다. 교육의 관점이 정신적 성장이라면 그 관점을 지키며 가르치는 프로그램을 만들어내야 한다. 가르치는 자의 내심에 도사린 작업가설(강령)없이 프로그램을 만들 수는 없다. 그것을 드러내 말할 수 있어야 한다. 그 어느 누구도 정신적 성장이라는 교육적 관점을 포기하지 않는다. 정신적인 것을 드러내는 것이 교육적인 것이다. 목적을 제시하는 이유이다. 훈련이니 교화니 사회화니 이런 과정은 목적을 진술하지 않고도 성립한다. 기계적 절차로도 능히 그 과정을 드러내기 때문이다. 정신적 성장은 따지고 들면 설명이 불가능한 인간 고유한 자기결정력, 영혼을 가정하고 있다. 콜버그는 그 영혼을 발달의 과학으로 제시한다.

너무 강열한 목적을 제시하는 프레이리

　교육의 목적은 역사가 준다. 인간해방이다. 피억압자 속에 도사린 억압자를 몰아내는 자기의식의 비판을 통한다는 방법론 제시

교육목적을 교육과정 속에 숨기는 듀이

　듀이에게 교육목적은 교육의 과정에서 유의미성을 획득하는 활동

그 자체이다. 그 유의미성이란, 활동을 하면 그 무엇을 결과로서 성취할 수 있으리라 기대할 수 있는지 내내 질문하는 것, 그것이다. 그에게 교육목적은 교육하는 사람과 받는 사람이 함께 공유하는 '기대체제'와 같은 것이며, 그것은 결과를 얻어내기 위해 함께 참가하여 노력하는 질적 맥락이다. 거기서 활동한다는 것은 기술을 부린다는 실제적 조치를 포함한다. 결과를 성취한다는 것은, 더 큰 경험을 통해 세계와 연관하는 도구를 얻어낸다는 것이다. 거기에 교화와 조작이 끼어들 여지란 없다.

그렇다면 듀이에게 교육목적은 어떤 조처를 취하면 이런 결과에 이른 다는 예측(검증가능한 사실)에 근거한 '방향감'으로 진술될 수 있다. 듀이의 교육목적 개념은, '목적은 참가하는 개인에 속한 것이며, 그 개인에 속한 것(가치)을 끄집어내어 문제를 해결하는데 연루한 사람들의 것으로 재구성하는 것' 이라는 생각을 기초로 했다는 이유만으로도 획기적 공헌이라 할 만하다. 분명 그의 목적개념은 목적우선의 교육론에서 빚어 질 수 있는 교육의 전제주의를 경계한 것이다. 그렇지만 그의 교육목적 개념은 교직의 전문성을 강조할 수는 있었지만(분명 교실의 혁명으로서) 교직의 사상성(시대를 뚫는 상호침투)은 그만큼 약화시키고 있었다.

교육목적을 세우기에 여전히 주저하는 피터즈

피터즈도 교사의 교육활동에 반드시 교육의 목적이 정립되어 있어야 한다고 보지 않는다. 그는 교육 개념의 분석을 통해 내재적 교육목적을 도출할 수 있다고 주장한다. 교육개념을 성취어 혹은 과업어로 일상 언어화하여 분석하면, 교육활동 내부에 그 활동을 추진하는 활력이 있게 되어있다는 것이다. 굳이 교육목적을 정립해야 한다면, 교육활동의 추진력을 교육의 내재적 가치로서 진술하면 된다는 것이었다. 인류가 성취한 최고급의 문화를 앎의 형식으로 교재화 하여 공부한다면, 거기에는 뒤꽁무니 빼고 싶은 개인 심리기제 같은 것이 문제될 리 없다는 것이다. 요컨대 교육은 엄한 정신단련을 통과하는 특별한 의식이라는 것이다. 이미 인류문화 축적이 인간의 정신적 시련 그 자체임을 증거하고 있다. 생각 할 줄 아는 합리적 인간이라면 그는 '인류의 것' 에 들어서기 위해 험한 고비를 넘는 시련쯤은 능히 감내해야 한다. 고비를 넘는 시련은 인류의 고급문화를 향유하는 삶을 살게 할 것이라는 희망을 담고 있기 때문이다. 학습에 의해 지식과 이해에 이르도록 교재를 조직하고 제시하는 것, 거기에 목적이 기능하는 것이지 목적을 따로 떼어낼 수는 없다는 것이다. 그의 교육목적 개념은 교육을 프로페셔널리즘으로 정립하고 교사·학생 관계의 독특성을 도출한다.

그렇다면 교육목적을 명확하게 정립할수록 자유교육론은 약화되고, 좌파(혹은 우파)의 교화주의로 가게 되는가.

교육목적에 따른 교육활동 : 거기에 교육의 합리가 있다.

인간발달의 과학은 듀이와 피터즈를 넘어 교육의 목적을 명확하게 정립하려 한다. '인간의 발달적 변화를 겨냥하여, 그 변화를 자극한다.' 콜버그에게 발달적 변화는 '비가역적, 총체적, 계열적, 위계적'으로 설명되는 심리학적 사실이다. 이 설명체계는 철학적으로 정당화 될 수 있는 방향으로 진행되는 정신운동을 포착한다. 발달적 변화에 대한 이론은 교육적 개입을 정당화하는 단서를 포함하고 있다. 그 교육적 개입은 발달적 변화에 부합하고 그 변화를 이끌어낸다.

'부합하고 이끈다.'를 만족시키는 형태의 교육행위를 간명하게 표현하여 발달을 '자극한다.'라고 했다. '발달을 자극한다.'를 교육의 목적으로 정립하기 위해, 발달의 자극을 교육적 신념체계로 고양시켜야 한다.

발달에는 최적의 시기가 있다. 조금 일찍 발달한 아이가 그 다음 단계에도 일찍 발달하는 것은 아니며, 발달의 그 단계에 너무 오래 머물고 있는 아이는 거기에 안주하여(stabilize) 결국은 어떤 자극에도 자기한테 좋은 것만 골라 반응하는 기제(screening mechanism)를 개발할 것이다 (도덕발달의 철학, 79). 이는 교육이란 기다림과 세심한 주의'를 요하는 교사의 활동임을 말하는 것이다. '인간발달을 논하는 교사의 목적은 발달에 가속페달을 밟는 것이 아니라 발달의 지체(retardation)를 벗어나는 작업이다'(위 책, 79). 발달의 자극이란 발달을 이끄는 것이 아니다. 소통하여 새로움을 경험하게 하는 것이다. 발달의 자극은 그 아이가 가진 세계와 다른 세계 간의 간극을 그 아이에게 노출시키는 기술이다. 발달의 자극은 자기 관념에 대한 적절성 회의를 인도하는 분위기에 휩싸이게 하는 맥락구성이다. 그것은 삶의 현장에서만이 가능한 것이다. 결코 감방 같은 시설에서는 일어나지 않는다. 현장을 구성하려는 노력에서 그 자극을 얻을 수 있으며 그 자극을 체계화할 수 있다. 현장을 구성하는 지도력으로서, 그는 '작은 공화국'Just Community 모형을 제시한다. '교화로부터 아동을 해방시키려는 관심은 결정을 내리고 유의미하게 행위 할, 아동이 가지고 있는 자유에의 관심이다'(위 책, 67). 그는 현장을 구성하는 경험을 교재화 하려고 한다. 삶이 교육이 아니라 삶의 지도가 교육이라는 것, 삶의 현장구성에 참가하는 능력과 태도가 교육적 경험의 구조가 된다는 것을 분명히 한다. 요컨대 이러한 교육적 경험에 대한 관념이, 인간발달에 경험이 필수적이라는 중요한 이론적 발견을 가능케 한 것이다. 인간발달에서 '자연적으로'란 '자동적으로 혹은 당연히' 라는 의미일 수가 없는 것이다. 발달적 변화를 이끄는 경험을 만나는 정상적인 조건, 그것이 자연적이라는 것이다. 이는 당대 그 곳의 삶의 방식이 발달적 변화를 일으킬 만한 정상적 조건인지를 심각히 묻는 일과 연관된다.

교육목적 정립은 탐구의 해방이다.

끊임없이 할 바를 하는 인간에게 그렇게 하도록 해주는 것이 교육의 지도력이라면, 그렇다면 성공을 겨냥하는 것이 아닌 발달을 자극하는 교재가 구성되고 그리고 삶의 보편성 지향을 확보하는 교육목적이 정립되어 있어야 한다. 이것은 교육이 공리주의(개인 덕목의 우선)에 반(反)하는 것일 수밖에 없다는 논법을 취하게 되는데, 맥킨타이어는 교육의 과제는 합리적 비판적 탐구의 가치일 수밖에 없으며, 그러한 공리주의의 요구와 날카롭게 맞서지 않으면 안 된다고 말한다.

> 교육의 과제는 그렇게 활동해야 하기에 이루어지는 활동의 가치 (the vaiue of activty done its own sake)를 가르치는 것이다. 만약 그것이 협소한 의미에서의 합리적 탐구에 갇혀 버린다면 그것은 제대로 수행되지 못할 것이다. 왜냐하면 좁은 의미의 합리적 탐구는 이미 합리적이지 않을 것이기 때문이다. 또한 감정이 걸러지지 않고 비판되지 않는다면 그 감정은 단지 비이성으로 떠넘겨진다. 우리는 우리가 가르치는 사람들에게 그들의 활동을 통해 스스로 다시 만들기 하도록 허용해야 한다. 만약 우리가 그렇게 한다면, 우리는 끝내는 사회를 스스로 다시 만들도

록 돕는 사람들을 교육하는 것이 될 것이다. 왜냐하면 비판적 탐구는 공리주의적이 아니며, 기능적인 것이 아니며, 위계적인 것이 아니기 때문이다. 그것은 마음과 감정의 자주성을 요청한다. 그것은 우리의 사회가 우리의 인간됨을 부인하도록 강요하는 모든 것에 대응하도록 요청한다. 무엇보다 비판적 탐구는 학구적 은신처는 아니다. 그것의 유지는 특정한 종류의 공동체를 재건축하는 것을 기본적으로 가정하기에 그렇다 (MacIntyre, 21).

맥킨타이어는 분명 목적정립의 긴급성을 인정하면서 콜버그를 편들고 있는 셈이다. 우리의 교육론은 교육목적에 따른 교육활동이며, 교육목적은 사실과 가치의 결합체계에 의한 '삶의 현장구성'에 있음을 확인한다. 교육은 합리에 의해 구성되는 활동이다. 합법에 따르는 강요되는 것이 아니다.

맺음, 인간 정신의 신비

생물멸종의 현재와 미래에 대해 제한된 시간에 그렇게 선명하게 드러내 보여준 한편의 단막극 같았습니다. 너무 선명해서 오히려 그것을 부정하고 싶었습니다. 발표를 들으며 내내 아마존 밀림 비행기 추락 40일 만에 극적으로 구조된 13살 9살 4살 1살 아이들 이야기와 오버랩 되었습니다. 죽음이 사방에 늘려 있는 아마존 밀림 속 그들의 정신적 신체적 조건, '과학적으로' 생환 불가능, 어떻게 받아들여야 할까요? 기적? 신의 가호? 과학적으로 설명할 수는 없지만 그래도 생각해 볼 수는 있습니다. '함께 있다는 것' '돌봐야 하는 나약한 목숨이 곁에 있다는 것' '몸에 배어 있는 가난 불편 그것을 예사롭게 이겨내는 삶의 태도' 가난했기에 돌봄이 없었기에 절로 터득하게 된 '자연의 축복과 재앙을 다룰 줄 아는 날 것 지식, 지혜와 방편' '죽어가는 엄마의 간절하고 애달픈 눈빛' 야생의 숲속에서 일상이 된 죽음 그리고 덧없는 하루살이 같은 삶, 더 생각해 볼 수 있는 인간다움의 특성들이 있을 것 같습니다. 아무튼 그들의 생의 귀환에 대해 '합리'를 부여하는 노력을 해야 하겠습니다. 저들 높은 권세가들의 삶에만 관심을 기우리게 된 우리속의 인종주의를 빼내기 위해서 그렇게 해야 하겠습니다.

저는 그 인간다움의 특성을 '지적 비약과 기술의 응용'이라고 규정하고 있습니다. 어떤 처지의 어떤 인간도 'beyond information given' 할 수 있으며 그리고 자신의 삶에서 터득한 노하우를 확장하여 자신의 것을 만들어내려는 새로움을 맛 볼 수 있다고 믿습니다. 그게 교육의 대상이고 목표가 아닌가 싶습니다. 그들 야생의 아이들도 정상적 교육제도의 수혜자가 되도록 해야 하겠습니다. 우리는 생물멸종의 위기 앞에서도 마찬가지로 지혜와 방편을 찾아내리라고 믿습니다. 그렇다고 기술 만능주의는 아닙니다. 과학은 언제나 비과학과 같이 이해되어야 하지 않을지, 이런 생각도 합니다.

교육을 철학하는 일은, 알게 모르게 권력의 필요를 충족시키는 것을 교육이라고 합리화하고 제도화해온 관행에 충격을 가하는 일이며, 그리하여 교육을 '인간활동'으로 그 지위를 복원시키는 길을 열게 된다.

3. 체계

강의11. 우리 교육제도를 어떻게 이해할까? (1) (2)

강의12. 제도를 도입하려면 교육체계에 대해서도 생각해야지요.

강의13. 사람과 질병의 관계를 묻다.

강의14. 삶의 터 소멸의 시대, 민주시민교육 방법론

강의11. 우리교육제도를 어떻게 이해할까?
어디에 머물러 있고 어디로 가야만 하는가?

 어느 나라 교육제도이건 교육제도를 이해하려면 교육계통의 정점에 있는 고등교육(대학)의 위상에 대해 생각해 보는 것이 먼저일 것이다. 대학교육의 대의를 선명하게 드러내는 것이 뭘까? 학위수여 아닐까? 학위는 분명 대학교육을 성공적으로 완성했다고 공히 인정하는 바 그 징표일 것이다. 학위를 수여한다. 학위를 취득한다. 학위는 대학교육의 목표를 진술하는 핵심 내용일 것이며 또한 학위는 대학의 과정을 하나로 묶어 의미 있는 활동이 되게 하는 체계일 것이다. 대학의 졸업식은 학위수여식이다. 학위는 대학교육 성립의 근거이며 대학교육의 존재이유이다. 다시 학위가 무엇이지? 학위는 지식을 탐구하는 인간의 품위를 상징한다. 지식은 탐구의 대상이지 소유의 대상이 아니다. '사물은 가치를 갖지만 인간만이 품위를 가진다.' 인류의 진화는 품위의 진화이다. 학위를 수여하는 대학의 위상은 간명하고 불변이다.
 중등교육은 중등교육의 목표를 가지며 그 목표는 고등교육의 준비는 아니다. 마찬가지로 초등교육도 그러하다. 그렇긴 하지만 고등교육이 인간과 사회의 품위 있는 발전의 중심축을 이룬다는 점에서 고등교육의 운영체계는 교육제도 전반을 통제한다고 할 수 있다.
 그런데 그 학위가 우리대학의 기초이고 체계로 작동하고 있을까? 교수도 학생도 학위에 그런 의미를 부여하고 있을까? 학위수여가 대학교육의 체계가 아니라면 그러면 그것을 대신하는 다른 무엇이 있을까? 선발이 그런 지위와 역할을 하고 있다고 말해야 할 것 같다.

초중등 교육이 대학의 선발에 예속되어 있다. 초중등 교육의 목적이 단지 명분으로만 남아 있고, 그 실질은 시험점수 경쟁이라는 교육 프로세스이다. 대학은 초중등교육이 만들어낸 성적 고득점자 선발 경쟁을 통해 일류와 이류와 기타로 서열화 되어 있다. 고득점 경쟁이 초중등과 대학의 생명 줄이 되었다. 따지면 대학은 초중등교육에 예속되어 있다고 볼 수도 있다. 대학은 선발만 있지 졸업은 없으니 말이다. 대학이 학생에게 마땅히 해 준 것이 없으니 말이다. 초중등 교육만 죽어난다. 학습의욕을 매개하지 않은 채 우겨넣기로 지식을 전수하는 수업에 치중할 수밖에 없으니 죽어난다고 봐야 한다. 정답의 형태로 전수 받은 지식은 소유의 대상이 되어, 지식을 가진 자와 지식을 못가진 자로 나누어셨다. 학교와 사회가 학습의욕을 불러내는 환경이어야 하는데, 우리의 학교와 사회는 학습의욕을 죽이고 있는 형국, 교육이 학교와 사회의 역동성을 숨죽이는 기제로 작용하고 있다. 어떻게 하나?

대학은 학위수여라는 졸업의 체계가 작동하면 된다. 그 과정은 그 대학과 그 학과에 맡기면 된다. 그 과정을 관리하는 데 그 어떤 세력도 간섭하지 않는다. 한편 학교교육은 학습의욕을 매개로 한다. 학습의욕은 학교의 책무이며 나아가 사회의 책임이다. 아이들을 판정하고 분별하는 시스템으로 작동하는 학교(와 사회)는 학습의욕을 북돋우기는커녕 사라지게 한다.

교육제도의 조건

교육제도는 우리의 사회의 꽃이다(김윤상).

개인들이 일할 의욕, 역할을 가지고 참여할 수 있는 기회(제도, 시스템)를 확장하는 사회라면 살아볼만한 세상이 아닐까. 역할을 다하며 참여함으로써 공동체의 구성원이 된다. 누구나 스포츠를 한다. 전국체전 혹은 올림픽이라는 시스템(제도)은 그기에 참가할 수 있는 개인들의 욕망을 자극하고 그 개인들이 욕망을 채워주는 과정(훈련프로그램)을 만들어낸다. 자신의 신체와 정신을 애써 담금질한다. 참가하는 것 자체 그들의 목적이 된다. 금메달이라는 부산물을 얻는 것은 그 다음이다. 단련된 신체와 정신의 능력은 그로 하여금 국제교역의 전선에 나설 수 있게 하고 스포츠 지도자로 나설 수 있게 하고 유기농법 농사꾼으로 나설 수 있게 한다.

연대와 공분이 사회제도를 구성한다.

교육은 정상적인 일상의 삶을 영위하는 사람들의 자연스러운 관심사이다. 교육제도는 대다수 아이들에게 마음의 역량을 높여주는데 도움을 주고 있는지, 그는 교육은 세상 속에서 일어난다는 것, 그것을 피할 수 없다는 것을 안다. 그러면서 그는 자신의 가르치는 프로그램을 통해 세상에 발언하는 순정한authentic 세력임을 또한 안다. 세상 밖에서 일어나는 듯, 세상과 무관한 것인 듯, 세상의 변화를 의식하지 않는 교사가 있다면 그는 적극적으로 불의의 편에 서 있다고 봐도 된다. 그래서 묻는다. 사람을 분별하는 그 교육이 어째서 국민의 의무이고 권리가 될 수 있는가? 그게 어째서 국민교육인가? 모두를 위한 교육은 단지 해보는 말일 뿐인가? 모두를 위한 교육을 사회제도로 조직하려고 애를 쓰면서, 보통교육을 구상하지 않았을까? '당대 교육적 관심사는 그 시대를 이해하는 한 가지 방식이다'(브로우디).

보통교육에 대한 관심은 근, 현대를 이해하는 한 가지 방식이다. 보통교육은 어떤 특별한 성격을 가지고 있는가? 공통 공동 공유 공존이라고 번역되고 그 번역어에 알맞은 의미와 의의를 새겨보는 것으로 충분하다. 보통선거는 1인 1표제, 부자이건 가난하건 학식이 높건 일자무식이건 여성이건 남성이건, 그 누구도 한 표를 행사한다. 저마다 한 표를 행사하는 그 국민으로부터 권력이 나온다. 그 한 표의 주권이 국민국가를 구성한다. 지식은 공유되어야 하고, 선도 신앙도 공유될 수 있어야 한다. 공유될 수 있는 것만이 국민의 것, 국민으로서 함께 할 수 있다. 공유 공존 공동의 것을 확장하고, 그리고 장애물을 제거한 사회제도를 확립하고 정착시키는 일을 두고 정치와 교육이라고 하지 않는가.

무엇이 보통교육의 제도 운영을 가로막는가?

권리이자 의무가 되는, 모두를 위한 교육은 공유와 공통감각에 터한 보통교육의 제도에 의해 가능하다. 유별난 사람들의 특권의식은 보통교육을 죽인다.

학력, 학벌의 추구: '교육에 대한 높은 기대로 이어지게 되어 있다. 보다 높은 단계의 학교교육, 보다 높은 서열의 학교에 진학함으로써 기대하는 성공과 만족스런 삶의 조건을 획득 하려는 것이다' (교육열망과 재생산, 30). 그들은 경과적 삶을 사는 학교를 선호한다. 학교는 나중에 살아갈 삶을 준비하는 잠정적 시간과 장소일 뿐이다,

학습경험의 내력: 선수학습이 제대로 되어 있지 않다. 기초 교구를

다룰 줄 모른다. 보고서를 한 번도 쓰 본적이 없다. 그래프를 그릴 줄 모르고 읽을 줄 모른다. 초등학교에서 배웠어야 할 내용을 알고 있는 학생이 거의 없다. 공부를 어지간히 한 학생은 모두 중 소 대 도시로 전학을 가고 없다. 노트 필기를 거의 안한다. 모른다는 것을 부끄러워하지 않는다. 그런데 틀린 대답도 자신 있게 한다. 농촌아이들이라서 그런가, 이 참담한 냉소...

체제의 논리: 부과된 과제를 신속하게 해결하는 성적우수아를 분별해내는 교육의 체제를 강고하게 하지 않고는 학교와 아이들을 통제할지 못한다. 졸지 않는 성적우수아를 따로 모아 그 아이들에 게 집중하는 특단의 제도적 조치를 취하는 대책 말고는 다른 방도는 없다. 이 지경에 교육 개혁은 아이들과 학부모와 학교의 유능과 성실을 쥐어짜내는 것으로 귀결되게 되어 있다.

법-제도가 아닌 삶을 규율하는 제도에 대한 이해: 규칙과 규범

제도는 확립된 가치, 규칙, 질서의 근간에 대해 생각해보는 개념, 언어이다.
교육개념에서 엄중한 교육(학교)의 규범 규칙이 도출된다.
설명할 수 없는 것은 가르칠 수도 없다(지식)
그래도 가르쳐야 한다면 그 때는 그것을 보여주어야 한다(도덕).
이 교육의 규범 규칙을 준수하며 가르친다면 수학을 즐겁게 진지하게 학습할 수 있다. 그 때 그 아이의 수학지식은 그 아이의 지적능력으로 기능한다. 그는 수학을 즐겁게 공부한다.

교육의 규범, 규칙을 준수한다는 것은 참여한 모든 아이들의 능력(물음과 관심)이 발현하는 '주제몰입'의 관계(〈교육의 쓸모〉에서 빌린 개념)에 들어가 있다는 것이다. 정해진 진도를 따라가며 속도 경쟁의 장에 투입되어 있다는 것이 아니다. 주제는 탐구이다. 문제풀이가 아니다. 주제 의식을 명료하게 하는 것은 몰입의 행동에 들기 위함이다. 왜 몰입인가? 수업이 끝나고도 여운이 남도록 하기 위함 이다. 그 여운은 자신에게 숙제를 부과하는 탐구의 계기이다. 자기 숙제가 몰입의 척도이다. 자기에게 부과하는 숙제가 교육이라는 활동을 성립 시키는 조건이 된다. 지식을 원리로 갈무리할 때 그 지식은 그의 지적능력이 된다. 원리는 현상, 현실을 추상하고 그리고 구체로 만드는 작업이다. 이 지식은 교실에 혹은 실험실에 가두어지지 않는다. 교실과 실험실이라는 '이상적' 조건에서 단서, 발견을 얻고, 그 단서, 발견은 반드시 교실과 실험실을 넘어 간다. 궁금증이라고 해도 좋다. 경험의 확장을 낳는다. 이상적 조건과 그것을 넘어서는 경험의 확장이 교육과정의 인식 근거이다.

질문을 명료하게 하여 답을 구하는 인간노력을 두고 교육학이라고 말해도 된다. 교육학은 물음을 가진 건강한 인간을 대상으로 설정하여 그 인간의 지적 도덕적 발달을 연구하는 학문이다.

잘못된 통념과 관행, 그것에 침식된 교육제도를 두고 우리 사회의 꽃이라고 할 수 없다.

권리이자 의무가 되는, 모두를 위한 교육은 보통교육의 제도에 의해 가능하다. 보통교육은 인간적 관심사를 추구하고, 일정한 제도적 규칙에 통제되고, 아이들의 필요와 요구에 따르는, 공적 형태의 교육이다. 그 교육은 모두에게 열려 있다. 국가가 법적 재정적 책임을 지며 학교와 교사가 다양한 형태의 교육과정 작업을 통해 교육의 기회와 교육의 과정을 확장한다.

차별의 벽을 허물어트리는 의지와 시스템으로서의 교육제도

교육에 통일과 계통을 확립한, 학교시스템이 작동한다.

그 통일은 국민을 표상하고 그 계통은 발달을 표상한다. 국민교육과 아이들의 학습이 공교육의 목표가 되고 대상이 되었다.

학교교육은 입학과 졸업의 제도적 규칙에 의해 통제되며, 또한 입학과 졸업은 모두에게 교육의 기회와 과정의 균등을 보증하는 제도적 약속이다.

교육을 거쳐, 국민이 되어야 하는 의무를 지며 또한 국가사회 운영에 참여하는 구성원이 되는 권리를 누린다.

공교육의 목표와 프로세스는 공개와 개방의 원칙을 따른다. 공교육의 운영은 은 교육전문가의 교육적 개입이 결정적으로 중요하다.

학교는 아이들의 표현과 경청을 '가치'로 받아들이는 특별한 장소이다. 학교교육은 아이들의 학습의욕을 가정한다.

교사는 표준절차in-service와 pre-service 에 따라 내내 '양성된다.'

누군가 말했다. '사람들은 자신들의 이해관계를 받아들일 수 있을 만큼만 제도에 참여한다.' 그럴 수 있다. 공교육은 삶을 살고 있는 사람들의 이해관계를 전혀 돌보지 않을 만큼 이상적인 것이라서 강제할 수밖에 없는가? 그렇다면 공교육은 문화 창조의 길을 막는다고 볼 수도 있다. 분명 공교육은 모두가 따라야 할 불변의 이상은 아니다. 역사사회에서 사람을 분별하고 사회를 구획 짓는 구실로 작용했었던 차별 교육에 대한 반역으로서 공교육 관념이 출현했고 제도로 정착되었다. 제도와 문화는 경험할 대상이고, 그래서 반성할 대상이다. 이 엄연한 사실을 인정하면서, 교사와 아이들의 관계가 공교육을 구성한다는 방법론이 공교육 제도를 이해하는 방식이라는 입장을 견지한다.

우리 교육제도는 왜 이리 무기력한가.

관주도 관치 교육질서인지, 특권층 주도 사람분별 교육질서인지, 진영 논리에 침식된 정파교육질서인지, 선발 입시제 주도 성적우수 인재 교육질서인지, 아무튼 공교유 내적 구성이 아닌 교육외적이 모종의 힘에 의해 움직이는 제도적 시스템이라고 일단 가정하고, 우리 교육제도를 이해해보자. 어떤 학교체제를 운영할 것인지, 우리 자신의 답을 얻기 위해 다음과 같은 문제를 출제한다.

한국교육제도를 외국인이 이해할 수 있도록 설명하시오
우리교육제도를 교사인 당신이 납득할 수 있도록 설명하시오

외국인에게 우리제도를 설명하려면 오늘 기능하고 있는 우리의 school system을 소개하면 될 것이다. 그들은 이미 스쿨시스템에 대한 자신의 경험치를 가지고 있기에 어렵지 않게 소개할 수 있을 것이다. 그들은 자신들의 것과 우리의 것이 어떤 점에서 유사하고 어떤 점에서 다른지 구별할 수 있을 것이다. 또한 그들은 스쿨시스템이 '공'교육 이념에 기반을 두고 있으며, 차별의 벽을 허물어트리는 제도적 규칙을 공

유하고 있다고 인정할 것이다. 한편 우리교사들은 형식적인 제도 규칙을 소개 받는 것으로 우리 교육제도를 이해했다고 생각하지 않을 것이다. 교육현장에서 실제로 작동하고 있는 오래된 밑바닥 '규범'이 무엇인지에 대한 비판적 토론을 통해 우리 교육제도를 파악하려고 할 것이다. 명시적 법에 따른 교육제도도 있지만 아주 오래된 뿌리 깊은 사회적 규범으로서의 교육제도도 있다는 것을 알며, 심지어 그 규범이 법제도보다 더 큰 구속력이 있음을 알고 있으며, 그 규범이 사실상 교육현장을 구성하고 통제한다는 것을 알고 있다. 그 규범은 마치 사회적 합의인 양 널리 받아들여지고 있으며 한편 이 규범은 교육정책에 의해 규제되기도 하고 조장되기도 한다는 것을 경험하고 있다.

나아가 교사들은 국민교육을 넘어, 세계 시민 교육을 향한 의지와 시스템에 대한 질문을 속에 품고 있다. 그들은 그 질문이 이상향을 그리는 환상이 아니라, 멸종의 위기, 지역소멸의 위기, 삶의 과정을 잃어버린 청년 실업의 위기를 직면하는 지극히 현실적 갈망이라고 믿고 있다.

제도의 참여자들이 바라보는 세상

우리교육의 제도를 통해 우리 사회와 삶을 들여다본다. 어떤 모습인가? 일상의 생활에서 심각하게 경험하는 교육적 가치, 규칙, 규범 같은 것을 찾아보려 한다. 그는 분명 특정한 어느 시기에 한꺼번에 일어났고 오늘까지도 영향을 미치고 있는 아주 유별난 가치관(제도)을 다루려고 할 것이다. 학교공부가 언제 어떻게 사회적 갈등을 일으키게 되었는지, 그 갈등이 전체 일상을 어떻게 바꾸고 있는지를 살피려고 할 것이다.

벌린의 말을 빌려, 한국인의 지배적 패턴과 관념, 모형, 이런 근본적

-이것을 통해 자연과 삶이 설명될 수 있는 관계, 즉 성공한자와 그렇지 못한 자의 양극화에 대해 생각해보자(낭만주의의 뿌리, 16).

성적우수아, 확립된 가치이자 규범

　입학과 입직의 높은 문턱을 넘고, 정상적 삶의 과정을 거치며 살아갈 체제 편입에 성공한 자. 성적우수아는 학교교육 성공을 넘어 선다. 학교교육을 통해 체계적으로 분별된 특별한 지위를 나타낸다. 학교교육은 아이들을 체계적으로 분별하는 사회적 기제이다.

　학교는 성적우수아 중심이다. 다른 아이들은 주변이다. 교사도 학부모도 관리자도 정치인도 성적우수아를 두고 교육의 문제를 규정하고 풀어낸다. 국가 정책도 그 논리를 답습한다. 그들에 성적 우수아는 선택된 소수이다. 그럴 수 없다는 것을 알면서 마치 모두가 선택된 소수가 될 수 있는 양 사회적 처신을 한다. 아이들을 그 쪽으로 내몬다. 그 결과 학교교육은 왜소화 되고 사교육은 번창한다. 사교육 시장이 되었다. 학교교육과 공교육과정이 엄연히 다르다고 최고 정책 입안자들마저 대 놓고 말할 지경이 되었다. 그럴만하다. 그 동안 공교육체제를 운영하는 국가마저도 저들이 만든 교육과정이 학교현장에서 파행운영 되는 것을 묵인했다. 파행운영을 노골화하는 특수목적형 학교를 만들었다. 그럼에도 묻는다. 학교교육과 공교육과정은 뭐가 다른가? EBS 수능강의가 공교육과정이라는 말인가? 학교교육이라고 할 때 그 학교는 어디를 가리키는가?

　성적우수아 규범은 우리 법제도적 규칙을 능가한다. 법제도와 정책은 성적우수아 규범을 암묵적으로 인정하고 조장한다. 그 규범을 깊게 넓게 확산시키는 것이 교육과 사회체제를 효율적으로 운영하는 방식이라고 인정한다. 그 체제순응이 한국사회와 교육의 성공이며 충분히 보상받아야 한다고 생각한다. 성공한 자에게 내리는 보상은 특권적 지위 배분이며 그 보상이 오늘 견고한 기득권층을 이루고 있다. 다른 사회정치적 갈등은 결국 이 기득권 권력 엘리트에 대한 도발로 간주된다.

  법제도에 의한 형식적 시험은 문자 그대로 형식일 뿐이다. 교과서도 교과서가 아니고 교육과정도 교육과정이 아니다. 교무실도 교무실이 아니다. 그 모든 교육적 요소들은 성적우수아 규범에 순응하며 동화되었다. 시험이 교육의 목표, 인생의 목표가 되었다. 하나의 필요한 과정, 절차, 활동일 뿐인 시험이 단일의 유일한 목표, 귀결점, 사람 판정의 척도가 되었다. 그런데도 어떤 사람들은 우리 교육제도는 사회의 꽃이라고, 국가의 부강을 이끈 주된 세력이라고 당당하다.

성적우수아라는 확립된 가치 획득에 고착된 우리교육제도

  교육의 동기도 그 아이의 것이고 결과도 그 아이의 것이다. 아이들 개개인은 자발적으로 경쟁에 뛰어들게 되어 있고 경쟁을 신체언어로 내면화 한다. 아무도 감히 기웃거릴 수 없는 감시망으로 둘러싸인 교육공간에 발이 묶인 채 지옥훈련에 내몰리고 있다. 이 지옥 훈련 과정에서, 아이들은(사람들은) 체계적으로 분별된다. 처음부터 분별되어 저편에 줄 서게 된 아이들이 다른 줄을 타는 것은 특단의 조치가 아니고는 어렵다. 아이들 분별의 정당성의 근거가 능력사회이지만, 그러나 능력사회의 그 능력은 이미 기존의 질서에 의해 고정되어 있다. 기존의 질서란 입직과 입학이다. 입직과 입학은 학교생활의 성공, 그 성공의 중심에 학력이 있고 학력은 시험성적으로 객관화된다.

시험성적이 능력사회의 그 능력을 재는 척도이다. 그 흐름에 순응하여 우수교사란 도시지향 교사들이다. 마침내 고기를 잡아주는, 정답의 요령을 콕콕 찍어주는 백억을 버는 일타 강사들이 출현하고 있다. 스타 일타 강사가 성적우수아 규범을 엄밀하게 준수하는 성공한 자의 표준이 되었고, 그들이 암암리에 전국 구석구석에 사교육시장을 만들었고 번창하고 있다. 세계 어디에도 이런 일은 없다. 마찬가지로 정책도 다양성이라는 이름을 빌려 성적우수아 조기 집중 형태의 학교를 만들고 있다. 변별력과 공정한 학력 경쟁이라는 규범이 확립되었다. 불평을 잠재우듯 농어촌 학교와 학생에게 시혜를 베푸는 법제를 만들고 있다. 기득권층은 역차별이라는 '피해자 흉내'로, 객관적 공정한 학력경쟁이라는 규범에 대한 공격을 사전에 차단하고 있다. 성석우수아 선발이 대학의 과정과 졸업을 압도한다. 학력 경력이 그 사람을 이해하는 참조체제가 되었다. 사람을 이해한다는 것은 사람을 구별하는 것이다. 삶의 방식의 양극화가 확대 심화된다. '일류'들은 일류 아닌 사람들과 섞여 살지 못한다. 평가가 목적을 압도한다. 평가는 지필검사라는 기법에 의존한다. 평가의 개념, 이론, 철학은 상실된다. 교육은 결과와 성과에 환원된다. 물질화 된다.

성적우수아, 그것은 행동의 최우선 기준이다 사회질서(사람관계)의 근간이다. 교육은 성적 우수아를 가려내는 체계적 절차의 다른 이름이다.

교육은 어디에 있는가? 교육의 민주화라는 밑으로부터의 요구는 어디로 갔는가? 자기주장의 초월 같은 것은 교육에서 아무 소용이 없는가?

사회적 역할의 양극화, 중심과 주변의 대물림

'그렇게 공부해가지고는 사회에 나가 사람대접 받겠어.'

성공이 권력을 정당화한다. 권력이 자의적으로 제도를 운영한다. 모욕과 무시, 우리사회와 교육의 제도적 시스템에서 빚어진 구조적 파생물이다.

뉴욕타임즈는 갑 질이라고 우리말로 표기했다. 우리사회의 문화현상, 제도현상이라고 보기 때문이다. 그것이 아래로부터의 힘에 의해 무너지고 있다고, 아래의 을과 위의 갑이 치열한 싸움이 벌어지고 있다고 분석했다. 을들의 생각과 선택을 지배 관리해온 갑들, 기득권자 그들은 아래로부터의 요구를 포풀리즘이라고 하고 민중주의라고 하고 사회주의라고 하며 불온시 한다. 또 그들은 4차 산업혁명을 들먹이며 입 다물라고 위협한다.

교육과정 목표도 운영도 거기에 초점을 맞춘다. 성과를 관리한다. 결과로서만 말한다. 과정은 검은 상자이다.

교실이 실종된다.

생활세계가 파괴되었다.

중소도시, 도시변두리, 농어촌, 반반하지 못한 직장, 낮은 학력, 이 조건들이 중앙과 변방의 기준점으로 작용한다.

기성세대는 교육을 체제순응과 편입에 맞추어 '기획 설계되어야' 한다고 주장한다. 그 기획 설계를 공교육 정상화라고 주장한다. 무슨 일이 벌어지고 있는가?

교육과 사회가 무너지고 있다.
저 출산 학령인구 감소 노동력 절벽 교육붕괴
2006 1.1명, 2022 0.78
학령인구 1980 1440만, 2023 726만, 2033 532만

미래가 뭔지도 모르며 미래를 함부로 지정하는 지도자들의 출산 대책으로는, 오락사회의 출산 문제를 해결하지 못한다. 자아실현 혹은 문화라는 이름으로 마시고 떠나고 즐기는 오락사회, 누가 오락사회를 이끌고 있는가? 오락을 즐기는 대중들 뒤에서 웃고 있는 자들은 누구인가?

어디로 가고 있으며 어디로 가야만 하는가? (2)

그런데 업무를 보려고 학교에 오는 교사도 있다. '아침 다른 동료교사들보다 매일 일찍 학교에 와서 운동장에 비치된 수도꼭지들 10개를 깨끗이 씻고 꼭지마다 물 조리를 달았습니다. 빈 시간이면 학교 구석진 곳을 살피고 다녔습니다. 자주 눈에 띄는 아이들의 모습을 메모하기도 했습니다. 집에 가면 하루의 학교생활을 시간대별로 적기도 하고 그럴 때면 어김없이 보이지 않던 것들이 이야기로 흘러넘쳤습니다. 메모뭉치가 이제 저의 보물이 되었습니다.'

어느 날 아침 '김선생 그러지 마시오 다른 교사들을 욕보이는 짓입니다, 함께 살아야지요.' 나이가 지긋한 어느 교사가 작심한 듯 충고하더군요. '함께 살아야지요.' 도대체 무슨 뜻인지 감이 잡히지 않더군요. '아닙니다, 이건 저의 철학입니다.' 철학이라는 말의 무게에 눌렸는지,

소리 없이 휭 가버렸습니다.

수업이라는 배당받은 업무를 처리하면 족하다. 그게 교무실 문화다. 너 하나의 유별난 처신으로 학교질서를 깨트리지 마라. 이런 뜻이겠지요. 그 교무실에서 저는 문제교사, 민중주의자 교사이겠지요. 학교만 아니고 나라도 시끄럽게 할 사람이라고 생각할 거예요. 정말 그래요. 일부 교사들은 기간제 교사들과는 점심도 같이 먹지 않는 답니다. '우리들 모다 가르치는 사람 아닌가요, 그것이면 충분하잖아요.' 별소리 다한다고 엄연히 신분의 차이가 있다고, 그게 현실이랍니다.

그의 언설을 되짚어 보세요.
저의 철학입니다.
난관에 처한 삶을 뒤돌아보았습니다.
깃발의 상징이 빗어내는 의미체계에 추동되는 민중의 함성을 들었습니다.
'내 자신을 살려고' 학교에 왔습니다. 학교에 임무 수행하려고 오지 않았습니다.
아이들과 함께 하려고 합니다. 아이들도 선생님들과 함께 하고 싶을 거예요
학교에서 경험은 무언가 유의미해야 하지 않겠습니까, 맥락이 있어야지요.
자신의 경험을 다시 경험하며 지적 비약을 체험하는 것은 학식과 아무 관련이 없습니다.

교육을 일상의 삶의 문제로 바라보고 거기서 할 말을 끌어내는 것,

나는 그것이 우리교육의 시작 지점이고 돌아가야 할 지점이라고 생각한다. 구조니 본질이니 의식이지 하지 않고, 제도개혁이라고 하는 것은 바로 교사가 교육을 일상의 삶으로 사는 환경을 만드는 것임을 의미한다. 앞에서도 말했듯이, '아이들한테 출근하고 퇴근한다.'(어느 교사가 쓴 글에서 이 명제를 얻고서, 나는 이 명제야말로 아주 정확한 우리교육의 문제를 진술한다고 받아들였다. 아쉽게도 글의 출처를 잊어버렸다.)

어느 누구를 탓하지 않습니다. 비교하지 않습니다.
이념에 따르고 있습니다. 이념은 사랑이라고 하잖아요.

정신이 번쩍 든다. 정신을 차린다. 그 정신이 아이들의 정신세계에 관여한다. 그 정신, 그 정신세계가 실재한다. 어떻게 정신이 번쩍 들지, 어떻게 정신에 관여하지,

몸 상태와 마음 상태,
1977년 무용수이자 교육자인 알바로는 예술대안학교를 세웠다. 몸의 학교는 차별 폭력 가난으로 인한 사회적 경제적 환경적 문제들로 아이들의 건강한 삶을 꾸릴 기회조차 받지 못한다는 것에 주목, 문화예술을 바탕으로 한 신체교육법 진행을 위해 설립, 몸에 대한 존중을 체득하기를 바라는 마음에서 춤을 가르치고 있다. 예술적 경험이 폭력과 억압으로부터 인간을 해방시켜 준다(김수향, 와 수원평생학습동향리포트와 무크지 145-153).

브루너가 제안한 구조감 sense of structure를 증거 하는 프로그램이라고 나는 본다. 정의감sense of justise이 있어야 정의를 가르칠 수 있다는 관념이라고 본다. 감성의 중요성, 몸(활동)의 중요성, 경험이 없는 곳에 사유도 없다. 학습경험은 활동을 통해 일어나는 생각이나 행동의 변화에 대해 무릎을 딱치는 것, '맞아 그거야,' 이런 이해의 양식에 붙인 이름일 것이다.

칸트는 당대 혁신학교인 '박애학교'를 모델로 교육학 강의를 하면서, 교육은 신체와 정신의 활동으로 개념화 했으리라고, 가르치는 일도 그러하고 배우는 일도 그러하다고, 가르치는 일과 배우는 일은 둘 다 동일한 같은 일이 되어야 한다고 생각했을 것이다. 그는 분명하게 교육의 보편성을 주장하기에 이른다. 인간은 자유를 향유하는 능력, 성향을 가지고 있지만 그 능력, 성향은 세계에 대한 경험을 통해 단련되어야 한다. 어느 누구에게도 그 능력을 단련하는, 그 사람에게 맞는, 기회를 제공되어야 한다. 그 기회는 기계적 절차 같은 것이 아니다. 그 사람의 내면을 파고드는 최상의 기술art이어야 한다. 나는 그것을 인술이라고 번역했다. 그는 자신의 생각(신체와 정신이 하나로 어울려지는 활동으로서의 교육)을 이론으로 정립하지는 않았다. 그래서 그는 교육학 강의를 출판하는데 주저했을 것이다. 듀이는 민주주의와 교육에서 칸트의 생각에 뚜렷한 형체를 부여하고 있다.

듀이의 칸트 교육론 이해, 가르치는 자(지식인 교사)통제의 교육, '칸트는 교육을 인간이 되는 과정으로 정의하고 있다. 인간은 진정한 의미에서의 도덕적 이고 합리적이며 자유로운 존재로 스스로를 만들어나가지 않으면 안 된다. 이 창조적인 노력은 세대 간에 걸친 장기간의 느린 교육활동에 의해 이루어진다. 그 속도는 인간이 그 후세대를 기존의 사회현실에 적응하도록 하는 것이 아니라 장차 인간성이 더 풍부한 사회를 건설하도록 교육 하는 일에 의식적인 노력을 기울일 때 더 빨라진다. 그러나 여기에 큰 어려움이 있다. 즉 젊은이들을 교육함에 있어서 각각의 세대는 대체로 현재의 세계에 적응해나가도록 할 뿐 교육의 진정한 목적, 즉 인간성의 최대한의 실현을 증진하는데 마음을 쓰지 않는다는 것이다. 자녀를 교육하는 부모는 자녀가 출세하기를 바라고, 한편 군주는 교육을 자기목적의 수단으로 삼는다'(민주주의와 교육, 165-166). 그렇다면 누가 교육에 책임을 지는가? 당대의 지성에 의존할 수밖에 없다. 칸트는 '가르치는 자'(지식인 교사) 통제의 교육에 대한 신념을 표명한다고 말할 수 있겠다. 듀이는 칸트와 같이 교육은 미래 비전에 통제된다고 생각한다. 군주의 나라가 아니라 민주주의 나라이다. 민주주의 사회를 운영하는 능력이 시대의 문제이다. 그것이 인간이 되는 길이다. 교육은 우리가 마음에 두고 있는 사회를 규정하기 전에는 확실한 의미를 가질 수 없다. 민주주의 사회에서 또 민주주의 사회를 건설하는 데에 교육이 가지고 있는 한 가지 근본적인 문제는, 국가의 목적과 보다 넓은 사회적 목적 사이의 갈등에서 빚어진다는 것이다. 협동과 상호부조 정신에 입각한 목적과 이익추구 사이의 모순은 -이것이야말로 모순이 아니고 무엇인가- 교육의 기능과 평가기준으로서의 '사회적'이라는 것이 무엇을 뜻하는가 하는 문제에 대하여 이 때까지 교육이론이 밝힌 것보다 훨씬 명확한 개념을 요구하고 있다..... 사회적 목적을 향하여 점진적으로 성장해가는 개인의 능력을 자유롭게 하는 일이 교육이라는 생각과 불가분의 관계를 맺고 있다(위 책, 167-168).

다시 인재는 누구인가?

고기 잡는 방법을 가르친다는 교육방법론
교과 연구와 대안교과서 편찬
공교육을 운영하는 시스템을 재정비하여 공교육체계를 확립
하려고 싸우는 시민사회

한적한 외진 마을 30마리 남짓 소에서 갓 짜낸 우유로 치즈를 만들어 일용하기도 하고 팔기도 한다. 외딴 곳 누구도 눈길을 주지 않는 삶을 살면서, '세상 한가운데 살고 있다,' 고 웃으며 큰소리로 말할까? 그는 자신의 가치를 살고 있다. 그는 민주주의와 더불어 지내고 있다. 그는 우리사회에 쓸모없는 그저 그런 사람인가, 우리교육제도에서 실패일 수밖에 없는 그런 사람인가? 우리교육제도에서 드러내는 가치와 목표는 무엇일까? 공식적인 것과 비공식적인 것이 따로 있는가?

인재를 다시 생각한다.
　당대 기술과 철학을 흡수하지 못한다면 쇠퇴의 길을 걸을 수밖에 없다.
　다시 생각한다. 기술이 응용이 철학을 수반하고 철학이 기술의 적용력을 더 높인다. 둘은 따로 떨어져 있지 않다. 나는 인간학습의 특성을 지적비약과 적용이라고 규정했었다. 나는 학습의 사전적 정의를 비틀어, 인간학습은 지적활동을 거쳐 익숙한 생각이나 행동에 변화가 일어나고 있음을 '자각하는' 학습경험을 지칭한다고 적었다. 그러면서 우리들이 친근하게 대하는 삶의 구석구석 친근한 달인들 발견하고 친근하

게 이야기 한다. 달인은 우리 기층문화를 설명하는 중요한 요소임에 틀림없다. 그 달인은 일본의 장인 독일의 마이스터와 맞바꿀 수 있다고 생각했다. 달인 장인 마이스터의 공통 공유 감각 가치는 동기의 순수성 여부를 넘어서는, 과정의 애씀과 거기서 거두는 얻음은 그의 것이면서 또한 세상의 것이 된다는 것이다. 말하자면 과정에서 우러나는 지적비약과 있는 기술을 다시 조직하여 전혀 새로운 결과물을 만들어내는 상상력, 적응력은 그의 것에 한정되지 않고 세상의 모두의 것이 되는 가치로 자리매김한다. 나는 이것이 달인 장인 마이스터 같은 형태를 취하기도 하지만 정신성의 문제로 이론화 할 수 있다고, 그래서 그것을 교육의 대상과 목표로 설정할 수 있다고 생각한다. 형태를 취하고 있는 고정된 것은 겉으로 쉬워 보이지만 결코 쉬이 따라 할 수 없다. 형태를 취한다는 것은 그 시대 그 곳의 사회문화적 규범과 궤를 같이 하기에 그렇다고 본다. 기술은 첨단을 가고 철학은 뿌리로 돌아가는 성찰이라고 했다. 기술은 못 말린다. 그러나 철학은 뿌리, 즉 사람의 문제를 다시 성찰하는 문제이기에 붙잡아 고민할 수 있다. 첨단기술은 당연히 세계화를 욕망한다. 패권 국가들은 세계화-지구촌으로 재편한다. 작은 나라들도 세계화를 서두르는 것이 시대의 철학인가? 아니다. 사람문제를 마주 세워 다시 찬찬히 뚫어지게 바라보는 것이다. 사람과 삶은 시각을 달리할수록 그만큼 달리보이고 달리 대접하면 달라진다. 특권의식에 병든 사람이나 수치심에 쫄은 사람은 다소간 어려울지 모른다. 감정에 치우친 사람은 일에 몰입하지 못하고 그래서 지적비약을 맛보지 못할 수 있다.

이 경향성을 듀이는 경계하여 말하기를 '무슨 주의자 ist'의 반사회성에 대해 그리고 그 반사회성은 계급사회의 구조적 부산물이라고 했다.

뜻으로 살지 않고 거짓 빌려온 신념체계로 사는 고착된 인간의 정신지체 현상이다. 그는 세상을 알려고 하지 않는다. 개인의 발달과 공동체의 발달은 병행한다는 교육이론을 제안했다.

人才의 부류와 人材의 부류. 인재와 인재의 구분법

관심사-일 그리고 人材라고 쓴다.

　관심사-일을 살고 있는 사람의 인생을 대상으로 대 여섯 문장 짧은 글을 쓴다고 해보자. 숙제라고 생각하고 애써 쓴 것을 오늘 제출해보라. 관심사-일의 개념이 분명하지 않거든 일단 티브이에서 소개되는 생활의 달인 혹은 농민부자 혹은 서민부자를 마주 세워 놓고 그들의 투쟁하듯 자기 일에 몰입하는 과정을 몇 문장으로 드러내보라. 시작은 미미했으니(돈벌이, 입에 풀칠하기, 농촌으로 숨어들기) 그 끝은 창대했다. 자나 깨나 지칠 줄 모르고 일에 매달리며 나의 활동과 상추의 자람 사이에서 일어나는 변화를 기록했다. 진정 가까이서 자세하게 들여다보았다. 사람이 아닌 상추를 사랑하고 있다는 강한 느낌으로 하루하루를 살았다. 소비자가 생산자가 되어 작물을 재배하는 작물재배법을 쓰고 있다는, '지적비약'이라고 할 만한, 내면세계의 변화를 자각했다. 지적비약은 여기저기 흐트러져 있는 정보와 기술을 재조직 재편집하는 기술의 적용으로 나타났다. 내가 재배한 '청상추'는 물론 하나의 작물이지만 또한 내가 만들어낸 작품이기도 했다. 작품일 바에야 그것이 어찌 나의 소유물이겠는가. 나눔이 세상을 구성한다는 기막힌 정신적 성장을 이루었다(어느 귀농인의 죽어라고 고생하며 마침내 이룬 자기 농장 이야기를, 교육학적 언어로 되치기 했다).

지적 도덕적(정신적)이란 말의 사용법은 무엇일까? 그 사용법의 핵심은, 삶의 난관에 처한 사람이 겪는 마음의 동요(아픔)에 '직면하여 그 아픔에 나의 감정을 이입하려는 애씀'일 것이다. 사람들 저마다 지니고 있는 삶의 애와 환을 가까이 자세하게 들여다보려는 낮은 자세라고 해도 될 것이다.

가정: 모든 기층문화는 사람노릇으로 서로를 묶어주는 행위양식이다. 그것은 그 사회의 특수한 의례로 나타난다. 라오스의 아침공양, 밥을 스님에게 공양, 스님은 남은 밥을 빈민에게 나누어줌, 그 의례에 들어 있는 제도로서의 재분배, 진정 이념에 순응하는 행위양식일 것이다.

인재를 문제제기 하는 방법

고발과 선포, 두 행동양식은 분리되지 않는다. 고발은 선포에 의해 정당화되고 선포는 고발에 의해 구체화된다. 어떻게 제자리를 찾나?

'교육적 타당성 물음'을 가지고 한국교육의 현상(실)을 쟁점화 해가는 방식으로 찾아보자. 어떻게 질문하면 교육적 타당성 물음이 되나? 어떻게 가르치면 그 아이의 학습을 이어가게 하나? 왜 성적을 얻는데 도움이 되는 지식은 그 아이의 학습 능력이 되지는 못하나? 어떤 지식을 어떤 방식으로 가르치면 그 지식이 그 아이에게 탐구 의욕을 일으키는가?

교육적 타당성 물음은 교육체제의 변혁을 요청하나? 방법 혹은 프로그램 혹은 교사연수 같은 것 것으로는 부족하나? 위에서 말한 '한국교육의 문제', 즉 아이(사람)가 없는 교육, 그 교육이라면 보편과 보통의 가치를 실현할 수 있는 체제를 상상할 수가 없다. 교사와 아이들의 교육적 관계가 살아 있는 교실을 만들어내야 한다는 소망은 전혀 다른 그릇, 체제를 요청한다고 봐야 한다. 교육적 관계를 다른 말로 정답이 아닌 물음을 이어가는 교육과정이라고 하겠다. 보편과 보통의 가치는 모든 아이들이 동일하게 갖추어야 하는 문화적 능력이다. 그 능력은 더 진전된 앎을 스스로 발전시킬 수 있는 자기교육력, 그것을 학습능력이라고 했다.

학습능력은 교육기관인 학교의 교육과정을 통해 기획될 수 있다. 교육과정의 파행운영이 일상화 되어 있다는 것은 체제고착의 결과일 것이다.

타당성 물음의 철학

듀이의 생물학적 기초에서 구한다. 인간은 행동하는 존재, 살아남기 위해 투쟁 저항하는 존재이다. 이념보다 행동이다. 그 행동이 관심사이다. 관심사는 단지 취향이 아니다. 투쟁의 인간적 방식이다. 인간은 관심사를 가지며 관심사를 완성하여 사회적 인간이 된다. 관심사를 가지고 사회적 역할을 수행하며 주체가 된다. 그 역할은 제도에 참여하며 나타난다. 단지 적응에 머물지 않는다. 공동체를 만들며 완성한다. 관심사를 이념 계급 국가경쟁력 보다 열등하게 취급하는 것은 전체주의적 사고의 산물이다. 전체는 이념이다. 인간은 저항하여 새로운 존재가 된다. 리뉴얼이 인간을 이해하는 키워드이다.

관심사는 학술적 용어, 중립적 용어이다. 사고를 확장하는 개념으로 정립가능하다.

그 人材 교육체제는 청년실업의 시대적 고통을 완화할 수 있는 사회정책일 수 있는가?

교육이 직접 일자리를 만들어내지 않는다. 교육이 직접 일자리 만들어내는 방안을 목적으로 진술하지 않는다. 그 교육은 오히려 청년실업의 고통을 가중시킨다.

교육은 '일꾼'을 기른다. 일꾼이 되는 것은 삶을 사는 사람의 조건이다. 일꾼이 자유를 향유한다. 일꾼은 특수한 쓸모에 의해 규정되지 않는다. 특수한 쓸모를 가지고 인재를 선발하는 방식이 교육의 평가 방식으로 전화될 수 없다. 人材체제? 젊은 세대에게 꿈을 허락하는 환경이다. 꿈을 꾸는 아이들 개념, 철학자 시인 과학자로서의 이이들 개념이다. 정상적 삶이라면 꿈을 꾼다. 지적 도덕적 능력이 힘이 되는 삶의 정상성이다. 그 능력은 인간의 힘이다. 그 힘은 발달한다. 그 힘은 다른 복잡한 가치들이 개입하면서 약화되고 정체된다.

교사의 전문성 관여에 있다. 우리 현실에서 전문성 관여는 이상주의자적 열정을 요구한다. 그것은 학교를 바꾸는 일이고 학교를 바꾸는 일은 고정관념과 관행에 충격을 준다. 우리는 그것을 구조적 변혁이라고 한다.

구체제, 모반하자

왜 人材인가, common 인간 공유 공동, 국민교육의 근본, 국민교육의 그 국민은 역사적으로 민중, 교육을 통해 사회적으로 다시 태어나는 인간-민중

모두를 위한 보통교육, 현학적 논의라고 심지어 얼치기 이상주의라

고 할지도 모르겠다.

교육에 아이들이 없고 젊은 세대가 없다. 그 빈자리에 국가경쟁력의 깃발이 꽂혀 있고 그 깃발 아래 성공한 기성세대만 우굴 거린다. 왜 그렇게 되었는가? 교육의 관점(논리)의 실종이 그 대답이 될 것이다. 어느 누구도 교육의 관점을 숙고하지 않는, 교육에 죽고 살기로 매달리면서도 정작 교육적 관점에는 무심한 이상한 풍조에서 그 대답을 찾는다. 이것을 한국교육의 문제라고 했다. 한국교육의 문제를 극명하게 드러내기 위해, 아이들이 들어 있는 人材論과 국가가 지배하는 人才論를 대조시켰다. 이런 대조법을 통해 미래 한국의 人材 교육체제에 대해 포괄적 이해를 얻으려 한다. 人才와 人材는 엄밀한 개념적 구분은 아니다. 人材의 개념을 정립하기 위해 우리의 진정성을 보이자.

교육과 사회의 복원

유럽 마을을 돌아다니면 아주 작은 마을인데도 음악회 같은 것이 열려요. 거기 누구나 오더군요. 굴뚝 청소부도 오고 의사도 오고…일상적인 것을 가지고 사로 이야기 나누는 장면을 보게 됩니다. '오늘 지휘자가 좀 빠르지 않았나요.' 전에 병원 청소부가 벤츠를 몰고 깨끗한 차림으로 병원 청소를 끝내고 다시 그 차림으로 돌아가는 것을 보면서 충격을 받았습니다. (고향마을 파파로티)

'종교가 신자들을 우리에 가두어 가축화해서는 안 된다.'
관심interest(이해관계라는 뜻도, 이자라는 뜻도 있습니다)이 결여되어 있기에 그저 무심히 다가가고 싶은 마음 상태, 그런 사랑인 것 같아요. 어떤 인류학자는 그런 귀여움이 너무나 힘든 긴 육아 양육을 가능하게 한다고 하더군요. 다른 동물의 새끼는 세상에 나오자마자 제 발로 걷고 먹이를 찾지만 유독 인간의 새끼는 거의 20년 보살핌 돌봄을 필요로 합니다. 그래도 내치지 않는 것은 이해관계는 한 점도 없는 귀여움의 내적 힘이라고. 우리 성적우수아 규범은 그 천부적 귀여움 관계를 파괴해버리고 있습니다. 유아원 시절에 귀여움의 자연도 무조건 사랑도 전술적 간섭으로 바꿉니다.

민주주의의 가치를 산다. 가치를 창출하고 가치를 확충한다.
   가치가 뭐지, 세계의 질서를 알려는 욕망, 무엇을 어떻게 알아야 세계의 질서를 알게 되는지에 대해 사모의 생각과 경험을 주고받는 것, 과학자들의 생각과 경험에 대해 그 역정에 대해 그 맥락을 온 것 그대로 알알이 이야기 하는 것, 일상의 경험을 앎으로 갈무리 하는 과정을 드러내 이야기한다면 그 구조는 과학자의 것과 다르지 않을 것이라는 기대, 단지 수준의 차이는 있지만 말이다. 그것을 의식한다면 그는 자신의 삶에 대해 반성적 자세를 취하게 될 것이다. 이것이 교육의 과정을 구성하는 바탕, 보통교육의 교육육정 작업의 맥락이라고 생각한다. 이는 보통교육의 목적을 분명히 하면서 고등교육과 능히 연관하는 고리가 되지 않을까. 수학도 민주주의도 마찬가지 이다. 만약 다른 나라의 제도를 연구한다고 하자. 그 나라는 지방 분권을 어찌 그리 잘하지, 그 분권제도가 어떤 좋은 가치를 산출하고 있는지, 어떻게 제도를 운영하는지, 그 제도의 역사적 배경은 무엇인지, 그 제도를 통해 형성된 규범은 무엇인지, 세계시민성을 담보하는 지속가능한 시스템인지 이런 문제를 하나 하나 짚으며 그 맥락을 온전히 드러내는 한 마당 이야기이면 충분하지 않은가. 여러 나라의 분권 제도의 유사점과 대조점을 비교하는 것으로는 분권에 대한 박학다식은 될지 몰라도 분권의 가치를 살아보려는 의지와 시스템에 대한 관심을 일으키지는 못한다. 진실과 실상을 밝히는 연구와 그것을 가르치는 교육은 달라야 하는가? 연구자의 몫이 있고 배우는 자의 몫이 따로 있는가? 둘은 하나일 것이다. 연구와 교수-학습은 마찬가지로 인간 삶의 향상이라는 논리에 의해 구성되고 비판될 것이다. 나는 이 개념을 〈독일은 왜 잘하지〉를 읽으며 더 분명하게 했다. 독일의 정치지도자들이 잘하는 맥락을 가진 이야기, 그들의 의지와 시스템에 대한 '오래된 미래'라고 읽었다. 오래된 미래 즉 확립된 규범이 정치지도자와 일반 시민의 교양으로 삶의 지식으로 작동하고 있다는 것을 읽었다.

제도개혁에 참여함으로써 그 제도의 운영자가 된다.

노숙자에게 잠 잘 곳과 밥이 아니고 왜 인문학일까? 공부에 지친 아이들에게 고기를 잡아주지 않고 왜 고기 잡는 방법을 가르친다고 할까? 난관에 처할수록 속으로 묻는다. 사람은 무엇으로 사는가? 출판의 자유, 표현의 자유, 권력에 대놓고 항의하는 자유로 산다. 그 자유가 왜 좋은 데, 참여함으로써 나의 역할을 확인할 수 있기에. 밑으로부터의 요구가 위를 압박하는 '시민사회' 현상을 목격하고 있다. 변화를 실감한다. 그 체험을 드러내 말해본다면 세상 보는 눈높이도 달라진다. 그 달라진 눈으로 우리교육을 쳐다보고 말을 걸어보자. 진부한 익숙한 말을 버리자. 그래야 내가 살아 있는 구체적 정신일 수 있음을 확인한다.

권력에 순치된 의식, 내 속의 권력을 들어내는 자기의식 비판, 해방

'대통령이 바뀌면 나아지겠지.' '교장이 바뀌면 학교가 좋아지겠지.' 교사를 잘 만나야…. 선량한 지도자 만나는 행운을 빌고 있어야 하나. 대통령, 교장, 교사가 질서이고, 그들 아닌 우리는 무질서인가? 그들은 앎이고 그들 아닌 우리는 무지인가? 이 관료적 지배 관계를 받아들이는 한 그는 자청하여 자신의 앎을 관리 당한다.

인적청산? 그것이면 족할까? 구조를 바꾸는 것과 인적청산은 분명 연관은 있지만 인적청산이 구조혁파로 귀결된다고 말하지는 못한다. 잘못된 관행과 고정관념을 해체하는 방안은 무엇일까? 그 고민이 우선한다.

교사의 책임

앎은 물음을 가지고 답을 구하는 탐구행위의 소산이라고 단언할 수 있어야 한다. 답을 가진 자는 없다고 물음을 가진 자 뿐이라고, 앎은 생성되는 것임을 서로 인정해야 한다. 이것을 인정하는 지도자만이 대중을 지도할 수 있다. 이것을 인정하는 교사만이 아이들을 가르치는 자의 자리에 설 수 있다. 그것이 지도자와 대중 간에 단절이 아닌 이해와 공감의 끈이 된다.

목소리를 높이는 '선지자'의 어법을 경계한다. 그 어법은 한 사람 한 사람을 염려하는 셈법이 아닐 수 있기에 경계한다. 어떻게 선지자의 어법을 경계하지? 앎을 관리 당하는 속에 있는 소시민성을 삭여 없애야 한다. 교육할 질문을 마다하지 않을 용기를 가져야 한다. 지식은 소유물이 아니라고 그래서 전수되는 것이 아니라고 말할 수 있어야 한다. 그래서 선행학습을 최악의 교육형태라고 규정한다. 당신이 교사라면

선행학습의 대체물을 제시해야 한다. 교사라면 마땅히 그래야 한다. 교사가 먼저 나서서 혼신의 힘을 다해 대체물을 누구나 경험할 수 있도록 제시하는 것이다. 교사는 선행학습을 폐기하면 그 다음은? 수능을 폐기하면 그 다음은? 존 듀이를 넘어선다면 그 다음은? 이런 생각이라야 책임을 수반한다.

근본주의, 앎의 생성을 인정하지 않겠다는 것.
본질주의, 앎을 관리하려드는 권력을 직면하지 않겠다는 것.

맺음, 이목 레거시

아이들을 가르치고 싶었지. 아이들을 가르쳐야 하는데 국가를 가르치라고 해. 애국은 당시 한국인에게 시대정신이기에 더욱 힘들어 국가를 잘 가르치려고 했지. 그런데 국가가 반공이야. 나도 반공을 가르치려고 했지. 그런데 반공을 맹목적으로 가르치라고 해. 왜 맹목적일까? 국가에 아이들도 들어 있지 않고 민족도 들어 있지 않아서 그랬던 것 같아. 반공과 맹목이 교육의 목적이 되고 교육의 과정이 되었지. 아무튼 반공도 애국도 아이들에게 이해와 지식이 되게 가르치려고 애쓰는 것이 가르치는 자의 도리 아닌가. 일본 군국주의가 하는 짓과 그다지 다르지 않았고. 진정으로 열심히 반공도 애국도 아이들의 것이 되게 가르치고 싶었지.

아이들을 가르친다는 것이 왜 그리 중요해요? 그것 아닌 다른 앎은 금방 잊어버리지, 하나를 가르치면 둘을 알아야 하는 것 아닌가, 그게 인간다움의 조건이지. 왜 전쟁을 하지, 왜 다툼을 하지, 왜 민족상잔의 비극을 겪어야 했지, 그렇게 물음을 자극하는 거지, 물음이 인간다움의 특성 아닌가, 아이들도 어른 보다 더 많은 더 깊은 물음을 묻고 자신의 대답을 내놔, 어른은 한 두 개 밖에 못해, 물음이 이어지면 거기에 생각과 재화가 흘러 다녀. 그것이 사람들 서로서로를 이어주는 끈이 되고 일치에 이른다. 앎은 물음이야.

1960년 교원노조 사무총장, 1961년 5월 18일 구금, 10년 징역형, 5년 감옥살이

가르치는 자에게 맹목의 길을 강요하는 교육 안과 밖의 세력이 무엇인지 가려내는 눈빛이 있기에 선생님은 여전히 글을 쓰고, 교사들이 모인 자리라면 그 어디든 찾아가 맹목은 밖에서 강요되기도 하지만 교육 안에도 또 아리 틀고 있노라고 소리치고 달래고...

가신 지 4년이 흘렀다. 그립다.

강의12. 제도를 도입하려면 교육체계에
대해서도 생각해야지요.

　사정관제 도입을 골자로 하는 대입제도를 설명하는 자리에서, 어느 학부모가 항변인 듯 강한 어조로 내놓은 질문이다. '체계에 대해 생각해야지요.' 어떤 속뜻을 지닌 질문일까?

　피사 성적은 높은데 학습의욕은 바닥이다. 지식의 소유에 치중하는 시험 형 교육활동이 빚어낸 사회적 교육적 현실에 대한 지적일 것이며 다음과 같은 분석개념으로 우리교육현실을 투시하자는 요청일 것이다.

　역할의 양극화, 절박한 세상을 이해하는 방식, 중앙과 변방으로 분열된 사회구조,
　학습의욕을 매개한 학교교육, 아이들의 것 of, 날 것 지식활동을 지도의 현실성 자원으로 발굴하고 조직하는 '교사책임' 교육과정 작업

　학교교육의 실종, 그 책임을 대학에게 묻는다

　대학 입시제를 바꾸면 분명 교육에 변화가 있으리라 기대했지만 어쩌면 더 나쁜 부작용만 남기는 쪽으로 귀결되지 않았느냐고 질타하는 것 같기도 하다. 사회제도인 교육제도를 개혁한다면 누구나 더 많은 사람들이 제도의 혜택을 받게 되리라고 기대한다. 사회제도는 기본적으

로 정의의 문제를 풀어내고 있으니까 말이다. 교육개혁의 목적이 무엇이냐고 묻는다면, 묻지 않아도, 개혁의 명분을 살펴보면 으레 교육의 본래적인 공의 가치를 살리려고 한다는 것을 알 수 있다. 교육을 통해 마땅히 제공 받아야 할 가치를 받게 되는구나. 지금껏 누리지 못한 혜택을 받게 되는 구나. 그러나 이득을 배분하는 정의로운 제도 개혁은 이제껏 없었다. 대학입시제를 바꾸지 않고는 공교육을 살리지 못한다. 작게 크게 30여 차례 입시제 개혁이 있었지만 기대했던 성과는 없었다.

사정관제는 제도개혁의 본 뜻인 균형과 효율을 문제 삼는 특별한 제도적 규칙이 되리라고, 사실상 우리 교육역사에서 '최초의 교육개혁'이라고 힘주어 말하고 있다. 지금까지 그런 말을 많이도 들어왔다. 그 학부모는 '당연한' 말 뿐인 말을 듣고 싶지 않으니, 사정관제를 통해 교육에 새로운 기풍을 몰고 올 체계에 대해, 아이들이 시험의 압박에서 벗어날 수 있을지 어떨지를 학부모가 알아듣게 '이게 바로 교육다움을 끝내 이끌고 갈 시스템, 체계'라고 말해달라는 뜻일 것이다. 우리교육에 작동하고 있는 운동과 힘에 대해 알고 싶고 그리고 사정관제를 도입하면 우리교육을 움직이는 균형의 추가 전과 달라질 것인지 알고 싶다는 것이다.

사정관제는 제도의 효율과 균형에 대해 원론적 문제를 제기하지만 한편 입시와 교육을 제도적으로 분리하고 그리고 통합하는, 시급한 현안을 근본이 되게 풀어줄 최초의 제도개혁이라고 선언하고 있다. 입시가 교육을 지배하고 있을 바에야, 교실은 무너지게 되어 있다. 아니 대학 강의실이 먼저 심하게 무너졌다. 대학에 선발방침은 있지만 졸업방침은 없다. 선발을 잘 해서 일류 명문으로 자리하려고 하지 졸업에 대해 별스런 소리를 하지 않는다. 성적우수아를 쓸어 담아 일류 명문이 된 대학은 선발 그 기득권 특권을 절대 놓치지 않으려고 한다. 그들은 공교육의 파행을 당연시 하며 저들이 인재를 배출하여 경제를 살리고 이만큼 잘 살게 되었다고 한다. 사정관제는 국민에 대해 무책임하기 그 지없는 이른바 명문 대학의 선발, 그 기득권 특권을 문제제기 하며, 그 문제는 오로지 공교육 살리기에 집중함으로써 풀려고 한다. 사정관제가 아니라도 된다. 선발과 교육을 분리하고 통합하는 제도적 장치라면 다 좋다. 이 문제를 풀지 않으면 공교육은 발붙일 틈이 없다. 미국 사정관제를 참조하지만 미국의 것과 달라야 한다. 우리의 것이 겨냥하는 대상과 이르고자 하는 목표가 미국의 것과 다르기 때문이다.

선발과 교육을 제도적으로 분리하고 그리고 통합하는 제도적 장치

체계가 문제를 만드는 것이 아니라 문제가 체계를 만들어낸다. 국민교육과 인간발달이 문제를 만들어냈을까, 선발 일류 졸업 인재 문제가 체계를 흔들고 있을까, 후자라고 본다. 엄연히 우리의 삶에 혹은 국가경영에 영향을 미치고 있는 가치들이다. 그것을 마치 없는 것인 양 처리할 수는 없다. 교육개혁이 하얀 종이에 청사진을 그리는 것은 아니지 않은가, 이 문제가 일으키는 교육실종의 원인을 학부모의 사교육 구매 같은 개개인의 비이성이라고 규정해서는 답을 찾지 못한다.

대학의 선발방책과 학교의 내신에 대한 불신 사이의 역기능에 주목하는 편이 더 현실적이다. 개인에게서 문제의 원인을 찾는 개개인의 결함 모형에서, 관계와 관계 사이의 역기능을 파악하는 대인관계 모형으로 개념을 변화시켜 문제를 바라본다.

대학이 선발보다는 졸업에 관심을 기우리고 한편 학교는 아이들의 성취의 경험에 의거한 학습경험의 확장에 심혈을 기우린다면 대학과 학교 모두 교육기관으로서의 위상을 지닐 수 있다. 두 교육기관의 연속과 도약을 가능케 하는 제도적 장치는 무엇일까? 사정관제라는 장치라면 시작이 반이되는 개혁이 되리라고 생각했다.

선발과 교육을 제도적으로 분리하고 그리고 통합하려고 한다.

입시에서 '입학'으로,
 '의학을 공부하려는 아이들에게 의학을 공부하게 해주라.' 대학은 교육기관이다. 어떤 표준 절차를 거쳐 토목공학 학위를 혹은 역사학 학위를 수여할 것인지 공개하는 것이 우선이다. 모든 의과대학 혹은 공과대학이 이 표준 절차를 따르는 한 공동 선발하지 못할 이유가 없다. 표준 절차를 따르는 한 각 대학 각 전공학과는 독자적 커리어를 운영할 수 있겠지.
 기업은 일할 '인재'를 그 기업의 성격에 맞춰 골라낸다.

선발은 선발전문가에게,
 선발전문가는 학교교육과 그 대학의 선발정책을 연결한다. 사정관의 업무는 입시 시즌을 넘어 내내 교육현장을 방문하고 탐색하고 보고한다.
 선발전문가는 교육의 관점을 명확히 한다. 그의 학교현장 보고서와 선발 보고서를 통해, 학교와 대학은 교육의 관점 - 지적 도덕적 성장-이 실제로 어떻게 관철되는지 공유한다. 정신적 성장은 연속과 비약이다. 멈추지 않고 비약을 거듭한다. 봉오리를 만들고 꽃으로 질적 도약을 이를 때 변화-성장을 실감한다. 연속과 비약이 성장의 현상이고 법이다. 인간의 지적 도덕적 성장이 교육의 대상이고 목표이다.

정신적(지적 도덕적) 성장이란 무엇일까? 차가운 머리 따뜻한 가슴이라고 하면 어떨까? 상대가 누구이든 아닌 것을 아니라고 말하는 차가움, 강자를 노려보는 차가움, 궁핍한 자에게도 법 앞에 진리 앞에 어쩔 수 없노라고 일러주는 차가움, 그 차가움에 배인 가슴 쓰라림, 그 정신세계 state of mind라고 하면 어떨까? 다정하고 나약한 심성에 대한 이해를 바탕에 깔고 있는 자연주의 정신적 성장론이라고 하면 어떨까.

사정관제, 최초의 교육개혁(손종현)

왜 최초의 교육개혁이라고 평가했을까? 그는 우리교육의 문제는 선발과 교육을 분리시키고 그리고 통합하는 것, 그것은 우리교육의 패러다임의 변화를 이끌어낸다고 보았다. 그는 사정관제는 선발과 교육의 분리를 직접 겨냥한 제도적 장치이며, 이제도적 취지는 다소간 운영상 혼선이 있음에도 불구하고 빠르게 현실화 되고 있다는 것, 이 점에서 선발과 교육을 분리시키는 정책 목표와 교육현장의 의지는 지금 유효하게 작동하고 있는 체계라고 평가한다. 앞으로도 우리 교육전반에 변화를 가져올 플랫폼일 것이다. 진정 교사의 교육과정 작업에 의거한 교육활동을 담보할 더 진전된 법제도가 필요하다.

사정관제, 예측가능한 교육활동

관점: 교육체계에 충격을 줄만한 선발방식, 말하자면 사정관제의 임계치를 설정해 보려는 의도를 가지고 논의 장을 열었으면 한다. 지금으로는 이런 식의 논의에 집중해야 하지 않을까.

가정적 주장: 문제풀이 수업으로 해체되는 교육활동을 부정한다. 현대교육은 '교육 과정에 따르는' 활동이다. 교육과정 정상 운영은 선택의 문제가 아니다. 가르치는 자에게 학생평가권이 없는, 위에서 배급해 주는, 교육과정 자율은 차라리 교사(학교)에 부담을 안기고, 문제풀이 수업의 획일을 강화하게 될 것이다. 교육과정 자율은 학교와 교실을 학습공간이 되게 구성하는 책임으로 귀결된다. 학습공간은 모든 아이들에게 의미를 주는 공간이며, 소수 아이들을 위한 특수 공간이 아니다. '공'교육은 아이들을 학습상황에 초대하여 학습활동을 격려하는 전문적 행위이다. 전문적 행위는, 아이들의 학습활동을 열심히 시키는, 인간화에 대해 어떤 틈도 보이지 않는 엄중성을 담보한다.

결론을 미리 말한다면, 대학은 누구를 졸업시킬 것인지 분명히 하라. 우리 대학을 졸업했다는 징표가 무엇인지 분명히 하라. 대학과 대학교육은 무엇하는 것이냐? 물으면 답은 하나, 학위를 수여한다. 이 간명한 징표면 충분하지 않는가? 학위를 중요하게 여겨라. 학위를 내보이는 것으로 그가 대학교육을 받았노라고 당당히 말하도록 하라. 그것이면 된다. 다른 어떤 말도 덧붙이지 말자. 그가 10년이 걸려서 받았던 2년이 걸려서 받았던 묻지 않게 하라. 그 대학의 학위의 성격을 다 알도록 그것을 인정하도록 하라. 이제 선발은 사정관제와 사정관의 책임이다. 사정관은 수능 성적에 별 관심이 없다. 다양한 형태의 교육과정 완성도에 관심이 있다. 그들은 내내 중등학교 교육과정 운영을 모니터한다. 협력한다.

사정관제에 의한 선발은, 대학과 학교로 하여금 '책임 있는' 교육을 공개적으로 약속하도록 이끄는 기제로 작용한다. 대학의 학습자 중심 학교교육에 대한 책임에 주목한다. 성적우수아 언어를 폐기한다.

사정관제의 성립: 학습능력, 학습자원, 학습상황

학습능력을 전형의 '기본'자료로 인정하고 학습능력을 사정하자고 말한다. 학습능력은 아이들을 성장해 갈 '원자료'로 본다는 것, 인간(아이)을 가능성의 세계 속에서 이해한다는 것, 아이들에게 학습자의 지위를 끝내 인정해 준다는 것을 표상 한다. 적성, 소질, 흥미, 관심, 재능, 포부, 몰입, 경력 등등은 놓칠 수 없는 교육자원이다. 전문가인 교사가 학습상황을 만들어 아이들로 하여금 교육자원을 활용할 수 있도록 지도한다. 학습능력이 대학수학능력보다 미래의 삶에 대한 예언치가 높다. 사정관제는 학습능력 개념을 토대로 성립한다.

사정이란, 전인의 혹은 전인격의 평가라는 뜻을 포함한다. 그렇다면 평가는 그 아이들의 교육이력에 대한 비판적 이해이다. 한 사회는 이모저모의 틀, 즉 사람을 비판적으로 이해(평가)하는 참조체제를 가지고 있다. 마찬가지로 학교도 그러하다. 학력과 경력이 그 사람을 비판적으로 이해, 평가하는 참조체제라면, 성적우수아가 그 아이들을 가려내어 판정하는 기준으로 작용한다면, 그 사회와 학교를 두고 살아볼만한 세상이라고 하겠는가.

사람은 스스로 하고자 하는 바의 것을 일관되게 지속적으로 추구하는 탐구자로서의 정체성을 소망한다. 그럴 수 있는 환경을 거듭 요구한다. 이 교육가능성에 기초하여 전인의 개념이 정립된다. 교육체계는 학습자로서의 아이들에 그리고 학습상황으로서의 환경에 집중한다. 교육체계는 아이를 판정하지 않으며 대신에 아이들이 참여하여 탐구할 학습상황을 구성하는, 사회(학교)의 책임을 묻는다.

어떤 연유로, 사람을 판정하는 것이 사람을 이해하는 방식이 되었는지. 아이를 체계적으로 분별하는 기제가 된 시험이 교육의 체계인양 인식하게 되었는지. 입학이라고 하지 않고 입시라고 하게 되었는지. 소위 '일류' 대학의 이해관계가 교육의 존재 가치를 그리고 아이들의 존재가치를 능가하게 되었는지. 이런 규범이 선행학습을 낳았고 확대 심화시키고 있다. 선행학습은 최악의 교육 형태이다.

성적으로 표시된 학력우수자에 집착하는 학교와 대학의 교육적 관행이 비정규직, 이주 노동자, 청년실업에 눈을 가리는 물리적 정신적 폭력으로 나타나고 있다.

사정관제는 입시를 입학으로 되돌리는 제도적 장치이다.

입학이라고 했다. 가치중립의 의미가 아니다. 교육기관이란, 커리큘럼 규칙을 따르는 활동이 제도로 확립되어 있다는 것을 승인하는 언어이다. 당연히 중등교육을 완수한 졸업생이면 누구든 고등교육을 받을 수 있다고 인정한다. 중등과 고등은 계통 관계이지 종속관계가 아니다. 이 계통을 훼손하는 교육정책과 선발방식은 교육의 기간 질서를 부정하는 것이다. 사정관은 학습상황을 만들어내는 그 학교의 교육과정을 비판적으로 평가하는 자격을 갖춘 역할이다. 그들은 학교를 평가하여 등급을 매기지 않는다. 학교의 교육과정 운영에 필요한 교육자원에 대해 협의하고 조력한다.

공교육과 사정관제, 교육(졸업과 과정)의 관점을 취한다.

교육기관이라면 교육의 관점을 우선한다. 미리 말해 두자. 교육(졸업과 과정)의 관점에서 선발을 생각하는 것이 교육사상과 제도의 흐름이다. 대학은 졸업프로그램을 가지고 선발의 자율권을 구사한다. '학위를 수여한다.' 이 명쾌한 대학교육의 목표는 대사회적 교육적 약속을 응축하고 있다.

교육(졸업과 과정)의 관점; 대학의 졸업프로그램은 학생 개인으로 하여금 자신의 목표에 따른 기회 포착을 돕는 프로그램이고, 한편 학교는 모든 아이들을 학습상황에 초대하는 과정프로그램을 갖는다.

울산공대 입학사정 상담관 주재술이 예시한 졸업프로그램(자료)
천안복자여자고등학교 정명근이 소개한 과정프로그램(자료)

다른 나라, 교육과정을 정상 운영한다.

당연히 학교단위, 교과단위, 교사단위 코스웍의 배타적 권위를 인정한다. 기록을 읽고 아이의 변명을 듣고, '그럴 만한' 아이를 대학에 받아들이다. 또한 확고한 기반 위에서 대학별 이해관계를 반영하는 사정방침을 정한다. 입학이건 입직이건 선발에 유연하다!' 아이들을 시험(판정과 유혹)에 빠지지 않게 하려고 애쓰는 것을 실제로 볼 수 있다'. 사람을 평가하는 것은 그 사람을 이해하는 것이라는 언어를 자유롭게 구사한다. 평가에 그렇게 예민하게 반응하지 않는다. 성적에 예민하게 반응하는 우리의 경우, 내신 부풀리기는 어쩌면 당연한 현상이다. 그것을 빌미로 학교(교사)의 평가권을 부정하는 것은 비대칭 과잉 조치이다. 전국단위 시험은 필요하다. 그것은 기본적으로 교육과정완성도를 평가한다. 이 평가관이 교육의 안정과 사회의 안정을 뒷받침하고 있다. 먼 나라 이야기이다. 그러나 그들의 입학제도가 우리의 것보다 상대적으로 조금 진전된 것일 뿐이다. 시험을 가지고 입직·입학을 결정해 온, 시험이 평가의 기법이 아니라 시험이 교육과 삶을 지배해버린 그런 문화적 배경, 이 문화가 시대적 효율이 되었던 때도 있었다. 그러나 새로운 시대를 대비하지 않으면 안 된다. 미국의 사정관제의 실제를 참고할 수는 있다. 중요한 것은 사정관제를 교육체계의 변화와 연관하여 이해하려는 노력이다. 교육과정을 정상 운영하는 나라는 사정관 기구를 두건 두지 않건 기본적으로 사정의 방법에 의해 선발을 한다. 우리는 교육과정을 파행 운영한다. 고등과 중등의 계통의 고리가 풀어져 있다. 이 상태에서 사정관제는 자의적, 임시방편적일 수밖에 없다. 그러하기에 사정관제를 강화하는 정치적 의도가 무엇이었는지를 따져, '돼먹지 않았다고' 버릴 수도 없다. 사정관제의 한계와 가능성을 명확히 한다. 현 단계에 할 수 있는 것을 고집스럽게 하려는 선택이 필요하다. 행정보조원으로 자리매김 될지도 모르는 임용된 사정관들의 고민을 대신하여 발언해 줄 교육연구자들과 시민사회의 관심이 필수적이다. 점진론·단계론·준비론을 펴면서, 현장 학교의 여건상 지금으로는 '사정관 시늉'이 합리적이라고 말하는 관변 교육전문가가 나타나지 않기를 바란다.

사정관의 전문적 활동은 '전형자료화'이다.

수능, 교과, 비교과 등의 영역을 행정 처리하여 아이들을 뽑는 관행을 대체한다. 대 체하기 위해 사정관은 공정성, 객관성, 변별력, 수학능력, 내신 부풀리기, 본고사, 논술 등과 같은 코드를 능가하는 새로운 파괴력 있는 언어를 만들어내야 한다. 학습 능력, 교육과정 정상 운영, 아이들의 변명, 교사별 평가, 기록과 음미, 교육의 계통 과 통일, 정신적 필요의 충족, 교육복지, 등등, 먼저 학교의 기록을 비판적으로 읽는 문맥, 말하자면 학교의 기록을 전형자료화는 기준을 개발한다. 기준은 지침이 아니다. 읽는 문맥이다. 예컨대,

> 고교 진입 시 여학생의 수학성적이 남학생을 앞선다.
> 고1학년까지 이 흐름이 지속한다.
> 수능 수리 가의 경우, 남학생이 여학생을 9대 1정도로 역전한다.
> 수능 수리 나의 경우, 남학생과 여학생의 차이는 4대 1정도이다.
> 여학생은 수학을 피하고 예컨대 식품영양 쪽으로 방향을 튼다.

예컨대 수학동아리 활동을 통해 여학생의 수학적 관심을 지속시키는 프로그램을 진행했다.
수능의 수학보다 수학동아리의 수학이 이후의 수학적 사고에 도움이 될 수 있다.
학교와 아이를 읽어야 하는 이유이다.

전형자료화 작업에 집중하는 사정관은 학교의 빈약한 기록과 대학의 수능점수 맹신 앞에 좌절할 것이다. 그렇다고 해도 기록을 행정처리 하지 않고 전형자료화 해야 한다. 그 길밖에 없다. 그것을 고집스럽게 추구한다. 이것을 놓치고 다른 어떤 것을 성공한다고 해도 그것은 전적으로 실패하는 것이다.

누구나 읽을 수 있도록 전형자료화 한다. 비인칭 요소에 대한 객관적 분류 그리고 인칭 요소에 대한 주관적 해석을 내린다. 전공단위의 목표

에 표적이 되는 특수한 경력을 가진 아이들에 주목한다.

전형자료화는 쉬운 과업이 아니다. 1)큰 흐름을 읽는다. 2)새로운 사실을 정확하게 반영한다. 3)변화의 심층 요인과 내용분석에 심혈을 기울인다. 결국 새로운 자료만들기이다.

공정성 시비가 일어나지 않게 한다는 명목으로 상세한 사정 규칙을 정하라는 압력에 견디어내야 한다. 그 압력에 굴복하여, '봉사 몇 회, 몇 점' 이렇게 해서 사정관 제의 뿌리를 흔들지 않는다. 그것만큼 걱정스러운 것은 없다. 그런데 그런 일을 자행하고 있다는 소문을 듣는다. 심지어 그것이 무슨 자기 대학만의 노하우라고 숨기고 있고 또 그 정보를 캐내려고 안달한다는 소문도 듣는다.

기록을 구성하고 있는 요소별로 분류. 검색한다. 양화도 필요하다. 기본은 검색이다.

교차 검색이다. 아이를 관정하지 않지 않는다는 것, 그것은 공리이다. 다시 졸업의 관점에서 선발을 이해한다.

1) 비인칭적(Impersonal) 요소를 가지고 개인별 선발의 가능성을 검색해 들어간다.

   수능의 요소를 가지고
   내신의 요소를 가지고
   특장의 요소를 가지고
   봉사활동의 요소를 가지고
   추천의 요소를 가지고
   자기보고의 요소를 가지고

교차 검색하고 결과를 종합한다.

대다수 아이들은 사실상 이 비인칭 요소별 검색에 의해 선발이 된다. 소수의 아이 들이 인칭적 요소의 검색을 받게 된다. 현 단계 사정관은 전략적 판단을 해야 한다. 말하자면 이렇다; 묻혀 있는 아이를 발굴한다. 문화적. 사회적 이유로 능력을 드러내지 못한 아이를 발굴한다.

2) 인칭적(personal) 요소, '학교의 성격'과 '아이의 교육이력'을 해석한다.
임상, 총체적 안목이 먼저이고 그리고 그 안목을 조정하는 절차를 밟는다. '그 학교의 성격, 그 아이의 교육이력이라면 충분하지 않은가,' 이 심미적 판단을 자료를 중심으로 사정관들의 집단지성을 발휘한다.

3) 그 대학의 그 학과의 전공목표 요소, 지원자의 특별한 관심과 활동, 삶의 내력을 심사하여 선발한다.

왜 그 아이를 선발했는지, 그 근거를 공개한다.

대학마다 선발 근거와 배경을 담은 보고서를 낸다. 무엇보다 사정관의 결정에 의해 선발한 아이들(100명 혹은 500명이든), 들어올 수 없는 '그' 아이를 선발하게 된 혹은 졸업프로그램에 비추어 '이' 아이를 선발하게 된, 선발 근거와 배경에 대해 보고한다. 그것은 사회의 평가관의 변화를 이끌어낼 것이다. 시험이라는 프레임에 묶인 교육 상황에서 사정관제는 그 정체성을 의심받게 될지도 모를 역할을 강요받을 것이고,

최소의 정체성을 지키려는 몸짓은 체계의 변화를 이끌어낼 만큼 급진적 선택이 될 것이다. 할 수밖에 없고 할 수 있어야 한다. 소신을 갖고 일을 하면서 그 일의 정당성을 확보한다. 다행스럽게도 교사의 학생평가권에 대한 사회적 합의를 끌어내는 논의가 확산되고 있다..

모든 아이의 교육을 책임지는 학교교육
전문가 교사의 통제에 의한 학교교육

교육과정 정상 운영 혹은 자율은 교사(학교)의 학생평가권을 조건으로 성립한다.

평가권은 시험성적을 포함하여 교사와 아이들의 학교생활에 대한 기록으로 행사될 것이다. 기록을 읽는 것, 그것이 사정이다.
사정의 방식에 의한 선발이라는 상식, 이 상식이 마치 아주 유별난 의식의 표출인 양 치부되는 풍조에 맞서야 한다면, 사정관제는 제도의 문제이기도 하지만 사정관 개개인들이 인권을 지키며 일을 해내는 문제일 것이다. 교육과정은 아이의 문제, 물음의 문제, 환경의 문제이다. 아이들의 관심을 철학하는 문제, 이 관심이야말로 본래의 것에 어긋남이 없는, 자연 아닌가. 이것은 아이에게 책임을 지는 문제이다. 정상 운영은 책임을 다한다는 것이다. 파행 운영은 아이를 향한 폭력이다. 아이를 주변으로 밀어내고, 국가가, 대학이, 교사가 중심에 서서 아 이를 주변으로 배치하는 것이다. 그것은 교육이 아니다. 기껏해야 훈련이다. 물론 시험을 부정하지는 않는다. 제도로서의 시험은 응분의 역할이 있다. 시험을 수단의 제자리에 놓는 일이 중요하다. 시험은 방법이다. 시험은 아이를 판정하는 도구 일 수가 없다. 아이를 판정하는 무서운 도구가 된다면, 누구나 그 도구를 목적으로 삼아 모든 것을 건다. 인간화의 목적이 불변의 것이라는 믿음이 공교육의 토대이다.

불변의 세계를 아는 자는 모든 것을 포용한다. 포용은 타자에게 보내는 연민의 시선이다. 불안을 안고 살아야 하는 이 땅의 젊은이들이 타자이다. 현대 공교육의 명분이 자율을 부른다. 왜 자율인가. 아이에게 '수업 잘하기' 서비스라면, 그렇게까지 자율을 요청하지 않아도 되지 않는가. 더 큰 책임을 지기 위해서 자율을 요청한다.

사정관의 존재감에 대해, 그것을 간곡하게 당부하는 말로 이렇게 적겠다.

조건과 여건을 따지지 말고, 지금 '사정관 행위'를 한다. 최소한의 윤리적 확신만으로 바로 사정관 행위를 한다. '이 아이는 뽑고 저 아이는 밀어내는 것이 아이의 삶에 흠이 될지도 모른다는 근심'과 미안한 마음을 잃지 않는다면, 그렇다면 사정관 행위를 용감하게 해도 된다. 그래서 전과 전혀 다른 문제를 발생시키고 제기한다. '대화는 행사, 떠들썩한 행사야. Dialogue is not a chaste event.' 프레이리의 멋진 유머에 주목해 보자. 대화는 온건한 것만을 일컫는 것이 아니다. 인간의 삶은 이미 굴곡의 삶이다. 그래서 대화가 있고 그리고 투쟁이 있다. 대화와 투쟁은 모두 소통의 윤리라고, 현역 사정관들에게 들려주고 싶다.

교육(학)의 기본규칙의 위반에 대한 고발

사람이 사람을 가르치지 못한다. 학습 환경을 만들어 거기에 아이들을 참가시키는 지도력이다. 사람이 사람을 가르치려고 하는 무모함이 교육의 기본 규칙을 위반케 하는 이유일 것이다. '좋은 자식 뒤에 좋은 부모 있다' 부모와 자식 간의 구속관계를 전통적 고유문화라고 하지 않고 지배문화라고 했다. 지배문화라고 한 것은 교육문제가 계층계급문제로 진화되고 있다는 나의 걱정을 반영하며, 피아제와 콜버그를 굳이 인용하지 않더라도, 그 구속 관계가 윤리적으로 정당하지 않고 과학적으로 유효하지 않다는 것을 누구든 알고 있기에, 지배문화라고 성격화했다. 이 지배문화에 침식된 교육학적 맹목이 심각하다. 교육의 동력과 성과를 아이의 내부 조건으로 해체해 버리고, 교육학을 '많을수록 더 좋다'의 행동주의 심리학으로 해체해 버리고, 수업을 획일의 수능강의로 해체해 버린다. 교육의 질을 전국단위 평가로 통제한다. 차별화 전략이 교육개혁의 노선이 되어 있다. 10시 이후 학원 문닫기 말고는 아이들에게 건강하게 자리도록 해주는 교육학적 약속은 불가능하게 되어있다. 공교육을 강화하여 사교육에 족쇄를 채운다고 하지만, 경쟁력을 갖춘 인물의 교육체계에 대한 변화를 불러내는 공교육 강화책이었으면 한다.

다음과 같은 질문을 중심으로 사정관제의 대강을 말했다.

교육의 질은 교사의 질을 넘지 못한다. 이 명제를 도출하려는 질문, 지원하되 간섭하지 않는다. 이와 같은 사회적 합의의 근거를 명료하게 하려는 질문

아이들에게 책임지는 교육은 정파를 떠난 정치의 문제이다. 교육은 '진보적' 인간 활동이라는 신념을 지키려는 질문

제도적 규칙 지침을 능가하는, 현장의 기획력과 평가력을 인정하는 것이 미래의 경쟁력이다. 작지만 강한 행정력을 발휘하려는 질문

맺음, 사정관제의 배경과 전경

학교교육에 관한 한, '교사와 학생 관계'가 교육의 성격을 결정한다. 이 주장은 '여럿이 함께 규칙을 만들고 행동할 수 있다'는 자율의 인간개념을 가정하고 있다. 이 주장에 표명된 진실(자율, 공동체성)은 새로운 학교 운동 경험을 통해서도 부분적으로 검증된 바 있다.

교육혁신 과제는 교사와 학생 관계의 교육적 의미를 확대하고 지속가능하게 해주는 제도적 규칙을 만들어내는 일이다.

교육혁신의 작업 목표(가설): '공교육을 살린다.' 어떤 처지의 어떤 아이도 국가가 제공하는 공교육의 수혜자가 된다. 모든 아이들이 수혜자가 되는 그 교육의 규범은, 학교(교사)의 다양한 형태의 '교육과정 작업을 거쳐 이루어지는 교육활동이다.' 다양한 형태의 교육과정 작업의 핵심은 '아이들이 참가하여 표현하고 경청하는' 교실과 운동장의 기획과 실행이다.

직면해야 할 문제

서울 강남의 학교이든, 땅 끝 마을의 학교이든, 동일한 하나의 교육과정이 운영된다고 혹은 하나의 교실이 운영된다고 상상해보라. 그것이 중앙 관료 행정 권력에 의해 관리된다고 상상해보라. '성적 우수아'라는 고정관념의 문제로 이 현상을 분석하고 설명했다. 성적우수아 관념이 학교교육을 지배하고 사교육 시장을 확장한다. 또한 그것은 사람을 판정하고 분별하여 바라보는 세계관 형성의 원인이고 결과이다. 성적우수아 관념이 입학과 입직을 결정하는 잣대로 기능한다.

제시하는 대책, 사람을 평정하여 분별하는 교육의 過程을, '학습하여 얻은 학력을 사정하는' 교육의 과정으로 대체함으로써 공교육을 살리는 계기와 동력을 얻어내고자 했다. 교육의 과정에 대한 숙고는 '누가 어떤 기준에 의거하여 학생을 평가하는가'라는 질문과 대답으로 바꾸어도 된다. 따지면 가르치는 자의 학생 평가권은 학교(교사)의 커리큘럼 작업을 거쳐 이루어지는 교육활동을 가능케 하는 선결 문제일 것이다.

교사의 학생 평가권, 교사에게 학생 평가권을 돌려줄 수 있는 제도적 규칙을 확립하는 방안을 제시한다면, 그 때 공교육 살리기라는 현안을 근본이 되게 풀어내는 일이 될 수 있다고, 전략적 판단을 했다. 학교와 교사는 사실상 학생 평가권을 행사하지 못하고 있다. 국가가 관리하는 수능이, 몇 몇 대학의 선발방침이, 사교육 시장이, 언론의 공정성 시비가, 더 중요하게는 성적우수아로 환원된 인재인물과 국가경쟁력 담론이, 모든 아이들을 평정하고 모든 학교의 격차를 평가하고 공개하도록 유도한다. 교육과정 작업과 학생 평가를 축으로 구성되는 교육의 과정은, 아이들로 하여금 학습의욕을 가지고 교과(지식)를 학습하는 교실(참여하여 표현하고 경청하는 아이들 관계)을 만들어가도록 지도하는 활동 혹은 절차이다. 아이들의 학습활동은 기록되어 음미되어야 하며, 거기에는 측정되어 점수화 되는 자료도 포함된다. 객관적 평가라는 이름하에 점수와 석차로 판정된 '아이들만' 그대로 노출되고, 한편 교육과 평가에 관여한 교사와 학교와 국가는 그 아이들 뒤에 숨어버린다. 교육의 과정에 대해 숙고할 여지가 남아 있을까? 기록할 수 있는 '아이들의 학습활동'이 가능할까? 내신에 대한 불신이 빚어내는 교육적 사회적 파행에 대해 상상해보라. 사람을 판정하여 분별하는 비인간화 교육의 과정이 얼마나 많은 아이들에게 씻을 수 없는 수치심을 심어주었는지 상상해보라.

교사의 학생평가권과 교사의 교육과정 작업을 가능하게 하는 시스템, 공교육을 살리기 위해 먼저 풀어야 할 문제는 대학입시제라고 생각했다. 몇 몇 대학이 자신들의 구미에 맞는 신입생을 선발하면 대한민국 교육이 잘 돌아간다고 믿고 안심해도 될까? 모든 아이들이 수혜자가 될 수 있는 학교교육 체제와 연관되어야 한다는 가정 하에, 다음과 같은 **대학입시제 혁신**을 구상했다.

경로별 입학제
일반계 고교 경로,
특수 목적형 고교 경로,
실업계 고교 경로,
시험을 통한 경로,
교육기회를 잃은 아이들을 위한 경로

대학의 특수한 전공 분야 입학 기준에 따른 선발 경로
전공분야의 특수성을 살릴 수 있는 선발기준, 그 기준에는 '노동현장 경험'도 포함될 것이고 특별한 직능 혹은 재능도 포함될 것이다.

입시가 아닌 입학, 시험을 거쳐 기계적으로 선발하는 의미로 통용되는 입시라는 언어 대신에 '그럴만한' 이유를 가진 학생이면 누구든 선발될 수 있다는 뜻을 함축한 입학이라는 용어를 사용한다.

선발과 졸업, 선발은 전문 사정관의 몫, 고등교육에 알맞은 교실(강의실)을 구성할 수 있는 선발, 전형자료의 개발과 전형자료 읽기, 고교 교육과정 운영에 대한 현장 탐색, 선발방식이 '보통교육'을 훼손시킨다면 그것은 사회문화적 낭비이다.

졸업은 전공 교수의 몫, 고등교육을 완성하는 졸업에 대해 책임을 지는 전공학과, 대학교육을 통해, 연구자의 길을 가든, 기술개발자의 길을 가든, 사회봉사자의 길을 가든, 자신의 길에서 지도력을 발휘할 수 있는 능력과 태도라면 그는 '고등교육'을 충실히 받은 자일 것이다.

공동 학위제, 대학 입학의 문을 넓게 열어준다는 것과 함께 졸업의 문도 다소간 넓게 열어줄 수 있는 제도적 규칙, 그 대학의 그 학과, 거기에 학생들을 옭아매어야 할까? 젊은이들의 역동성을 죽이는 짓이라고 볼 여지는 없는가? 그 대학 안에서도 이동의 폭을 넓혀주고, 대학 간에도 이동의 자유를 제한된 범위 안에서 가능케 하자(정책 당국에 제출한 교육혁신 안 대강).

강의13. 사람과 질병의 관계를 묻다
-시골 어느 전문의의 인문학적' 처방전-

허준의 동의보감은 헐벗은 민중의 삶의 고통을 향한 처방전이다. 몬테소리가 세운 유치원은 가난한 아이들의 영혼을 살피는 처방전이다. 그들은 의료전문가를 넘어 시대의 지식인 doctor-educator, teacher-educator 이 되었다.

질병, 같음과 다름

현대 의료는 해부학을 바탕으로 이루어진다.

의료란 의학 지식과 기술에 의거하여 '그' 환자의 질병을 따져 묻고 들어가는 '그' 의사의 전문적 활동이다. 그의 전문적 활동은, 구경꾼의 관점을 취하여 질병의 같음을 그리고 내부 참여자의 자세를 취하여 질병의 다름을 확인하는, 그 의사의 인문학으로 성립한다.

'의학적' 관계 속에 있는 의사와 환자의 존재

'억지를 부려서라도 쉬어야 합니다.' '당분간 가족과 떨어져 지내세요. 귀를 막고 입을 닫고 지내세요. 일부러 고독하세요. 그 시간 자기를 사랑하는 거예요. 약은 보조물일 뿐입니다.' '병은 몸이 고장을 낸 상태이만 더 따지고 들면 마음이 고장을 낸 거예요. 너무 억울하고 너무 애달프고 너무 서럽고 너무 아쉽고 세상이 원망스럽고, 그럴수록 이웃을 만나 분함을 토로하고 아픔을 하소연 하세요. 이웃과 뜻이 맞으면 같이 봇짐장사라도 하세요. 이웃과 일로 마음을 다스리세요. 밑천이 없으면 내가 은행에 보증 서 줄게요. '아무리 봐도 의학적이지 않은 의학적 처방전, 인문학적 처방전을 발행한다. 의학적이지 않은 의학적 처방전이 사회적으로 널리 받아들여지는 그 때를, 그는 기다리고만 있지 않다. 의사와 환자의 의학적 관계가 우리 사회의 공존의 이데올로기(신념체계)로 굳어져야 한다고 어디서 누구를 만나든 웅변한다. 의학적 관계 속에서 비로소 의사가 되고 그리고 환자가 된다고 그는 확신한다. 오로지 그렇다고 그는 단언한다. 의사와 환자의 관계가 실재한다. 그 관계를 벗어난 의사는 존재하지 않는다. 존재한다면 그는 환자 위에 군림하는 권력일 뿐이다.

의학적 관계를 맺는다는 것은, 의사가 환자에 대해, 마틴 부버의 말을 빌려, '나와 그것의 관계'에서 '나와 너의 관계'로, 다시 말해 사람과 사물의 관계에서 사람과 사람의 관계로 전환하는 것, 곧 인술이 매개된 관계로의 전환이다.

치유는 한 사람 한 사람의 것이다. 의학에서 도출된 그리고 효율성에서 비롯된 치료의 표준(질병, 같음)은 '그' 환자의 치유에 필요하지만 충분치는 않다. 그 사람의 질병은 그 사람의 것이기에 그렇다. 몸이 보내는 신호를 알아차리지 못한 채 어렵사리 살고 있는 그 사람의 일상이 그 사람의 질병의 원 자료(질병, 다름)이다. 의료의 표준(의학)을 열심히 배우고 익힌 후에, 그는 그 표준을 잊어버렸다. 그는 오로지 '의료현장을 구성한다.' 환자의 삶에서 진단과 처방을 위한 현실성 자원real resources을 얻는다. 익히고 나서 잊어야 하는 것이 의학적 표준이다.

그는 의료가 표준에 따른 기능적 일처리로 환원되는 것을 경계한다. 그는 의사가 자신의 경험칙에 의존하는, 의료현장을 구성하는 도전을 소홀히 하는, 의료 매뉴얼 전문가로 추락하는 것을 경계한다. 인문학적 처방전이라고 했을 때 그는 '능숙한' 외과전문의는 아니다. 그는 물음을 가지고 생명에 다가 가는, 지적 탐구자 이다.

그는 자신과 관계 맺는 환자는 모두 같은 인간의 길을 걷고 있는, 자신도 그러하듯, 감추고 싶은 것을 잔뜩 쌓고 있는 고만고만한 그런 일상인이라고, 예외가 있을 리 없다고 생각한다. 세상 이야기 반, 질병 이야기 반, 결국 고통에 이르게 되는 인간 삶의 내력을 가감 없이 드러낼 때, 그 때 그는 자신의 치료 프로그램을 제시한다. 그의 프로그램은 '그' 환자의 신체의 떨림bodily sensation과 마음의 울림 mental feeling을 자세하게 노출시키고 거기서 매듭을 풀어 가는 길 찾기 같은 그런 것이다. 그의 프로그램은 열려 있다. 길을 찾아 걸으며 완성한다. 그 환자와의 이야기에서 '뭔가 강하게 느낀 것', 그것에서 치료의 경로를 잡아내는 식이라면, 그의 의료 활동은 성격상 '이론적'이라고 봐야 한다. 그의 의료는 관성에 따른 처방전 발행이 아니다. 닫힌 정해진 길이 아니기에 그는 '지적으로' 불안하다. 그는 스스로 겪은 불안을 '기록하는' 일로 다소간 안정을 얻고 그리고 동료들과의 경험나누기로 불안을 극복한다. 그는 같은 길을 걷는 동료들과 논의 공동체 속에서 만나고 있다. 그들이 나누는 기록물이 의학의 자료가 되고 방법론을 함축한다. 논의 공동체, 그 조건이라면 그의 그리고 그들의 의료활동은 능히 의학이 되었다고 말할 수 있다.

그는 환자의 신체적 고통과 씨름하는 일꾼이라고, 부대끼며 사는 세태와 소통하는 이야기꾼이라고, 그를 그렇게 부른다.

그는 세태와 소통하는 이야기꾼이다

그는 의학 지식에 대해 체험적 이해를 갖추며 그 체험적 이해에 내재한 재발견의 가치로 편집한 자신의 언어를 구사한다. 그의 언어는 환자와 관계 맺는 매체이다. 소통 매체를 가지고 그 사람의 일상에 숨어 있는, 몸을 교란시킬지도 모르는, 습벽을 그 환자 스스로 드러내 말하도록 이끈다. 그의 언어는 진단과 처방의 관습을 넘어 같이 사는 사람들 간의 소통의 깊이를 더하는 매체이다.

그의 언어는 의학적 관계를 완성해 가는 인술art이다. 묘사하고 설명하고 해석하는 정신적 창작이다. 얼굴을 살펴 그의 생활을 묘사하고 의료 기기를 사용하여 병의 상태를 설명하고, 의학적 관계라는 이론적 맥락에서 치료 프로그램을 구성하고 해석한다. 그 사람을 위한 치료 프로그램은 마치 약도를 가지고 미지의 목적지를 탐색하는 지도 그리기 작업이다. 약도를 완성한다. 기록한다. 재음미한다. 처음 그의 소통 매체를 접하는 사람은 선문답을 듣고 있다고 느낄 수도 있다. '과학주의'를 신봉하는 식자층에게 그의 소통매체는 고담준론으로 보일 수도 있다.

불가역 변화, 삶에 부대끼는 것이 질병이며 삶과 나란히 서는 것이 치유이다.

임시변통이 치유의 진실일 수가 없다. 열이 나니 해열제를 처방한다고, 그것을 치유라고 할 수는 없다. 치유는 지속가능한 시스템을 구축하는 인간노력이다. 그 시스템은 생명을 '온 것'으로 보는 세계관 위에 성립한다.

인술, 그것은 그의 형이상학적 사고의 소산물이다.

그의 치료 프로그램은 마침내 이러게 될 지점을 예측하여 그 쪽으로 방향을 잡아 집중한다는 '합리적' 의료활동의 표지, 자신과 환자가 동일한 하나의 활동을 하게 되는 커리큘럼 같은 것이다. 결과의 예측, 방향의 설정, 함수관계로 풀어가며 그 쪽으로 집중하여 가는 몰두, 이 과정을 인술이라고 해야 하지 않겠는가. 인술은 근본적으로 생명체의 자연치유력에 신뢰를 보내는, 요컨대 생명을 '온 것'으로 보는 합목적론적 세계관을 받아들인다.

몸의 생명(운동성)에 대한 그의 명료한 인식이 그의 의료 활동의 토대를 이룬다. 생각이 조리 있어야 하는 것과 마찬가지로 몸도 자기 법칙에 따르도록 해야 한다는 것이다. 이런 식이다; '치유는 몸의 말을 듣고 몸을 존중하는 태도에서 시작된다' '생각과 마음과 몸, 그중에 생각과 마음은 거짓말을 밥 먹듯 하지만 몸은 정직하다' '몸은 그의 삶의 내력을 알려주는 정보이다.'

그에게 '몸의 운동성'은 삶 속에 내축되어 온 '질병인자'를 찾아내는, 마치 기하학문제를 풀어내는 보조선 같은 역할을 수행한다. 그는 몸의 운동을 지배하는 법칙을 체험하기 위해 자신의 의료 일상을 기록한다. 그는 의도적으로 몸을 움직여 몸의 반응(상태)을 시험한다. 의료는 재현이다. 연주는 재현이다. 연주자마다 같음을 다름으로 연주한다. 베토벤의 피아노 소나타는 동일하지만 모든 연주자는 다르게 재현한다. 연주는 창조이다. 베토벤의 피아노소나타는 영원히 새롭게 연주되고 그 연주된 사례는 동료 연주자들에 의해 그리고 청중에 의해 해석된다.

그 창조는 자족하는 재간일 수가 없다. 월광 소나타는 수없이 재창조되고 그럴수록 재창조의 길이 더 깊어진다. 그 재창조가 대중과 연주자들을 하나의 세계 속에 들게 한다. 의학은 일반화되어 정리된 지식체계가 아니다. 의사에 의해 새로움으로 창출될 때 비로소 의학이 된다. 그 의사에 의해 기록된 의학이 시간적으로 계승되고 공간적으로 확대된다.

의학은 움직이지 않는 인간을 과학자 마음대로 이리저리 굴러가며 추상해낸 지식체계인가. 의료는 이 지식체계를 응용한 기술체계인가. 차가운 객관을 담보하기에 그래서 과학이라고 하는가. 인간을 객관적으로 이해하는 과학과 그 인간 삶의 문제(질병, 폭력, 무지)에 관여하는 실천이, 전혀 다른 별개의 것인가. 양자의 관계는, 과학을 이용하여 인간 삶의 문제를 효율적으로 제어하는 외적 관계일 뿐인가. 관리되어야 하는 것이 인간의 삶인가. 일상의 삶은 순치의 장인가. 의료보험의 간단한 규칙만으로 조작할 수 있을 만큼 하찮은 것이 의학적 관계인가, 마치 일제고사로 교육적 관계를 조율하듯이. 과학을 빌려 인간의 삶을 잘 통제하는 정치가 성하는 것을 두고 사회발전이라고 하는가. 아닐 것이다.

그는 조건과 여건을 따지지 않고 의료의 내재적 가치를 추구한다. 그 가치를 어떤 경우에도 양도하지 않는다.

치유의 진실은 건강한 몸으로의 불가역 변화에 의해 검증된다.

불가역의 변화라는 경험에 의해 치유의 진실을 확보하는 그의 의료인식론은 근대교육학의 토대를 그대로 복사하고 있다. 오늘 의학교육학에 대한 관심은 과학에 과도하게 의존하다가 삶을 놓쳐버린, 과학에 의존하다가 유기적 지식인의 출구를 막아버린 현실에 대한 성찰일 것이다.

의료와 교육은 삶이다. 잘 살려고 하는 모든 사람은 의료(몸)와 교육(정신)을 갖춘다. 그것이 어찌하여 몸을 떠나고 정신을 떠나버렸는지. 몸이 말하고 정신이 말하도록 허용한다. 약으로 혹은 성적으로 몸과 정신을 묶어 놓는다. 자유와 창조, 이것은 원래 몸과 정신의 길이다. 말하는 몸을 말 못하게 묶어 놓고 몸을 치료하는 무모함, 좋은 것 먹고 땀을 빼려 다니는 가벼움이 자유와 창조를 핍박하고 있다.

불변의 가치를 추구할 용의를 표명하는 의료인이라면 그는 우선 '시설 같은' 병원을 문제제기해야 한다. 불변의 가치를 추구하는 교사가 시설 같은 학교를 바꾸려고 하듯이. 관리 우위의 시설이 된 병원이 되라고 강요하는 의료보험의 관료적 운영을 포함한 사회병리에 용감하게 대처해야 한다.

그는 몸이 만들어내는 복잡한 현상을 '알아들을 만 하게' intelligible 재진술 하는 노고, 이른바 교육적 기능은 '엘리트'이고자 하는 자들의 필수적 덕목이라고 믿는다. 그 덕목은 대중(아이들, 환자)과 소통하는 intelligible 체험을 기록하여 음미하는 성실성과 다름 아니라고 그는 말한다. 기록한다는 것은 행해온 것을 음미한다는 것이고 음미한다는 것은 다가올 모험에 신중하게 대처한다는 것이다. 의료는 모험에 대처하는 그 의사의 분별력을 표상한다. 의사가 쌓은 경험은 전인미답의 의료 약도를 그릴 수 있는 심리와 논리가 되기에 충분하다는 것이다.

의료체계, 가치와 환경

수월과 평등은 여전히 충돌한다. 그의 의학은 '모두를 위한 의료'를 담보하는 사회정책, 한국적 의료보험과 충돌한다. 행정편의주의 의료보험 운영과 더 심각하게 충돌한다.

교육과 의료의 문제는 인간의 문제, 인간의 피할 수 없는 고통의 문제이다.

역사적으로 세속화는 인간 삶의 문제(질병, 폭력, 무지)를 신에게 맡기지 않고 인간 스스로 풀겠다는 약속에서 시작되었다. 초기 대학이 신학 법학 의학에 집중한 것은 이와 무관치 않다. 의사와 법관과 성직자는 태어나는 것이 아니라 '양성된다'는 명제의 성립도 마찬가지로 이와 무관하지 않다. 인간의 마음을 인도하는 일이 신학과 성직자로부터 교육학과 교사의 몫으로 이양된 것은, 가르치고 배우는 지식과 기술이 축적되고서야 가능했다.

어느 누구도 질병의 고통과 무지의 고통과 폭력의 고통에서 자유롭지 않다. 모두가 잠재적 병자이며 무식꾼이며 희생자이다. 어느 누구도 혼자서 이 고통으로부터 해방을 구할 수 없다. 사회가 그것을 떠안고 가야 한다. 교육과 의료와 사법의 제도는 '사회복지'의 제도일 수밖에 없다. 인간의 정신적 필요를 충족시키는 비용이 많이 들어가는 제도일 수밖에 없다. 국가는 이 제도의 운용에 그만큼 큰 비용을 지불할 용의를 표명하지 않으면 안 된다. 사회의 진화, 즉 정치적 통제가 아닌 문화창조에 의한 사회적 통제를 위해서는 무엇보다 먼저 국민의 정신적 필요를 충족시켜야 한다. 아무리 큰 비용을 지불하게 되더라도 국민의 문화창조력이라는 대가를 돌려받는 남는 계산이다. 서구사회가 누리는 문화창조력은, 질병과 폭력과 무지가 주는 고통으로부터 해방된 사람들이 영위하는 삶에서 잉태된 것이다.

그는 의료체계라는 말을 사용하지 않지만 의료체계를 행위하고 있다.

의료체계는 불변 가치와 환경으로 구성된다. 의료체계가 구축되어 있다는 것은, 다른 어디에서도 구하지 못하는 불변 가치를 실현하고 있음을 명징하게 보여주는 의료진과 의료활동이 있고, 그리고 그 가치의 산출을 돕는 조건과 여건, 말하자면 환경이 구비되어 있음을 말한다. 이 의료체계를 준거로 삼아, 미국과 유럽복지국가를 나누고, 그리고 한국을 별도로 취급할 수밖에 없다. 의료체계의 구축하려는 의사가 비로소 사회와 자연의 비인간화에 대해 발언할 권능을 지닌다. '골고루 먹고 푹 쉰다.'를 처방할 수 있는 여건은 의료가 추구할 불변 가치인 불가역의 변화를 이룰 수 있는 최소한의 조건이다.

그는 여건과 조건을 말하기 전에 의료의 불변 가치를 행동해버린다. 그는 의료체계를 확립하는 실천적 지성이다.

그는 전혀 새로운 병원hospital-house을 설계한다.

불가역 변화를 관철하는 의료 활동을 시험해보는 인생을 살고 싶다고 의욕하는 그는 환자 와 같이 부대끼며 지낼 수 있는 자신의 병원을 구상한다. 아마도 그는 문자그대로의 의료기관을 구상하고 있는지 모른다. 치료의 대가를 받는 영업소가 아닌 의료기관.

그는 생이 치유한다고 믿고 있다. 페스탈로찌가 죽음 직전에 쓴 책의 머리 문장이 '생이 도야한다.'인데, 그가 페스탈로찌의 '백조의 노래'를 읽었을까? 아무튼 그의 의료활동에 대한 보고서는 느림과 기다림의 교육학이라는 표제 하에 글을 쓸 수 있는 밑천이 되었다. 삶의 서사구조를 생각한다면 의료와 교육은 대하소설 쓰듯 이야기하는 작업이라고 해도 된다.

건강한 인간개념을 상정한다.

사회심리학자 콜버그는 관리되어야 하는 불건강한 인간을 고정시켜 놓고 해부하듯 파헤치는 미국 사회과학 방법론이, 결과적으로 권력의 편에 서는, 엘리트에게 권력을 몰아주는 정치였음을 성찰한다. 그는 '다정하고 연약한' 그래서 서로 의지하여 살아가는 길을 찾는 건강한 인간을 연구의 대상으로 삼는 과학, 인간 삶을 고양시키는 실천(의료 교육 사법)과 병행하는 사회과학 방법론을 제안한다. '자연적 철학자로서의 아이들'을 상정하는 콜버그의 교육론은 '인격훈련'이 아닌 사회를 구성하는 능력을 지향하며 마찬가지로 질병치료를 넘어서는 의료 개념을 제안하고 있다고 봐도 된다.

의학교육의 진화, 의료의 개념 정립

의학을 어떻게 가르치면 의술이 되는가: 그 사람이 몸의 말(몸의 운동성)을 듣지 않고 살아온 내력을 정상 참작하여 그의 삶의 처지에 적합한 처방과 치료를 진행하는 소통행위, 소통행위라는 개념을 정립해가는 과정을 일러 의학교육이라고 하자. 질병은 세상을 살며 부딪치게 되는 난관의 한 요소, 여러 요소들과 함께 있는 한 요소이다.

의료는 세상에 부대낄 때는 부대끼고 그리고 세상을 분노할 때는 분노하는 건강한 삶을 인도한다. 그럴 수 있는 의료의 힘은 진작부터 요청되고 있었다. 요청이 제도로 나타난 것은, 교육과정 조망에 따른 의사양성 프로그램 개편이었다. 의학교육이라는 술어가 의미 있게 사용되다. 70년대 교육적합성 질문은 의학교육의 의의를 심화시킨다. 교육과정 조망은 교육적합성 질문과 맞닿아 있다: 개인의 지적성취를 넘어 세상(사회)을 만들어가는 능력이 오늘 교육의 문제가 되었다는 것이다.

오늘 의학교육은 학문적 관심으로 고양되고 있다. 의학교육의 개념과 이론을 가지고 의료(의학과 의술)를 다음과 같이 재 개념화 하려는 흐름이 가파르게 진행되고 있다.
 의학이 되는 의술
 정보와 지식(문화)이 되는 그 의사의 의료행위
 불가역의 변화

질의와 응답, 세미나 현장에서의 논의를 질의와 대답 형태로 정리한다.

-우리는 늘 저들 서구의 뒤꽁무니만 따라 가야 하나요, 저들이 의학교육에서 처음 시도했던 것조차도 지금 우리는 엄두도 내지 못하고 있으니....

 여건 조건.... 새로운 것을 시도하기에는 너무나 척박한 인적 물적 환경인줄 알고 있습니다. 그것에 절망하는 사람이 한 둘이겠습니까. 그냥 앞뒤 가리지 말고 하고자 하는 바를 하십시오. 저의 글의 모델이 된 그 의사가 그랬듯이 말입니다. 저가 보기에 그는 스스로 해방한 사람입니다. 자신을 변신함으로써 둘러싼 장애물을 걷어낸 것입니다. 뜻이 맞는 동료와 서클을 만들어 함께 하는 지도력을 발휘하십시오. 저의 모델이 된 의사처럼 말입니다. 인류는 그렇게 진화되어 왔다고 저는 생각합니다.

-수요자중심이라고 합니다. 학생, 환자의 비위를 맞춘다, 그건 아닐 터인데, 의학도 없고 의료도 없다는 것인지. 개념이 잘 들어오지 않습니다.

학생, 환자의 자리, 낮은 자리에 서 보자는, 공급자의 오만을 지적하는 윤리적 의미가 더 강하다고 저는 생각합니다. 자칫 의료와 교육의 장에서 의사와 교사는 권력(공급자의 일방적 지시)이 될 수 있습니다. 수요자중심을 열림의 체제라고 바꾸어 보십시오. 20세에 입학해서 4년 공부하고 인턴 2년, 이런 식이 아니라 년령도 열고, 병원도 열고, 교재도 열고, 수업방법도 열고, 시험문제도 열고…. 열림의 체제 하에서 의료의 목적을 다시 정립하고 그 목적에 복무하라 의미일 것입니다. 저의 모델이 보여준 의사와 환자관계가 다소간 그러하지 않습니까.

-열림이라고 하는데, 어쨌든 의료, 의학이 권위를 잃고 있다는 생각입니다.

가벼운 일거리가 되었다는 것을 저도 느낍니다. 어느 피부과의사 한분이 '전문의 아니라도 할 수 있는 짓을 하며 돈 벌고 있어요.' 라고 자조하는 것을 듣기도 했습니다. 이 의사의 자괴감이 열림이라는 사회적 요구에서 강요된 것일까요. 우리의료계의 시대착오적 의학과 의술 개념과 행위에서 비롯된 문제 아닐까요. 과연 지금 의과대학에서 고수하고 있는 '의학과 의료' 개념을 두고 거기서 의학과 의료의 '엄중성'을 발견할 수 있습니까. '어디가 어떻게 아프니 이런 진단, 그리고 처방' 이 의료관행, 그것을 뒷받침 하는 의학교육을 두고 엄중하다고 할 수 있을 까요. 교육에 대해 말해봅시다. '한 가지 잘해서 대학을 간다' 이 정책 목표가 얼마나 교육을 가볍게 했습니까. 그렇다고 문제풀이에 목을 매는 기존의 교육을 두고 엄중하다고 할 수 없고, 교육 혹은 의료의 엄중성은 정치하는 자들의 정책에 의해 확보되는 것이 아니라 의료진과 교직자의 가치추구 행위에 의해 성취되는 것이라고 생각합니다. 의료보험, 의약 분업 같은 제도의 규칙 때문에 가벼워진 의료에 대해서도, 제도규칙을 넘어서는 행위를 저질러버리는 모험이 필요하겠지요. 의료는 그 의사의 '이론적' 이해에 의존하는 것이 아닙니까. 의료가 기능, 관행에 머물러는 안되지요. 이론적 행위이기에, 저의 모델은 의료선진국의 의학교육의 흐름을 몰라도 이미 그는 흐름을 따라 잡고 있습니다. 그는 병원의 개념을 바꾸었고, 의료의 개념, 의사의 개념, 환자의 개념, 의료기기의 개념을 바꾸지 않았습니까.

-공공성, 의료기관은 공공기관이어야 하는데, 그것을 부정하는 듯한 징후가 여기저기서 나타납니다.

    의료와 교육과 사법은 공공 재화입니다. 일찍이 학문적 틀을 갖추고, 양성된 전문가에 의한 행위만을 인정하고, 사회화된 제도가 구축되고, 그리고 효과적으로 수행하는 기구(병원, 학교, 법원)를 만들었습니다. 이것은 인류사적 사건입니다. 그런데 우리 경우 공공기관은 주인 없는, 방만하고 낭비하는 곳으로 추락하고 있습니다. 그럴진데 공공재화라고 할 수 있겠습니까. 공공기관 당사자들의 개념변혁이 절실하다고 봅니다. 다른데 탓을 돌릴 게 아닙니다.
    대화를 이끌기에 좋은 질문인데, 저가 지나치게 직설적이라서 대화를 막아버린 것 같습니다. 죄송합니다.

-의료계에서는 병의 재발이라는 것은 흔히 있는 일로 본다.

    재발이 '사실'이라고 해서 건강한 삶이라는 의료의 목적을 가볍게 볼수는 없겠지요. 저의 모델이 된 의사는 완치가 의료의 목적이 아니라 병과 더불어 사는 삶의 방식이 목적이라고 보는 것 같습니다. 삶의 방식의 변혁이라는 점에서 의료와 교육은 협력해야 한다고 말할 수 있겠습니다.

-환자를 진단하는 것은 당연히 기록하는 것 아닌가요.

　기록이라는 말을 '기록가능한'이라고 고쳐 보십시오. 기록가능한 이란 가치를 함축한 어법입니다. 의료행위의 가치는? 수입은 외재적 가치일 터이고 그것을 의료의 가치라고 할 수는 없습니다. 그 가치를 잘 못이라고 말하지는 않습니다. 의료의 내재적 가치는 '그 환자에 대해 모험하는 것' 의사가 아니면 할 수 없는 것을 하는 것이라고, 저의 모델이 된 의사라면 그렇게 말할 것 같습니다. 그 내재적 가치를 추구하는 의료행위를 두고 '기록가능한'이라고 개념화했습니다.

-영리병원에서는 그런 내재적 가치를 추구할 수 없나요. 영리병원은 새로운 병원개념에 따른 것 아닌가요.

　이익을 극대화하는 병원이라고 봅니다. 그것 때문에 병원 시설과 설비를 현대화하고 일류 의료진을 갖추고 아무튼 의료서비스할 수 있는 시스템을 갖추겠지요. 그렇지만 그것을 두고 병원의 개념, 의사의 개념을 달리했다고 말할 수는 없다고 봅니다. 질병에 굴복하지 않는 삶의 방식을 꿈꾸는, 인문학, 인간학의 시선이 새로운 의료체계를 잉태할 것이라고, 저의 모델이 된 그 전문의와 같은 생각을 하고 있습니다. 그래도 남는 문제가 있습니다. 내재적 가치를 추구하는 순수성과 의료의 사회적 가치, 말하자면 어떤 처지에 있는 사람에게도 고루 충분한 의료혜택이 돌아가게 하는 것, 두 가지 사이에 가로 놓인 간극을 어떻게 메울지. 두 가지는 영원히 충돌하는지.

-논의공동체를 의학의 혹은 학문의 조건이라고 했는데,

해부학 지식과 해부기술은 설명할 수 있는 대상입니다. 설명할 수 있는 것은 가르칠 수 있습니다. 그러나 의학, 학문은 무엇이라고 설명할 수 있고 가르칠 수 있는 대상은 아닙니다. '공부하고 있다, 다른 동료들과 공부를 나누고 싶다' 그렇게 지속적으로 나눌수 있는 공부를 스스로 확인하는 것, 그렇다면 그들은 학문을 하고 있다. 학문은 공부하고 있음을 '깨닫는 것', 학문의 존재는 '깨닫는 것'이라고 봅니다. 혼자 하는 것은 비법일지언정 학문은 아닙니다. 아무리 것이라도 관성에 따라 하는 것은 학문이 이라고 하지 않겠지요. 학문, 문자그대로 물음을 배운다는 것이지요. 기록가능한 의료활동, 기록가능한 교육활동을 수행함이 학문을 잉태하는 것이겠지요. 3월10일 경북대 의학전문대학 특강

맺음

'보편적' 의학이라고 인식되는 현대의학은 생명현상을 이해하는 자신들만의 방법론을 선택했다는 점에서 인류역사상 가장 강력하고 뛰어나기는 하지만 완전하지는 않는 '특수한' 의학이라고 정의할 수 있습니다.

그 방법론은 1)인체를 구조(해부학)와 기능(생리학)의 도식으로 이해하는 기계론에 바탕을 두고 2) 인체의 생명현상을 자연과학적 방법론으로 해석하고 환원할 수 있다고 전제하고 있습니다.

엑스선 내시경 조직검사 등은 인체의 어느 구조에 손상이 와서 어떤 기능장애를 초래했는지 찾는 과정이며, 이 과정은 물리화학적 법칙에 의해 분석되며, 손상된 구조를 바로 잡아 기능이 정상적으로 수행하도록 하고 (수술)구조를 손상시키는 원인을 제거하는(항생제) 쪽으로 사고합니다.

이러한 방법론은 자연과학발전과 함께 비약적 발전, 한편 한계, 즉 정신현상이 유체에 이치는 영향 세포단위에서 분석이 주가 됨으로써 인체의 유기적 전체적 관계성 배제 생명체에 영향을 미치는 자연환경과의 교감을 간과하고 있다는 점입니다.

의학이란 질병이 아닌 질병을 가진 인간치료
　개인은 특수함으로 치료란 의사와 개인 간의 개별적 의학적 관계, 새로운 철학

두 가지 소감;
　기존 의학 철학과 관계철학의 관계설정, 현대의학은 효율성과 현실성에서 강력, 열이 날 때 해열제를 주는 것을 치료라고는 할 수 없지만 치료되는 경우는 상당히 많다. 계속 존재의의를 가질 것이다.

의학적 관계를 어느 수준에서 맺을 것인가.
　한의학의 병인론은 주위 환경과의 부조화, 희노애락 감정조절의 실패, 음식부절제 과로 과색이다.
　질병을 몸과 마음의 부절제로 인한 불균형 상태로 파악, 위의 원인 가운데 어디서 기인하는지 따진다.
　개인이 병을 얻은 배경이나 환경은 천차만별이지만 결국 세 가지 범주에 귀결된다고 본다.
　그러므로 이러한 원인을 파악하는 데까지는 의학적 관계라고 볼 수 있지만 그 이상은 철학이나 종교 교육의 영역으로 구분 지어야 하지 않을까 추측한다(편지를 전해준 후배 조은영 박사).

강의14. 인류와 지구의 위기, 지역소멸의 위기, 민주 시민 교육방법론

사람들이 사는 모습은 같고 그리고 다르다.
지역의 자연 조건에 적응하며 생존하고 그리고 생활을 영위한다.
같은 것을 끝까지 같게 하고 그리고 다른 것을 끝내 다르게 추구하도록 인도하는 비전과 정책을 두고 '지역균형발전'이라고 한다.
인간발달의 관점에서, 지역 발전이란 '개체의 발달과 공동체의 발달은 병행하며, 둘이 떨어지면 둘 다 망가지거나 타락한다.

문제

 우리는 지금 위기-전환의 지점에 서 있다. 역할을 가지고 참여함으로써 공동체 구성원이 되는 근본적 민주주의 문제를 시급한 의제로 설정해야 한다. 민주주의는 공동의 관심사를 발견하고 풀어내는 사람들 관계를 구상할 수 있을 때 성립하는 '사회관계'를 표상한다. 민주주의는 거기 사는 개인들이 공동관심사를 가지고 소통하는 관계를 지칭하는 다른 이름이다. 관의 직접적인 민의 통제에 대해 문제제기 하지 않을 수 없다.

  지난 수십 년간 우리 사회는 유례가 없는 세계적 성공이라고 자랑스러워하는 압축적 근대화를 겪었습니다. 그러나 그 성공의 이면에는 성장지상주의, 천박한 물신숭배, 권력에 대한 맹목적 집착, 전체주의적 공동체주의, 배타적 민족주의, 중앙집권주의, 사회적 약자에 대한 배려와 모욕의 관행이라는 배설물들이 강고하게 똬리를 틀고 있습니다. 이러한 시간과 공간 안에서 딱 지금과 같은 수준의 민주주의를 운영하는 우리 사회 구성원이 길러지고 형성되어 왔습니다. 우리가 말하는 '시민의 부재' 혹은 '시민의 미성숙'이라는 문제가 돌출하는 지점입니다. 때문에 바로 지금 우리에게 시민적 주체의 형성, 곧 우리사회를 구성하는 보통의 사람들, 특히 미래 세대를 민주주의의 참된 주체인 시민으로 만들기 위한 체계적인 사회정치적 노력이 시급한 이유이기도 합니다. 우리는 그 노력을 한마디로 '민주시민교육'이라고 부릅니다(이재성, 대구참여연대 민주시민교육 센터장).

대구 민주 시민 교육의 정신

교육을 필요로 하는 유일한 존재, 깨우침의 진화

　길들여짐이라는 정신의 나태함, 길들이기의 조작, 인간은 안과 싸우고 밖과 싸운다. 왜 싸우는가? '번쩍 든 정신'이기 위해 싸운다. 앎을 통한 자기해방을 의식하며 싸운다. '자기교육'이다. 문화비판의 능력과 태도를 굳건히 한다.

　가르치는 자는 학술적인 것을 매개로 가르치는 활동을 하고자 한다. 무엇을 가르치지 what to teach, 그 질문은 가르치는 자 자신의 문화 비판의 논리를 구성한다. 배우는 자들은 지식활동을 통해 자신의 생각이나 행동에 변화가 일어나고 있음을 깨닫는 '학습경험'을 한다. 배우는 자들의 지식활동은 자신의 문화 비판의 논리를 구성한다. 건강한 시민사회는, 가르치는 자와 배우는 자의 문화 비판을 부정하는 일체의 권력에 대해 문제를 제기한다. 참으로 건강한 시민사회는 교육이 (국가목표를 넘어) '사회발전 프로그램'의 밑과 끝이 되어야 한다는 논리를 공론화 하는 문화 비판에 힘을 기울인다.

시대의 문제와 민주 시민 교육

 그 시대의 문제는 민주 시민의 '깨우침' 문제로 나타난다. 깨우침의 문제는 자유, 해방과 그것과 필연적 연관을 지닌 먹고 사는 문제를 전면에 내세운다. 농민을 향한 깨우침의 대상은, '농사법'이 될 터이고 그리고 농민을 변방으로 몰아내는 사회정치적 억압이 될 터이다. 시대의 문제를 떠난 교육의 문제, 정치의 문제, 농사의 문제가 있을까? 페스탈로치의 민중교육사상과 실천은 당대 시대의 엄혹한 불평등, 신음하는 민중을 '사회적으로' 다시 태어나도록 돕는 일, 민중의 문화비판의 힘을 일깨우는 혁명이었다. 톨스토이의 문학은 핍박받는 농민의 해방 투쟁, 문화비판, 말고 다른 어떤 것으로 자리매김할 수 있을까.

 오늘 여기 우리는 역할의 양극화 모순에 시달리고 있다. 이 땅 청년들이 겪는 시대적 난관 앞에서 민주 시민 교육은 무엇이고 무엇이어야 하는가? 민주 시민 교육의 방법론에 대해 생각한다.

민주 시민 교육의 범위, 교육 프로세스

1. '민주' '시민' 교육의 대상과 목표

 지역소멸의 시대, 삶의 터를 갈아엎는 개발의 시대, 역할 양극화의 시대, 이 시대의 가장 큰 희생자는 청년, 지역청년, 일상의 삶의 과정을 거치며 살아가기 힘든 청년이다. 청년실업의 문제이다. 어떻게 하면 청년을 중심에 놓을 수 있지, 이 물음에 집중한다.

대구를 깨운다.

깨우침awareness의 진화, 문해

    대구 문해, 중앙과 변방을 갈라치기 하는, 한국적 사회정치적 현상과 구조 읽기의 교본

    생태 문해, 생명체의 서식지를 파괴하는 '발전론' 비판

    독일 문해, 지역중심 정치 경제 문화, 지역의 뜻과 그 뜻을 일관 지속시키는 시스템, 체계

    아프리카 문해, 강자의 야만이 구석구석 배어든 세계 질서를 이해하는 한 가지 방식

문해, 감정을 지식으로

  좌절감, 분개심이 매개된 지역민의 지성과 도덕성, 감정으로 해결할 수 있는 것은 아무 것도 없다. 좌절감 분개심이 매개된 지역민의 '아프고 분하고' 그 마음의 상태를, '협력과 연대'의 지성과 도덕성으로 무장한다. 어떻게 할 것인가?

    너 거들 아니라도 쓸 사람 많다.
    태도가 돼 먹지 않았어.
    어느 학교 나왔노.
    너 아버지 뭐하노. 자식 교육 잘 시켰다. 그 밥에 그 나물이지.
    못난 것들이 세상 탓하지
    아이큐 나쁜 것이 내 세상 탓이냐, 너거 아버지 어머니 탓이지.
    누가 너한테 안하면 죽인다고 협박했나. 니 잘 될라고 하면서,

그러면 시키는 대로 해야지.
매일 입에 달고 살아요. 좋으나 나쁘나 그렇게 말을 해요.
발길질도 해요.
우리인들 그 말의 뜻을 짐작 못할까요. 우리자신 못 난 줄 알아요.
그럼에도 자꾸 들으면 신물이 나요, 못 배겨요.

지역민 사이에 편재되어 있는 '남겨진 자 담론', 그것이 시민사회를 부정하는 정서로 나타나고, 그 반대편에 중앙-유명세라는 프레임이 도사리고 있다. 지역 권세가들이 지역을 앞장서서 폄하한다.

2. subject matter, 사물(혹은 삶의 역경)의 속내를 드러내는 말의 힘

말이 세계를 구성한다. 일시키는 윗분들의 세계와 욕 들어 먹는 청년 근로자의 세계는 하늘과 땅만큼이나 넓게 벌어져 있다. 어떻게 이 간극을 매우나? 잘못이라고 하기는 쉽다. 간극을 메우는 민주 시민 교육 방법론, 그 실천이 절실한 문제가 되었다. 이 문제에 직면하려는 민주 시민 '문해' 교육 프로그램을 구상한다. 시민사회가 제출하는 문해 프로그램이 현 단계 모든 사회 계층이 참가하는 '사회계약'이라고 생각한다. 사회계약은 단지 계몽이 아니라 민의 영역을 확장으로 이어지는 징검다리이다.

사람의 말을 짓누르고 억압하는 세계는 폭력배의 세계입니다. 사람 말을 하는 세계, 서로 의존하여 살며 사람다움의 세계로 진화한다.

> 공동체 운동은 존재의 사회성에 주목하는 교육-문화운동에서 시작되어야 한다. 그리고 사회성 개발은 생산체계와 행정(정치 곧 소통)체계의 재구성으로 나아가야 한다. 왜? 사회성원들의 사회성이 온전히 개발 발현되는 과정에

서 구성되는 것이 공동체이기 때문에. 평등 자유 보편적 합리 자치 자립이 가능한 공동체는 어떻게 이루어지나? 자율적 존재들이 무모순적 생존 생활체계를 만드는 과정에서 구성된다(이윤갑, 한국 역사 속의 공동체와 공화주의).

깨어있음의 진화, 익숙함을 낯설게 하기, 길들여짐이라는 정신의 나태함, 길들이는 조작, 안에서 밖에서, 인간은 안과의 싸움과 밖과의 싸움, 왜 싸우는가? '번쩍 든 정신'이기 위해 싸운다. 그 싸움은 문화적 싸움, 즉 앎을 통한 자기해방이다. 교육은 문화비판의 능력과 태도를 굳건히 함이다.

3. 상설 교실, 절박함

대구 문해 상설 교실을 만든다. 나아갈 방향을 가늠케 하는 목적을 뚜렷이 하고 그 방향으로 일관되게 나간다. 단기적 표적물 같은 목적은 아니다. 굳이 효과를 따질 필요는 없다. 불특정 다수를 대상으로 하지 않고, 소수의 필요와 요구를 충족시키는 다양한 형태의 교실이면 된다. 규모를 생각하지 않아도 된다. 왜 그래야 하는데? 대구 청년실업의 절박성을 손바닥에 올려놓고 뚫어지게 바라보기 위함이다. 절박성은 지성과 도덕성의 정신적 특성, 아프고 분개하고, 그 마음의 상태를 표상한다. '대구'의 시민교육, 목적을 명확하게 표명한 상설교실을 만든다. (대구의 시민교육이라고 했지만 대구를 다른 지역으로 바꾸어도 된다.)

발전론, 문해 상설교실

똑똑한 대기업을 유치하고, 거기에 똑똑한 인재들이 채용되고, 똑똑한 아이들을 골라 중앙에 유학 보내고, 그것이 대구발전 전략이야, 보잘 것 없는 것에 신경을 쓰자고 하는 것은 얼빠진 이상주의들이 그저 해보는 소리야. 말이 세계를 구성한다. 너희 그 험한 말로 만든 이 난폭한 세상에 아이 낳으라고? 너희들에게 시중들어줄 아이들이 필요해?

삶의 방식, 문해 상설교실

　먹거리도 일거리도 지천에 깔려 있다. 절실히 필요로 하는 곳에 제때에 배달되지 않아서 빈곤에 허덕이고 일자리를 찾아 헤맨다. 필요한 곳에 제 때 배달, 이 최소한의 사회 안전망으로도 사람들은 일상의 삶을 영위한다. 그런데 오늘 우리들은 전술을 구사하며 삶을 살고 있다. 사회의 기본 질서를 갖추는 문제에 대해서 아무런 관심이 없는 듯 살고 있다. 민주, 시민, 교육이라는 가치가 제 자리를 잡기에는 우리들 일상의 '때와 곳'이 너무 비좁다.

협치, 문해 상설교실

　스스로 자유롭게 자기 일을 추구하고자 하는 '민'이라면, 현장성을 상실한, 한 치의 상상력도 없는, '지원'이라는 '관'의 인습적 관행에 항의해야 한다. 우리한테 민과 관이 동참, 동료가 되어 일하는 '문화'가 있을지…. 이런 의단 때문에 발제에서 의도적으로 민과 관이라는 상투적 용어를 사용했다.

떠나고 남는 청년, 문해 상설교실

　삶의 터가 되지 않는 여기 대구에 대해, 당신의 문제의식은 무엇인가? 청년 실업, 그 고통을 완화할 대책이 있는가?
　(현안을 중심으로 다양한 형태의 상설교실을 만들고 교체한다.)

4. 교실 구성, 내용과 방법

　삶이 곧 문화비판인 人材를 찾아내고 그들을 무대에 세운다. 전달자가 내용이고 방법이다. 전달자의 근본적 문화의식과 행위, 그것 이외에 다른 무엇이 있을까.

　생각의 자유와 표현이 멀리 있지 않다는 것, 일상의 삶에서 행동하고 반성하는 인간근본 능력의 발휘라는 것을 드러내 보여주는 것 그래서 유별난 삶과 대조하도록 자극하는 것, 그것이 시민교육의 내용이고 방법이다.

거리의 춤꾼은 유능한 전달자이다.
　사회의 질병과 개인의 질병의 관계에 대해 고민하는 사람은 유능한 전달자이다.
　이상사회를 향하여 가는 길의 굽이굽이마다 이정표를 세우는 사람은 유능한 전달자이다.
　노동현장 교육현장의 폭력에 대처한 사람은 유능한 전달자이다.
　청년실업정책을 입안하고 집행한 경험을 가진 사람은 유능한 전달자이다.
　공동체를 직접 행동하는 성취의 경험, 여분의 자원을 모아 필요한 사람에게 제 때 제공하는 시스템 운영자도 유능한 전달자이다.
　거리의 춤꾼이 그러하듯, 생각의 자유와 표현의 인문학으로 자신의 일과 삶을 하나로 뭉친 전달자를 찾아내고 그들의 무대를 만들어내는 것, 그것만으로도 충분한 민주 시민 교육을 성취한다.

그들을 어떻게 찾아내지?

〈지식과세상〉 작은책 출판을 매개로 찾아내고 무대에 내세우는 방도에 대해 생각한다. 자기 삶의 보고서를 책으로 펴내는 일 그리고 삶의 현장 활동 중심 '사람도서관'을 마련하는 일이면 가능하지 않을까 생각한다.

다시 왜 문해인가?

스스로를 업신여기는 몹쓸 병을 드러내 탄식하고 부끄러워하는 비판의식. 이 비판의식이 대구 보수를 읽는 콘텍스트이다. 일상의 삶을 영위한다는 것은 자신의 일상에서 말과 글의 감을 얻는다는 것이다. 그는 생각의 자유와 표현을 즐길 수 있다는 것이다. 자신의 삶의 경험에 터하여 쌓아올린 '수행적 정체성'이면 충분하다. 주저할 이유가 없고 겁낼 필요가 없다. 그는 절로 사회정치적 행위를 한다.

5. 민과 관의 협치

어째서 관은 민의 흔적으로 지우려고만 하는가? 관은 재정 지원이라는 이름으로 민이 기획하는 '사회개발'에 재정 지원, 그리고 서류 심사 서류 보고 실적 보고 형태로 활동 과정을 감독한다. 민의 참여를 개방한다는 취지이지만 문자 그대로 지원과 감독이다. 어제 오늘의 일이 아니고 뿌리 깊은 민의 역량에 대한 불신인 듯, 민은 관리의 대상일 뿐이다. 임실 치즈 마을과 임실 치즈 테마파크 사례를 바탕으로, 지역소멸의 시대, 기후위기의 시대, 민주 시민 교육 프로그램에 대해 그 대강을 구상해보자.

'민에 의한' 임실 치즈 마을, '관 주도' 치즈 테마파크

전라도 임실 치즈 마을, 1960년대 시작, 벨기에 디디에 세스데 벤스 신부 1964년 임실 성당 부임, 산지로 이루어진 풀 숲 마을, 농사 부적합, 가난한 농민을 도울 수 있는 길을 찾다. 산양 도입, 치즈 만들기. 젊은 심상봉 목사 지도 치즈마을 공동체 형성, 치즈마을은 치즈 그 자체가 되었다. 입소문을 타고 '임실 치즈마을' 별칭을 얻다.

2012년, 〈임실 치즈마을〉 인근 더 넓은 지역에 관주도 〈임실 치즈 테마파크〉 로컬 브랜드 만들기 사업 착수, 30년 임실 치즈마을을 전 국민 상대 대 기업으로 발 돋음 하겠다는 의지 표명하다.

'그게 가능한가요? 치즈마을 뿌리는 길고도 긴 고난의 공동체 역사인데, 물량과 홍보로 그 역사를 대신할 수 있을까요? 실수는 늘 존재하지만 실패는 없어요. 그 조심스러운 그러나 끈질긴 과정을 거쳤기에 오늘날 우리가 이만큼 브랜드를 만들 수 있었다고 생각해요.'

관주도, 민간위탁, 기대한 성과 미미, 다시 관 주도 치즈테마파크 홍보전, 결과적으로 치즈마을 공동체의 그 공유의 가치와 무관한, 개인들의 돈벌이 장터로 변질되어 가고 있다.

다시 길을 나서다. 저마다 역할을 가지고 공동체 경영에 참여함으로써 공동체의 구성원이 된다는 개인과 사회의 관계에 대한 깨달음으로 돌아가다. 다시 길을 나서다. '농촌다움을 지켜가면서 주민의 삶을 근간으로 테마파크에서는 할 수 없는 무언가를 경험할 수 있도록 해야 했어요.' '치즈마을 주민의 삶과 치즈마을 만이 가진 농촌자원으로, 도시민들로 하여금 자연의 순리를 느낄 수 있도록 하고 싶었어요.'

'테마파크와 우리 치즈마을, 무엇이 다른지 무엇이 같은지 더 고민해야 했어요. 처음엔 달라야 살 수 있는데, 그런데 우리는 우린 따라가려고만 했어요. 임실군도 상생을 내세우면서 테마파크의 부족한 부분을 치즈마을에 집어넣으려고만 했을 뿐이에요. 가령 주차장 같은 것들'(임실 치즈마을 이진화 운영위원장 대담, 2023 7 28 오마이뉴스).

지역사회 발전 대기획의 중심축

대구사회기획, 민의 영역을 넓힌다는 목표
민의 영역 확장, 민과 관의 협치 조건
대구 지방정부는 청년이 나서서 동네를 '사회'로 재생시키는 일에
자원배분 등 책임을 진다.
민은 그 사회기획을 집행, 운영한다.
모든 지역이 모든 인력이 국가목표에 동원된 시절이 있었다.
모든 것이 '중앙'에 집중되었고 모두가 '중앙'이 되고자 전투적 삶을
살았다. '근본적 문화의식'이 배어드는 일상의 삶을 뒤로 밀쳐놓았다.
전투적 삶이 '동네'와 청년을 변방으로 내몰았다. 그 때는 그랬다.

그러나 지금은 아니다.
삶의 과정을 따라 살아가기 어려운 청년들, 개인의 문제가 아닌
사회의 문제가 되었다.

동네와 청년을 제자리에 돌려놓는 일은 피할 수 없는 시급한 사안이 되었다.
오늘 당장 행동할 수 있는 사회정치적 제도가 마련되어 있다. 지방자

치제이다. 지방자치제 20년 당연히 그러했어야 하는 데도 그럼에도 그 때 그 시절과 달라진 것이 별로 없다. 기득권 기성세대의 무정견 무사상 무책임을 통탄한다. 지방자치는 지역시민의 일상의 삶의 질을 밀착하여 문제를 찾고 해결하는 비전과 전략과 정책을 세우라는 명령이 아닌가? 지방자치의 핵심은 '사회기획'이다. 사회기획은 민의 영역을 확장하는 것에서 시작한다.

민주 시민 교육 프로그램은 '대구'의 것인가 묻자.

대구의 민주 시민 교육은 현실정치의 뜨거운 쟁점도 넘어 선다. 여가선용도 넘어 선다. 자기개발도 넘어선다. 거기에는 대구가 들이설 어지가 없기 때문이다. 대구가 들어 있는 주제와 방법을 가진 민주 시민 교육 프로그램이 있을 것이다. 있어야 한다. 아직 그 교육에 대해 자세히 듣지 못하고 있다. 대구가 들어 있다는 것, 어떤 것을 두고 하는 말인가? 자신의 일과 삶을 보여주는 사람, 대구를 자신의 일과 삶으로 보여주고 있는 사람, 그 사람이 시민들에게 자신의 일과 삶을 그대로 드러내 보여준다면 그 때 그의 말과 행동에 대구가 들어있다고 해도 된다.

스스로 택한 자유의 춤이지만 참 힘이 듭니다. 일반 시민들의 무관심은 그렇다 치더라도 대구를 경영한다고 자부하는 엘리트들마저도 저희 몸부림을 아주 하찮게, 심지어 빨갱이라고 빨갱이 대하듯 합니다. 대구를 떠나버릴까도 싶습니다. 그래도 그런 대구를 사랑해야지요. 사랑합니다. 사랑하지 않고는 자유의 춤을 출 수 없으니까요(거리의 춤꾼이라고 자신을 소개하는 박정희).

인간다움의 힘이 무엇인지를 웅변하고 있다. 인간다움의 힘을 믿는 자만이 척박한 대구에 뿌리를 내릴 수 있다. 뿌리내린 사람만이 대구시민을 교육할 수 있다. 대구에 산다는 것 그 자체 불안 불안정, 인문학적 교양을 상실할 만큼 그 정도가 심하다. 장기적 안목을 가지고 세상사를 살피기에는 그 문화적 기반이 너무 취약하다.

보수, 대구의 상징, 대구시민에게 그 의미는 도대체 어떤 것일까?

근본적 문화의식이 자리할 틈이 없다. '근본적'이라고 했다. 근본적이란 사람으로 돌아가 다시 생각한다는 의미를 담고 있다. 근본적 문화의식이란 우리 속의 '사람을 분별하는 짓'에 대한 깨달음awareness이다. 그것은 결국 살아볼만한 세상을 향한 희망과 좌절을 응축한 정치의식으로 나타난다. 그럼에도 여기 대구는 어째서 백화점 교실이 대세인가? 어째서 유명세에 기를 펴지 못하고 몰려다니는가? 어째서 서울 이야기만 하고 서울 같은 대구이기를 바라고만 있는가?

보수는 사람분별의 세계관을 나타내는 상징, 내지르는 한방의 경상도 사나이 기질을 나타내는 기호, 그것 아닌 다른 뭐가 있을까? 그 상징의 효험, 그 기호의 효험은 이제 끝났다. 어찌 할 바를 모르고 있는 듯 더욱 '보수'로 내몰리고 있다.

교육의 문제는 사람의 문제이다. 250년 전 선포되었다. '인간교육' 어쩌고 저쩌고 하는 자들이 풍요의 경제발전의 발목을 쥐고 있다고 입버릇처럼 말하고 다니는 경상도 화끈한 한 방은 이제 부끄러움의 대상이 되었다. 진짜 그것을 부끄러워해야 한다. 부끄러움의 힘이 총칼의 권력보다 더 강하다는 언술에 귀를 기울일 때가 되었다.

거기에 살면 사는 곳을 사랑해야 한다. 수정한 보수도 아닌 보수이면서 '보수성지'라는 저들이 붙여준 이름표를 일시에 뜯어내는 '번쩍 든 정신' 한방으로 급회전 해버리는 저력이 거기에 있다고 믿자. 인류와 지구의 위기를 직접 문제 삼는 저력이 거기에 있다고 믿자.

맺음, 먹고사는'문제와 죽고 사는'문제

당장 먹고사는 문제와 직결된 게 '경제'라면, 앞으로 인류의 죽고 사는 문제와 연관된 지구적 재앙이 '기후변화'다.

> 138억년 우주역사 속에서 '나'의 존재성
> 지구탄생 46억년: 1년(12개월) 기준으로 9월 1일쯤
> 지구에 생명출현 약 38억년: 10월 조
> 인류속 출현(침팬지와 닮은 '원시인류' 출현은 약 200만년):
> 12월 31일 23시 40분
> 호모 사피엔스 등장(25-30만년 이전): 23시 59분
> 농업혁명: 24시 20초전
> 문화혁명(르네상스): 24시 1초전
> 과학/산업혁명-지식정보혁명-디지털혁명시대
> 해방둥이 할아버지의 존재(신비/기적의 진화)와 삶
>
> 최근 200년간 인류 에너지 사용량의 급증 추세
> 두 마리 말로 쟁기질하는 농민의 동력: 1,000와트
> 증기기관차의 동력: 20만 와트
> 초고속열차의 동력: 1천3백만 와트
> 보잉 747제트동력: 1억 와트
> 인류의 에너지 사용량은 곧 화석연료 사용의 급격·거대한 증가초래

인도의 환경사상가 반다나 시바(V. Shiva)는 『누가 지구를 망치는

가』(2021)에서(책의 원제목은 『Oneness vs. The 1%』) 상위 1%가 기획한 환상적 도구인 금융과 기술의 횡포가 지구를 어떻게 망치고 있는가를 통찰 ⇒ 1퍼센트는 '금융'을 도구삼아 자연과 사회에서 부를 채굴한다. 1퍼센트와 99퍼센트로 양극화되는 불평등의 근원에는 직선적 채굴 체계가 자리 잡고 있다. 오늘날 금융경제는 실물경제의 20-50배가 이동하면서 글로벌 노름판을 편다.

경제적 불평등과 생태위기가 얽힌 매듭(서로를 악화시키는 현상): 2021년 한국 국민 1인당 연간 평균 탄소배출량은 14.7/15.5톤, 소득 상위 10%는 54.5톤, 상위 1%는 180톤, 하위 50%는 6.6톤에 불과: 캄보디아 노동자의 38배 『지속 불가능한 불평등: 사회정의와 환경을 위하여』(2023)⇒ '불평등'은 현대사회의 가장 심각한 '기저질환'/탄소 식민주의 문제 (김병하, 지식과세상 화요논단 23 7 4).

종강. 교육적 타당성 물음의 힘, 부끄러움의 권력

교육적 타당성 물음의 대상, 지식활동
교육적 타당성 물음의 근거, 헌법적 가치
교육적 타당성 물음과 교육과정, 교육과정을 거쳐 아이들에게 돌아간다.
교육적 타당성 물음과 교사책임교육 시스템

교육이 우리를 하나로 묶어주는 언어가 되는 그 날을 꿈꾼다.

불확실과 불평등 시대를 살아갈 젊은 세대에게 기존 사람분별의 교육체제와 다른 혁신 교육체제를 통해 응답하고자 한다. 그런데 과연 교육혁신은 가능할까? 지금껏 시도된 교육개혁, 개혁의 뜻은 좋았지만 그러나 그 뜻은 살아나지 못했다. 왜 살아나지 못했지? 좋은 뜻을 이끌어줄 힘이 없었다. 그 힘은 어디서 나오지? 사회적 합의에서 나온다. 그러나 개혁의 힘을 받쳐줄 그만한 지렛대인 사회적 합의를 이끌어낼 수가 없었다. 한국사회에서 사회적 합의라는 것이 도대체 가능하기는 한가? 여태껏 사회적 합의를 경험한 적이 있기는 한가?

성공, 결과가 모든 과정을 압도하면서 '인간다움'의 과정은 아주 하찮은 것이 되어버렸다. 교육적 가치란 성공 결과를 평가하여 붙인 이름이 되어버렸다. '교육적'이란 누구나 편의대로 사용하는 진부하고 상투적인 언사가 되어버렸다.

교육이 우리 아이들을 분별하는 기제로 작용하고 역할 양극화의 사회분열을 조장하고 있다.

교육은 그 교사의 '교육 방법론'의 실천이다.

밑에서부터 개혁, 혁신을 실천하는 이론, 운동, 정책이 부각되고 있다. 아주 심플한 단일의 가치와 언어와 제도를 시험하고 있다. 아이들의 학습능력이 교육의 대상이 되고 목표가 되는 길을 시험하고 있다.

'지식의 인간화' 과정을 관리하여, 아이들의 학습 능력을 자극한다. 아이들은 앎을 만든다. 삶의 현장을 구성하는 사람들은 앎을 만든다. 앎을 수용하지 않는다. 현실을 직면하는 사람은 문제를 해결한다. 삶의 경험(문제 해결)을 앎으로 갈무리. 한다. 앎, 지식은 '그' 사람의 것이다. 학습 능력은 인간을 이해하는 기본 개념이다. 그 인간을 이해하는 개념은 그 인간에 관여하는 실천의 원리와 병행한다. 교육의 대상은 학습능력이다. 다변 다층 학습능력이기에, 그 능력을 비교, 판정, 분별, 차별의 논리로 평가하는 것은 무의미하고 죄를 짓는 일이다.

다변 다층의 지식활동을 교육의 목적으로 진술한다. 교사는 어느 아이도 학습의 과정에 배제되지 않는 시스템을 운영한다. 그 시스템은 '서로 의존하여 배우는 아이들 관계'를 지속시키는 교사의 가르치는 프로그램에 의존한다. 교사는 자신의 프로그램이 '교육적으로 타당한 것인지' 묻고 있어야 한다. 다시 말해 자신의 활동이 아이들의 지식활동에 대해 분명하고 중요한 어떤 것인지 아니면 모호하고 하찮은 어떤 것인지를 가늠하고 있어야 한다. 교육은 이 물음을 묻는 교사들의 관계(교직)를 표상한다. 교사의 방향감각과 현실감각, 거기서 오는 책임감을 인정한다면 어떤 자리의 어떤 사람도 교육의 나아갈 길에 대해 사회적 합의에 동참할 것이다. 교육적 타당성 물음의 가치, 조건, 근거, 기능적 자율, 이런 것들에 대해 포괄적으로 짚어보려고 한다. 본격적 논의가 일어나기를 기대한다. 미리 요약을 적는다.

교사의 대사회적 신뢰, 권위의 시금석, 사회적 합의의 디딤돌
    교육의 내재적 가치 성립, 삶의 경험(앎)의 인간화를 통한 자기 해방,
    내재적 가치의 궁극적 목적은 자기 삶의 주인일 수 있는 능력과
    태도에 대한 관심
    일자리에 압도당하지 않는 인간, 자본주의 체제 하 자유로운 개인
    일이 이야기가 되는 삶, 소 키우는 사람이 소 키우는 경험으로
    인생을 이야기할 수 있음,
    전문가가 말을 독점하는 세상을 깨트리며 개성 문화 지식의
    시대를 연다.

변혁을 원하는가? 그렇다면
    아이들에게 돌아간다는 것은 아이들'의' 것 지식활동에 돌아간다는 것이다. 지식이라고 하지 않고 지식활동이라고 했다. 이 과제를 되돌릴 수 없는 과제로 대못을 박아야 한다. 교사의 힘으로 그렇게 해야 한다. 그 힘이란 학습상황을 형성하는 실력으로 나타난다. 교사는 언제 어디서 누구를 만서도 '그것이 교육적으로 타당한가요?' 라고 물어야 한다. 그의 흥미와 주제가 배어든 지식이 소통의 정보가 되어 아이들 서로를 묶어주는 교실(학습상황)에 대한 질문이다.
    아이들에게 돌아감, 얼마나 지난한 과제인지, 그것은 성과를 관리하여 아이들과 교사를 통제하려는 유혹을 이겨내야 겨우 맛볼 수 있는 성

취감이다. 교사의 전략이 필요하다. 선택적 변화이다. 스스로 누구도 쉬이 간섭할 수 없는 문화적 권위를 확보하는 것이다. 교사책임 교육시스템을 확립하는 것이다. 타당성 물음을 통해, 학습 능력이 교육의 대상이고 목표임을 분명하게 제시한다. 문제해결의 지성, 비약은 없다. 거쳐야 할 과정을 거쳐 결실에 이른다. 거기에 아이들 저마다 지적비약의 기회를 갖는다.

가르치는 자, 당신이 살며 해결해야 할 도저히 피할 수 없는 문제는 무엇인가? 마음 저 깊이 배인 근심은 무엇인가? 내 자식의 미래를 넘어 젊은 세대의 미래에 대한 근심 아닌가? 젊은이들 저마다 자기 삶의 주인이 될 수 있는 능력과 태도를 길러주려는 소망 아닌가? 어느 시대 어느 종족도 이 근심으로부터 자유롭지 않았다. 난제였다. 그래도 그 간절한 소망을 포기할 수는 없었다. 추구할 수밖에 없었다. 그래서 인류적 유산, 인류적 가치가 되었다. 모여서 함께 부단히 논의해야 할 주제이다. '그것이다'라고 단정할 선지자는 없다.

젊은 세대의 미래 삶에 대한 근심, 그 근심이 그 시대의 교육을 구성한다.

저성장 청년실업, 결혼 직장 같은 꼭 거쳐야 할 삶의 과정마저도 포기해야 하는 꿈을 상실한 젊은 세대를 마주하고 있다. 인공지능 같은 첨단 기술 시대, 이런저런 일자리를 옮겨 다니며 일을 고역으로 받아들이는 젊은 세대를 마주하고 있다. 일자리가 삶을 지배하도록 내버려둘 수는 없다. 젊은 세대의 미래에 무심한 우리 교육체제와 사회체제에 대해 문제제기해야 할 이유이다.

일을 철학한다. 인간은 일하는 존재이기에 일을 한다. 일이 생존의 명분이다. 일을 통해 인간을 완성한다. 직장을 구해서 일을 하고 그 일이 생계의 안전판이 된다는 오래된 고정관념을 해체한다. "직업은 신체적 점유이지만 일은 정신적 향유입니다.... 일을 통해 배움이 성장되는 것이 아니라 괴롭고 지루하기만 하다면 그것은 종살이와 다르지 않습니다....자발적 임금 노예가 되고자 직장을 옮겨 다닙니다"(박병원, 일철학, 57). 어떻게 그 관념을 깨트리고 자유로운 개인이 되는 길을 걸을 수 있을까? 현실에 직면하여 참여자가 되는 것, 참여의 고통스런 경험을 함께하며 서로 동료 인간임을 깨닫는 것, 다시 말해 참여와 동반의 경험(앎)을 통한 자기 해방을 거쳐 그는 자유로운 개인이 된다. 자유로운 개인은 우리 교육과 사회체제의 비인간화 기제와 싸움을 거는 자신을 발견한다.

앎, 지식의 인간화

그는 삶이 학습임을 깨닫는다. 자신의 학습 능력은 '일을 통해' 세상사에 참여하며 겪은 것에 대한 반성에서 귀결된 것임을 안다. 그의 학습 능력은 현실적이고 구체적이다. 삶의 경험을 반성하여 얻는 앎에서 내축된 것이기 때문이다. 앎, 지식은 문제 해결의 도구, 지성이라고 개념화한 듀이의 생각에 동의할 수 있다. 만들어 넣어주는 앎으로는 세상의 이치를 깨닫지 못한다. 애시당초 세상을 읽지 못하게 편집해둔 지식이기에 그렇다. 그 지식은 권력이다. 소통의 도구가 아니다.

교육적 타당성 물음의 힘, 부끄러움의 권력

타당성 물음은 어느 누구의 것이든 삶의 경험(앎)을 존중하는 교육의 과정을 설계하려는 교사의 지성의 표현이자, 가르치는 자로서의 존재감의 표출이다. 어떤 이는 이렇게 방문할 수도 있다. 이 엄중한 시기에 이런 철학적인 추상적 물음으로 뭘 하겠다는 것인가? 다시 대답한다. 무엇이 촛불을 붙였을까? 분개심이 불을 타오르게 했다면 그렇다면 그 결과는? 그것이 가져올 사회정치적 파장은? 촛불은 비인간화 체제와의 단절을 통하여 자아를 재발견하는 인문학적 사건이라고 나는 생각한다. 판정하고 분별하여 사람들 속에 수치심을 심어놓는, 비인간화 교육과 사회체제에서도 삶은 계속되고 있었다. 심어놓은 수치심이 족쇄가 된 삶을 손바닥에 올려놓고 세세히 살피는 인간 정신의 회귀 운동(반성)이 삶의 저변에서 꿈틀대고 있었다. '수치심을 걷어낸다면 쓰레기통을 뒤진들 그게 뭐 대수겠느냐'고, 일자리에 짓눌린 인간 삶의 바탕을 이루는 학습능력에 대한 각성이었다. '내 사는 꼴이 이게 뭐야,' 부끄러움의 표출이었다. 부끄러움, 수치심을 의식하는 것, 그것은 총 칼보다 더 센 힘, 권력이다. 이제 부끄러움, 수치심 을 걷어내는 것, 그것으로부터 자유롭게 되는 것, 그 힘이 얼마나 위대한 것인지를 보여주는 크고 작은 사건들을 되돌아 볼 수 있다. 진정 그것들이 지나칠 수 없는 사건이었음을 알게 되었다. 사건이 역사를 만든다고 하지 않는가. (오늘 우리 한국인의 힘은, 흔히 말하듯 한국의 국격은 지난 세월 교육과 사회체제가 심어 놓은 수치심을 걷어내는 문화적 싸움에서 확연히 드러날 것이라고 생각한다.)

   교육적 타당성 물음은 '내가 지금 아이들에게 출근하고 퇴근하고 있는지' 묻는 교사의 자아 표명이다. 그 물음은 교사의 부끄러움, 수치심의 힘이라고 해도 된다. 이 인문학적 힘은 어느 권력보다 강하다. 그 힘의 실체를 일제강점기 야학 운동에서, 60년 전 교원노조 운동에서, 다시 80년대 이래 이어지고 있는 교사 자주 운동에서 체감한다. 가르치는 자들의 좌절과 희망은 '그것이 교육적으로 타당한가요? 라고 묻는 물음이었다. 그 철학적 인문학적 물음은 가르치는 자들 속에 자리 잡은 부끄러움, 수치심을 씻어내는 자기 해방의 의례이었다. 그 물음은 내내 교육의 방향과 교실(아이들 관계)을 구성하는 방법, 기술로 구체화 되었고 더욱 구체화 될 것이다. 그 물음이 제도에 선행한다.

부끄러움, 수치심의 힘, 인간다움의 힘
 '이 세상은 온통 불의와 비참함으로 가득 차 있습니다. 징벌은 도대체 이디에 있습니까? 당신들이 작성한 선언서에는 그 같은 선언이 제대로 지켜지기 위해 반드시 필요한 사법적 군사적 제재를 가할 수 있는 권한이 전혀 없습니다…… '
 '그건 잘못 생각한 겁니다. 우리의 선언서 뒤에는 막강하고 영원한 권력이 버티고 있습니다. 바로 수치심의 권력 power of shame이죠……'
'쓰레기통을 뒤지려면 우선 나 자신으로부터 수치심을 떨쳐내야 한다. 수치심을 떨쳐내지 못한 허기진 빈민을 기다리는 건 죽음뿐이다'(Ziegler, 양영란 옮김, 탐욕의 시대, 9-10).
 수치심은 불명예로부터 온다. '인간으로서의 명예에 반하며 비굴하게 만들거나 품위를 손상시키거나 치욕스럽게 만드는 태도나 상황, 행동이나 의도 앞에서는 분연히 일어나 항거해야 한다. 나는 다른 사람에게 가해진 모욕 때문에 수치스러우며 그 모욕은 그렇기 때문에 내가 지니고 있는 인간으로서의 명예에 일격을 가한 것이라고 할 수 있다. 수치의 제국은 동시대인들의 고통을 통해서 모든 인간에게 가해진 불명예를 먹고 자란다(탐욕의 시대, 12에 인용된 칸트의 인간개념).

지식활동을 표현하고 경청하는 교육 공간

거기서 아이들은 자신들이 가진 지식을 물음으로 바꾼다. 물음이 교환되며 탐색의 활동이 지속한다. 물음을 통해 그는 세계를 읽는다. 세계와 관계하는 자신의 학습 능력을 체감한다. 그는 대상 세계가 배우고 익혀야 할 과제가 아니라 그것에 다가가고 흥미를 자아내는 일감이 된다. 아이들은 여러 방식으로 앎을 구성한다. 대상 세계에 다가가려는 흥미는 앎을 만들어내는 주제(문제출제)를 끌어내며 이어진다. 아이들의 흥미와 주제를 가진 아이들의 (학습)경험은 계속된다. 시작도 없고 끝도 없다. 문제해결학습을 지도하면서 목격한 가장 큰 변화는 아이들이 과학이나 사회를 공부가 아닌 일종의 놀이로 본다는 점이다....아이들에게 과학은 듀이 말대로 더 이상 배워야 할 무엇이 아니라 하고 싶은 일로 다가가고 있었고 점차 다른 교과에서도 이런 코페르니쿠스적 전환이 일어나고 있었다. 듀이의 말대로 코페르니쿠스적 전환이 일어났다는 것은 어떤 사건이 벌어졌다는 것인가? 나는 지식의 인간화라는 개념을 가지고 그 사건을 이해한다.

앎의 인간화 투쟁

먹을 것을 찾아, 나라를 찾아 떠돌던 그 참담한 시절에도 한국인들은 교육의 끈은 놓치지 않았다. 교육과 문화는 대대로 물려받은 것이 아니었다. 스스로 획득하는 것이었다. 교육과 문화는 상속된 사회적 지위의 상징이 아니었다. 그것은 사회적 안정이며, 또한 지식을 통한 자기 해방의 수단이며 상징이었다....가난에 대한 투쟁은 지식을 통한 자기 해방에 영감을 받은 투쟁이었다. 교육체제는 역사적 사회적 뿌리를 갖는다. 겨우 생계유지만 가능한 알프스 고지대 협곡에 사는 사람들, 그들은 힘 있는 자들에게 복종하는 대신 황무지의 불확실한 삶을 택했다. 불확실과 위험에도 불구하고 그들은 자유를 택했다(삶은 문제 해결의 연속이다, 19).

타당성 물음의 논리 구조

삶이 계속되는 한 학습은 계속된다. 그 근본적 학습 능력이 그 사람에게 교육을 욕망하도록 이끌어간다. 인간은 교육을 필요로 한다. 왜? 인간의 학습 능력은 보충해야 하기에 그렇다. 모든 생은 문제 해결의 과정이다.…과학적으로 문제를 하나하나 해결하며 생존하는 거미를 보라. 인간의 기술이 하수처리나 물과 식량의 비축 같은 문제를 해결하지만 벌은 같은 문제를 이미 오래 전에 해결했다. 교육은 하나의 기술로 분류될 수 있으니, 그 실수는 기술적 실수가 된다. 최악의 사실은 우리가 그 실수에서 아무 것도 배우지 못한다는 것이다(삶은 문제 해결의 연속이다, 52). 보충해야 한다는 것이 거미와 인간의 근본적 차이이다. 어떻게 보충하나? 프레이리의 말을 빌려, '인생이 학교'가 되게 함으로써 그렇게 할 수 있다. 다시 어떻게 인생이 학교가 될 수 있는가? 꿈과 희망으로 사는 자유로운 개인의 인생이라면 그 인생은 학교이다. 인생은 학교라는 좌표를 그리며 여정을 계속하지만 또한 정박하는 실무능력(방법, 기술)도 익힌다. 항구에 정박하는 것은 좌표가 아니라 도선사의 현장 구성 능력에 의존한다. 물길 바람 배의 무게 선착장 구조 등등 현장의 요소들을 조직할 수 있는 실무능력이 배를 정박시킨다. 좌표를 가지고 먼 길을 내다보며 그리고 처한 현장을 구성하는 실무를 학습한다. 그것이 자유로운 개인의 삶이다.

교육적 타당성 물음의 시급성, 왜 우리는 아직도 무능한가?

　권력이 된 국가, 권력이 된 교사, 권력이 된 부모는 배우는 자들, 노동하는 자들에게 체제가 만들어 놓은 자리다툼에서 이기는 꿈을 꾸라고 한다. 개천의 용이 되는 꿈이라도 꾸라고 한다.　그러나 그 꿈을 꿀수록 그들은 아무런 행동도 할 수 없으며 환상 속으로 도피하여 스스로 관념적 자유의 족쇄를 차게 된다. 권력은 그런 것이 세상의 이치, 진실이라고 집요하게 가르친다. 아이들의 유능과 성실은 경쟁의 관계에서 귀결된 것인데도 어느새 그것이 원인으로 둔갑되어 그 아이의 삶의 뿌리를 흔들고 있다. 이 논리를 루소의 다음 진술에서 구했다. "이기심은 비교에서 귀결된 정념인데, 현실에서는 원인으로 오해되면서 자기애의 자연이 실종되어버린다. 결과를 원인으로 이해하여 갖가지 문제 해법이 제시되며 혼란이 가중된다. 강자의 권력이 사회 문제 해결의 원리가 되어 정당화 된다"(에밀에서). 아무도 책임지지 않는 교육이 되었다. 저들은 아무런 책임감 없이 필요에 따라 이것저것을 교육에 첨가했다. 중요한 것이 무엇인지를 분간하려는 개념조차 사라지고 없다. 뭐든 체제가 요구하는 것, 체제 순응에 필요하다 싶은 것을 스펙으로 쌓는 것이 교육의 할 바가 되었다.

　젊은이들은 무능하지 않다. 우리 젊은 세대가 인간 삶의 근본을 잃어버렸을 리가 없다. 용감하게 제도권을 벗어나 스스로 자신의 삶의 터를 가꾸는 젊은이들한테서 그리고 최근의 우리 사회의 혁명적 열기에서 발견하고 경악한다. 문제는 그것을 아무도 돌보고 있지 않다는 것이며 무엇보다 교육이 그것을 심각한 문제로 출제하지 않고 있다는 것이다.

교육적 타당성 물음의 근거, 헌법적 가치

공교육은 개인의 권리 존중이라는 가치의 전승을 위임받았다. 헌법이 그러하고 정부가 그러하듯, 학교는 사회가 합의한 가치를 유지하고 계승하는 기본적인 기능을 수행하는 제도이다. 그것이면 충분하다. 학교는 사회의 모든 가치를 대상으로 이런저런 과제를 부과 받지 않는다 (도덕발달의 철학, 77). 모두를 위한 교육이라면 그 교육은 한 사람 한 사람의 권리에 대한 명확한 개념과 그 권리를 지킬 수 있는 제도적 시스템을 갖추어야 한다. 개인의 권리가 보편적 가치임에 틀림없지만 그렇다고 그것을 교육의 헌법적 가치라고 단정해도 되는가? 이렇게 생각해보자. 만약 그 가치가 모든 사람에게 자연스럽게 받아들여지고 있다. 그 가치가 반드시 모든 사람의 것이 되어야 한다고 생각하는 사람이면 다 거기에 동의한다면, 그렇다면 그때 그 가치는 교육의 헌법적 가치라고 말해도 될 것이다. 콜버그의 인간 발달 이론에 의거하여 또한 그 가치는 과학적으로 유효하고 철학적으로 정당화된다고 말할 수도 있다.

인간은 발달의 한길(자율의 권리)을 걷고 있으며 다만 개인에 따라 그 발달의 속도가 더딜 수 있고 특정 단계에 정체될 수는 있다. 또한 인간은 세상의 문제를 풀며 자신의 주장을 자신의 밖으로 가져가고 다시 자기 안으로 되가져 가는 가역의 원리로 세상의 문제를 풀면서 사람 존중의 가치를 산출하고 있다. 이런저런 가치가 부과되어 뭐가 뭔지 모르게 된 것이 오늘 우리 교육의 낭패 아닌가? 왜 이런저런 것이 부과되었을까? 성과를 내는 것이 교육이라는 관념 때문이 아닐까? 아이들과 교사를 추궁하기만 하면 결과를 만들어내게 되어 있다는 오래된 관념 체계, '하면 된다'의 정신주의 때문이 아닐까? 사람판정과 분별의 교육과 사회체제의 원인이고 결과 아닐까? 수치심이 오늘 우리의 기본관심이 되어버렸다. 거기서 살아남기 위해 모든 것을 쏟아 붓고 있다.

선택적 변화, 시급한 변화를 위한 전략

겪지 않은 것은 인간의 것이 아니다. '내가 기꺼이 겪으며 겪음의 의미를 묻는 인간 고유의 행위(능력)라는 뜻에서, 마음 정신 자아 영혼 한 가지 동일한 용법으로 사용해도 된다. 그렇다면 교육이란 지식을 문제로 제시하여 (몸과 머리와 가슴으로) 쥐도록 하여 물음(의미)을 자아내는, 자아의 확장 작업이라고 규정할 수 있다. 그 작업은 자발적인 것이 아니다. 그것은 교사의 방법론적 숙고를 거쳐 어렵게 이루어진다. 교사는 아이들의 자아 확장이라는 교육적 목표에 이르기 위해 방법을 고안하며 그 방법은 대상과 내용에 따라 끊임없이 수정되고 세련되어야 한다. 방법은 능숙한 기술이라기보다는 '머릿속'의 작업을 동반 는 합리의 추구이다. 교사는 겪음이라는 '근본적인 학습활동'의 동력을 살려내는, 말하자면 인간화의 책임을 다하는 사상을 지닌 전문가이다.

교사가 개혁의 주체이다. 누가 명해서 주체가 되는 것이 아니다. 주체로 행동해야 주체가 된다. 교육 당국이 심지어 교직단체가 교사를 객체화하는 것은 심각한 문제이다. 평교사가 주체인 행동을 하는 것이 교육의 민주화의 완성이다. 그들의 교육활동이 정치가 되게 하는 것이다. 지식의 인간화를 가치투쟁 하는 정치를 하는 것이다. 누가 그들의 정치를 박탈하는가?

아이들에 의한 교육은 아니다. 학부모에 의한 교육도 아니다. 국가에 의한 교육도 아니다. 현실감각에 기초한 책임감이 몸에 밴 교사에 의한 교육이다. 그는 자신의 프로그램을 가지며 그것이 교육적으로 타당한지

속으로 공개적으로 묻는다. 그의 프로그램이 학습 능력에 관여하는 예술 같은 기술이 되지 못한다면 그 경지에 이럴 때까지 숙고한다.

공교육이라면 누구든 항의할 수 있어야 한다. 항의의 대상이 되게 교육의 과정을 공개하고 개방해야 한다. 교육이 무엇을 할 수 있고 무엇을 할 수 없는지 명확하게 해야 한다.

프레이리의 하소연

'가르치는 내용을 민주화하지 않고 내용의 선택을 민주화하는 것이 가능하겠는가?' 지식의 인간화 없이, 평화를 가르치는 것이 도대체 어떤 교육적 의미를 가지는가? 나열, 설명, 그런 것 말고 사람을 드러내는 방법을 찾는다.

> 교육은 서로를 하나로 묶어주는 언어이다. 언제 어디서나 교육을 그런 언어로 사용할 그날을 꿈꾸는 것, 그 꿈은 인류적 관심사이다. 이 관심사에 동참하는 교사라면, 그는 이 땅의 젊은 세대를 가르치는 위험부담을 짊어진 교사일 수 있다. 인생이라는 학교에서 얻은 교훈은 "인생은 전체로서 나에게 위험 부담 없이 산다는 것은 불가능하다는 것입니다"(인생이 학교다, 144).

타당성 물음이 예사로운 (혁신)학교에서

교사는 자연스럽게 자신의 생활 및 교과 지도가 아이들의 자아 확장에 충분한 것인지에 대해 이론적 실천적 근거를 제시하려고 노력한다. 그는 자신이 하찮은 것을 수행하고 있는지 아닌지를 명료하게 구별할 수 있다.

그 (혁신)학교에서

아이들은 교사와의 관계에서 자신이 학습하는 존재임을 체감한다. 교육적 타당성 물음은 교사에게 자신의 교육활동, 프로그램에 대해 엄중한 잣대를 들이대는 자기검열을 포함한다.

삶의 진로 지도, 취학 취업의 진로 지도를 넘어

교육과정? 아이들로 하여금 더 큰 호흡을 하게 하는 학교를 고민하지 않고는, 교육과정은 수업 잘하기로 축소될 수밖에 없는 것 같습니다. 교육은 아이들을 밖으로 나가라고 등을 떠미는 짓도 여가 남아 지역사회에 봉사하라고 붙잡는 짓, 그 어느 것도 아니잖아요. 그것은 그들의 선택입니다. 교육은 교육의 길을 가야지요. '지식활동을 매개로 표현하고 경청하는 교실관계'를 만드는 것, 거기에 힘을 쏟아야 하겠어요. 자신의 세계를 의식하고 자신의 세계에 변화를 가져올 수 있는 능력과 태도, 그것이 교육과정 질문일 거라고 생각하고 있습니다(이애자, 경북 국어교사).

타당성 물음은 '교육인 것'을 지키려는 교직 정신을 반영한다. 교육의 길이 있다. 교육문제는 사람 문제이다. 사회에서 자기를 실현할 수 있는 '관심사-일'능력을 키움으로써 그는 그 사회의 당당한 구성원이 된다. 사회는 그 사람의 '애씀'에 대해 능히 응답하는 시스템이다. 국가가 교육에 대해 이래라 저래라 흔들지 마라. 대학도 그들 고유한 '학위수여'라는 졸업체계에만 골몰하라.

맺음

〈노동 빈곤과 토지 정의-교황에게 보내는 공개서한〉(George, 김윤상, 2012)

저희는 이렇게 생각합니다. 이 세상은 하느님께서 창조하신 것입니다. 인간은 이 세상에 잠시 살다 가는 존재로서 하느님 세상의 평등한 피조물이며 하느님의 섭리 속에서 평등한 백성입니다.(20/21)

재산권은 노동에 의한 생산물에 대해서만 인장되며 하느님의 창조물에 대해서는 인정되지 않습니다. 바다에서 물고기를 잡는 사람은 그 물고기에 대한 재산권을 취득하며 이 배타적 권리를 팔거나 증여하거나 남에게 양도할 수 있습니다. 바다는 바다에게 팔수도, 줄 수도 없고 남이 사용하지 못하게 막을 수는 없습니다.

농사를 짓는 사람은 자신의 노동으로 재배한 곡식에 대한 재산권을 취득합니다. 그러나 곡식을 자라게 한 태양이나 토지의 재산권은 취득할 수 없습니다.

노동 생산물에 대한 정당한 사적 소유권을 하느님의 창조물에 대해서도 인정하는 것은 진정한 재산권을 손상하고 부정하는 것과 같습니다. 바다나 대기나 햇빛이나 토양을(이런 모든 자연물을 '토지'라는 단일 용어로 부릅니다)사용히는 사람이 이에 대한 댓가를 노동의 산물 중 일부로 다른 사람에게 지불해야 한다면 이는 정당한 재산을 강제로 빼앗기는 것입니다(20/21).

'국가보다 먼저 인간이 존재하였고 국가가 형성되기 이전에 이미 인간은 태어나면서부터 자기 자신을 돌볼 권리를 부여받았다.'는 교황님의 말씀은 진리입니다. 그런데 절실한 진리일수록 더 쉽게 망각되는 듯합니다(26/27).

남기고 싶은 이야기

주경야독으로 대학원을 어렵게 졸업하고 모교의 교수가 되고 싶어
이력서를 내밀었는데 "너는 대학교수가 될 수 없다. 대학교수가
되려면 서울대학교를 나와야 한다."고 퇴자를 놓았다.
 학교 다닐 때 공부 잘한다고 칭찬까지 해주신 은사님이 내 앞길을
가로 막았다. 나는 아직도 상처를 준 이 세 사람은 내 생이
끝나는 날 용서할 것이다.
　　(김원중 시인의 시 〈나의 아픈 역사〉 중에서)

연약하고 다정한 심성

 마음을 산다. '우리말로 철학하기'에 이만한 우리말이 있을까 싶다. 하루 벌어 하루 사는 막일꾼에 마음이 아프고, 휘두르는 권력에 마음이 분하고, 그 마음의 능력을 헐값에 산다. 천량 빚을 갚고도 남을 사람 말을 할 수 있는 그 마음의 능력에 매료되지 않을 사람이 있을까? 교육학 언어로, '마음은 세계를 이해하는 능력이다.' 마음의 능력을 사는 말·돈, 다른 표현으로 명과 실, 본질과 실천, 근본과 현안이라고 해도 된다. 조정래 글, '애비는 이렇게 살았다.'는 마음을 살 수 있는 '말·돈'의 가격, 가치를 체감할 수 있게 해준다. '애비는 이렇게 살았다'의 그 애비는 사라진 과거가 아니고 오늘 우리 삶을 철학하는 현실성 자료, 서사와 맥락이다. 나는 내가 사랑하는 사람들이 살며 애써 얻은 자산(말·돈)에 대해 그 분들의 이름을 부르며 글을 적었다. 적다가 보니 책의 쪽수가 지

나치게 늘어났다. 적었던 것들 깎아 내야 한다. 깎아낸 것들을 뭉쳐 마무리로 적었다.

'관심사-일'에 열심인 人才

　기층문화의 뿌리는 '사람의 마음을 사는' 다정하고 연약한 심성이다. 사람이 되고 사람으로 산다. 사람이 된다는 것은 사회적으로 다시 태어난다는 것이다. 민중교육의 이념이라고 할 때의 그 민중은 사회적으로 핍박받는 사람이다 민중교육의 이념이라고 할 때의 그 교육은 서로 의존하여 살아가는 삶의 방식 변혁이다. 관심사-일이라는 교육학적 개념은 서로 의존하여 살아가는 개인과 사회의 관계를 표상한다. 이정우의 〈약자를 위한 경제학〉을 읽으며 얻은 영감에서, 나는 이 개념을 구상했다.

의지와 시스템

　나는 힘찬 노랫소리가 태평양 저편에서 광야를 넘어오는 것을 들었다. 그것은 민주주의를 구가하는 남녀노소의 대합창 이었다.

　사람들이 내 춤을 그리스적이라고 할 때마다 나는 쓴 웃음을 짓는다. 내 춤의 기원은 1849년 포장마차를 타고 할아버지와 함께 미국의 평원을 횡단했던 아일랜드계의 할머니가 둘려주시던 이야기에 있다고 생각한다(이사도라 덩컨의 무용에세이, 최혁순 역).

　내부로부터 배척해야만 제국주의는 사라지는 것이다. 어떤 제국주의도 외부로부터, 이를테면 또 다른 제국주의에 의해서 파괴되어 본 일은 없다. 그러기에 인류가 지금까지 거둔 성과는 전무였다(마르크스도 예수도 없는 혁명, 박재두 역, 252).

기업은 이윤창출이다. 소비자의 소비성향을 파악한다. 소비자의 앎을 관리한다. 소비성향을 높인다. 이윤을 조금 떼어 사회에 환원한다. 이 패턴을 깨트리다. 사람중심이다. 문화중심이다. 공통감각, 높낮이가 없다, 실적 성과 이전에 과정이다, 규칙 규정 이전에 공통감각이다. 회사의 사시는 플레이어 중심이다. 플레이어는 소비자이기 이전에 우리 회사의 일원이다(오진호).

〈사람 대 사람〉 그들은 책을 함께 또는 제각기 번역하기도 하고 책을 함께 또는 제각기 쓰기도 한다.

35년 교육 사상과 실천에 대해 함께 공부하는 사람들이 있다. 그들은 사상과 실천은 그 시대의 슬픔과 분노를 드러내는 집단정신이라고 가정한다. 때로 매주 때로 격주 때로 매월 정해진 날에 모여 책을 읽는다. 같이 읽지만 각기 다른 시각으로 읽는다. 그들은 사람다움의 천부적 권능을 부정하는 세력은 누구인지, 사람다움을 되살리는 대응책은 무엇인지, 사회적 고발이 되는 문제로 말을 하고 글을 쓴다. 그들의 말과 글의 심층을 이루고 있는 방법론적 명제는, 역할을 가지고 참가함으로써 공동체의 구성원이 된다는 근본적 민주주의, 그리고 내 문제는 이웃의 문제를 풀지 않고는 풀어지지 않는다는 근본적 문화의식이다. 그들은 사람들 저마다 자신의 세계를 가지고 있으며 그 세계를 의식에 떠올려 바라보며 자신의 세계에 변화를 주려고 한다고, 깨우침의 진화에 따르는 삶의 궤적을 따라 걷는 건강한 정신을 가정한다. 그들은 '사람을 중심에 놓는 기층문화'를 체화하고 있다. 이경숙은 구성원들 저마다 자신의 관심사를 추구하며 긴 세월 삶에 배어든 공통감각을 어떻게 나타내고 있는지, 35년 아니 40년 그들 삶의 애와 환의 역사를 기록해보자고 제안했다.

〈지식과 세상〉은 기득권이 지배하는 세상에서 벗어나 자신의 삶을 살고 있는 사람들의 이야기를 듣는 특별한 장소이고자 했다. 자신의 이야기를 털어놓을 수 있는 사람이면 누구나 시도 때도 없이 드나들며 그들 속 억압과 해방의 서사와 맥락을 쏟아내는 상설교실을 만들고자 했다. 뜻대로 되지 않았다. 애쓰는 분들의 의지는 강고했지만 그 의지만으로는 특별한 장소의 그 특별함을 실현하는데 역부족이었다. 입소문이 필요해, 〈지식과 세상〉이 그야말로 인구에 회자돼야 해, '지식대중화' 사업에 매진했다. 팬데믹을 겪고 이제 상설교실을 꾸리는 일에 첫 발을 디딘다. 플렛폼이 필요한 듯, 정부 인가 '조손관계 교육 자격증 수여 기관'으로 공식적인 플레폼을 만들었다. 삶의 지식, 그 지식이 삶의 난관을 뚫는 도구로 사용되게 한다는 명분을 명확하게 했다. 9월에 음악과 세상 상설교실, 문학과 세상 상설교실을 열었다. 10월 11월, 인류와 지구 위기 상설교실, 시험국민 탄생 상설교실을 연다. 하마 3년이 된 '아프리카 문해' 상설교실 운영 경험이 큰 자산이다. 사무처장 김정금은, 선발대비 교육에 대해, 선발시험 우수아 인재에 대해, 힘 우위의 논리에 대해, 그것을 넘어서지 않고는 젊은 세대의 미래는 없다는 위기의식과 마주하고 있다.

교육의 다양성

그것은 교사(학교)의 다양한 형태의 교육과정 작업에서 성립한다. 다양한 형태의 교육과정 작업은 다변 다층의 교사의 가르치는 프로그램으로 나타난다. 교사(학교)의 학생평가권을 인정하지 않는 한, 자율적 교육과정 작업은 이루어질 수 없다. 당연히 교육의 다양성도 없다.

끝내 놓지 못하는 교육학적 질문

人才와 人材, 똑똑한 사람은 있다. 똑똑한 사람을 기른다. 맞다. 교육은 똑똑한 사람을 기르는 일이다. 그러면 모든 사람을 기르는 교육을 생각하는 것은 잘못인가? 교육은 우등의 길과 열등의 길로 딱 갈라져야 하나? 특정 人才가 불특정 人材를 대신한다. 우등과 열등으로 나누어진 역할의 양극화를 부르고 있다. 논리적으로도 잘 못이고 실제적으로도 잘못이다.

> 교직문화의 핵심적인 주제는 '유능'이며 보조적인 주제는 '복종'이다. 유능이란 '교사는 학생의 성적으로 평가된다.'는 원리이며 '복종'은 '교사는 교장의 지시에 복종해야 한다.'는 원리이다. 학생들의 성적으로 평가되는 교사의 능력은 〈암죽식 교과지도〉를 할 수 있는 능력과 학생들의 동의를 창출할 수 있는 〈온정적 학생통제〉를 할 수 있는 능력을 포괄하는 것이다. …유능은 승진의 필요조건이기는 하지만 충분조건은 되지 못한다. 승진코스를 제대로 밟아 올라가기 위해서는 유능하면서도 교장에게 복종함으로서 교장의 신임을 받아야 한다(인문계 고등학교 교직문화 연구, 207).

밖에서 누가 고쳐 주랴. 안에서 교사들이 스스로 대체문화를 만들어 내야 한다. 저마다 자신의 가르치는 프로그램을 만들고 세련시키는 실천이 먼저이다. 먼저일 뿐만 아니라 그것 없이 그 어떤 것도 교육의 잘못된 관념과 관행을 깨트리지 못한다. 그것을 깨트리는 실천에 교육의 본질이 스며들게 하라. 교육학 질문은 교무실의 문화비판, 교직의 문화비판을 고집하는 체계로 작동하기를 바라고 있다.

오역과 오해, 인간은 사건을 만든다

　정신분석 교실을 운영하고 있는 불문학 임진수교수를 초청하여 자리를 마련한 적이 있다. 그는 프랑스 라캉 교실의 학생이기도 했다. 그는 여기 대구 '정신노동'에 열심인 분들과 함께 정신분석 교실을 열었다. 라캉의 것을 그대로 옮기는 교실이 아니라 우리가 직면한 문제에 적용함으로써 라캉의 것을 확장하고 있었다. 그의 강의, 내가 받은 지금도 살아 있는 영감, '프로이트로 돌아가자.' 라캉은 어떻게 프로이트로 돌아갔을까? 독일의 것을 프랑스의 것으로 번역한다. 그는 프로이트의 빛나는 독일어 문체를 그대로 프랑스어로 옮길 수 없어 차라리 완벽한 프랑스어로 번역하면서 불가피한 오역일 수밖에 없었다고, 의도적 '오역'이었다. 거기서 빚어지는 오역을 음미하여 정신분석을 인문학으로 만들었다. 강의에서 받은 영감에 기대어, 나는 줄곧 나 자신에게 그리고 후배들에게 '경험하여 이해한 것을 거칠게 표현하자, 겁먹지 말자'고 말한다. 물론 우리가 저지르는 오역은 라캉의 오역과는 다르지만 그래도 우리 자신의 관심사와 그것에 대한 고민마저도 하찮은 것이라고 지레 겁먹을 필요는 없다. 나의 결론은 언제나 잠정적이다. 라캉도 임진수도 마찬가지 일 것이다. 자신들의 프로그램은 더 진전되었거나 제자리에 머물고 있거나 심지어 퇴행했을지도 모른다. 다만 그들의 관심사를 관철하는 그들의 '수행 정체성'에 주목한다. 그들의 수행 정체성을 삶의 교육학으로 적으려고 했다. 그 사람의 삶의 내력을 읽는다. 스스로 돕는 자를 돕는, 교육의 체계, 의료의 체계를 구축한다. 의료 체계는 삶을 이야기 할 수 있는 환자와 의사라는 조건에서 성립한다. 삶을 떠난 의사와 환자 사이에 인술은 없다. 인술은 개인 환자의 질병 치료를 넘어 어째서 그 사람이 질병에 시달리는지 묻고 묻는다. 권력 엘리트에게 교육은 '정신분석과 같은 것이다…..완전히 고립된 개체로만 다룰 뿐 인간을 역사와 세계체제와 관련된 정치적 존재로 보지 않는다'(Freire & Betto, 26). 메스를 들고서 환자를 기다리는 의료인을 연상하듯 군림하는 권력이 된 교육자와 정치인의 오만을 지적하고 있다.

권력이 된 그들이 연약하고 다정한 심성에 온갖 몹쓸 병을 감염 시킨다.

고래를 위하여
정호승

푸른 바다에 고래가 없으면
푸른 바다가 아니지.

마음속에 푸른 바다의
고래 한 마리 키우지 않으면
청년이 아니지.

푸른 바다가 고래를 위하여
푸르다는 걸 아직 모르는 사람은
아직 사랑을 모르지.

고래도 가끔 수평선 위로 치솟아 올라
별을 바라본다.
나도 가끔 내 마음 속의 고래를 위하여
밤하늘 별을 바라본다.

참고문헌

김동은(2020), 당신이 나의 백신입니다. 한티재.
김민남, 손종현(2007), 한국교육론, 경북대학교 출판부.
김민남 등(2017), 프레이리의 사상과 실천, 살림터.
김부태(2022), 한국 학력·학벌 사회론, 경북대학교출판부.
김석형(1998), 한국사와 농민, 신서원.
김수업(2009), 우리말은 서럽다, 나라말.
대구평생교육진흥원(2019.12.12.), 미래로 말하다, 대구 시민교육포럼.
미구 고교교육과 대학입학제도 분석보고(2004), 교육혁신위보고서 작성(김회수).
박병원(2016), 일 철학, 판미동.
박성숙(2014), 독일교육이야기, 21세기북스.
박철홍(2018), 듀이의 '하나의 경험'에 비추어본 반성적 사고에서의 앎에 대한 분석, 한국교육철학회.
배평모(2000), 거창고등학교 이야기, 한걸음.
법륜(2008), 답답하면 물어라, 정호출판.
사람대사람(2013), 입학사정관제, 북스코프.
성열관 이순철(2017), 혁신학교, 살림터.
손종현(2010), 최초의 교육개혁 입학사정관제, 경북대학교 출판부.
영주여자고등학교(2014), 우리지역조사연구 활동자료집.
오진호(2023), 리그 오브 레전드 플레이어 중심주의, 골든 래빗.
이경숙(2017), 시험국민의 탄생, 도서출판 푸른 역사.
이경숙(2013), 떠남과 남겨짐의 교육, 한국학술정보.
이기상(2003), 이땅에서 우리말로 철학하기, 살림.
이만규(1988), 조선교육사 1 2, 거름.
이상오(1988), Spranger의 삶의 형식들 연구, 학민사.
이인효, 인문계 고등학교 교직문화 연구, 서울대학교 대학원, 박사학위 논문.
이종재(1998), 교육체제의 구조조정방안, 교육개발원.

조용기(2005), 교육의 쓸모, 교육과학사.
조용기 김현지(2015), 포괄적 문제해결학습, 교우사.
주재술(2023), 흐르는 강물 따라 걷다 듣다 느끼다. 빈빈책방.
최은정(2021), 우주 쓰레기가 온다, 갈매나무.
한국 교육철학회(2015.6.3.), 각국의 미래 교육전략 국제학술대회.
홍성욱STS(2016), 과학을 경청하다, 동아시아.
고야스 미치꼬, 임영희(1996) 슈타이너 학교의 참교육 이야기, 밝은 누리.
Arendt H. 홍원표(2019), 정신의 삶, 푸른숲.
Aune B.(1979), Kant's Theory of Morals, Princeton Univ. Press.
Barrow R. 박재문 서영현(1987), 플라톤과 교육, 문음사.
Berlin I. 강유원, 나현영(2005), 낭만주의의 뿌리, EJB.
Boyd W. 이홍우, 박재문, 유한구(1994), 서양교육사.
Bruner J.(1996), the Culture of education, Harvard Univ. Press.
Bruner J. 이홍우(1990), 교육의 과정 재음미, 배영사.
Berlinski D. 김하락 류주환 (2007), 수학의 역사, 을유문화사.
Dewey J. 조용기 (2010), 흥미와 노력, 교우사.
Dewey J. 이인기(1954), 학교와 사회, 박영사.
Dewey J. 이홍우(2007), 민주주의와 교육 개정 증보판. 교육과학사.
Dewey J. 박철홍(2012), 경험과 교육, 문음사.
Enzensberger H. M. 고영아(1997), 수학귀신, 비룡소.
Fetter J. 한국대학교육협의회(2012), 스탠포드 입학사정관의 십만 지원자에 대한 회고.
Freire P. Betto F. 김종민 (1988), 인생이 학교다, 분도출판사.
Hughes, S. 황문수(2007), 의식과 사회. 개마고원.
George H. 김윤상(2012), 노동 빈곤과 토지 정의:교황에게 보내는 공개서한, 경북대학 출판부
Handlin O.(1959), John Dewey's challenge to education, Harper & Brothers.
Horton M. Freire P.(1990), We make the road by walking, Temple Univ. Press.
Huther G. 박여명(2019), 존엄하게 산다는 것, 인플루엔셜.
Jaspers, K. 이상철, 표재명(1986), 철학적 사유의 작은 학교, 서광사.
Joyce B & Weil M. 이경섭 외(1975), 교수·학습 모형론, 중앙적성연구소.
Kampfner J. 박세연(2022), 독일은 왜 잘하는가, 열린책들.

Kant I. 백종현(2014), 실용적 관점에서의 인간학, 아카넷.
Kant I. 정찬익(1985), 칸트의 교육사상, 배영사.
Kohlberg L. 김민남, 진미숙, 김봉소(1985), 도덕발달의 철학, 교육과학사.
Kohlberg L. 김민남, 진미숙(2001), 도덕발달의 심리학. 교육과학사.
Kroner R. 연효숙(1998), 칸트, 서광사.
MacIntyre C.(1964), "Against Utilitarianism", Aims in Educarion(Holins ed.), Manchester Univ. Press.
Man J. 남경태 옮김(2003), 구텐베르그 혁명, 예지.
Menand L. 정주연(2001), 메타피지컬 클럽, 민음사.
Nettleship R. L., 김안중(1989), 플라톤의 교육론, 서광사.
Niemi H., Toom A., A. Kallioneimi, 장수명, 정충대, 김서령, 심성보(2017), 핀란드 교육의 기적, 살림터.
Nieto S.(1998), "Fact and Fiction:Stories of Puerto Ricans in US Schools", Harvard Educational Review 68(2).
Pestalozzi H. 김정환(1972), 은자의 황혼, 서문딩.
Pestalozzi H. 김정환 김재준(1991), 게르트루터는 자녀들을 어떻게 가르쳤는가, 젊은날.
Peters R.S.(1965), "Must an educator have an aim?" Concepts of teaching method, Rand McNally.
Piaget J.(1970), Science of education and the psychology of the child, NY Orion Press
Reble A. 정영근, 임상록, 김미환, 최종인(2002), 서양교육사. 문음사.
Revel J. 박재두(1978), 마르크스도 예수도 없는 혁명, 법문사.
Richt G. H., 이영철(1998), 비트겐슈타인 문화와 가치, 천지.
Ringenbach R., 김문환(1988), 하느님은 음악이시다, 분도출판사.
Robert P. 이훈도 외(2021), 교육, 문해, 그리고 인간화, 빈빈책방.
Russel B. 한철하(1995), 서양철학사, 대한교과서.
Strahm R. 김종민(1987), 왜 그다지도 가난한가?, 분도출판사.
Vergey A. Huisman, D., 남기영(1996), 인간과 세계, 정보여행,
Vergey A. Huisman, D., 남기영(1996), 인간학 철학 형이상학, 정보여행.
Walker D. Soltis, v. 허숙(1992), 교육과정과 목적, 교육과학사.
Watson P. 박병화(2015), 저먼지니어스, 글항아리.

Weigend A. 홍지영(2018), 포스트 프라이버시 경제, 사계절.
White J.(1982), the Aims of education restated, Routledge & Kegan.
Whitehead A. N.(1951), the Aims of education, New American Library.
Ziegler J. 양영란(2005), 탐욕의 시대, 갈라파고스.

찾아보기

관계의 맥락	73	개인의 책임	260
삶의 서식지	21	개체의 발달과 공동체의 발달	13
		거리의 춤꾼	345
(R)		게랄트 휘터	62
reality words	196	계승하는 정신	81
		고등교육의 운영체계	272
(S)		고발과 선포	293
school words	196	공개와 개방의 원칙	102
		공교육 교사와 사교육 강사	28
(')		공교육에 대한 절박함	171
'이해와 적용'의 행위 양식	224	공동 학위제	320
'통일과 계통'을 지닌 학교제도	102	공동의 관심사	147, 338
		공동체적 생산 활동	156
(人)		공의 가치	303
人才와 人材	28	공적 형태의 교육	102
		공정한 학력 경쟁	283
(ㄱ)		공존의 이데올로기	323
가르치는 맥락	151	과정을 인간문제	253
가르치는 이의 절박함	20	과정의 애씀	84
가르치는 프로그램	171	과학을 살고 있는 정신	202
가르치려드는 자,	148	과학의 가치	132
가정의 역학	74	관료적 지배 관계	299
가치론적 시각	152	관료지배의 교육체제	58
각자의 교재만들기	261	관변 교육전문가	311
갑 질	284	관심사-일	219
개인경쟁력 시스템	190	관점의 전환	240
개인과 사회	52	관치 교육질서	279

광부 김창선	54	교육의 힘	13
교무실 문화	286	교육이데올로기의 핵심	257
교사는 결정적으로 중요한 환경	105	교육이력	308
교사별 평가	181	교육자원	58
교사의 가르칠 권리	20	교육적 관계	294
교사의 기록	184	교육적 사고	257
교사의 사상적 모반	107	교육적 타당성	42
교사책임 교육론	170	교육전문가인 교사의 절박함	170
교사책임교육론	51	교육제도	272
교실 언어	186	교육체제의 문제	178
교실관행	18	교육학의 지식과 기술	110
교실일지	227	교육학적 가치	222
교육개념 변혁	103	교직의 기원	49
교육과정 맥락	238	교직의 사상성	265
교육과정 자율	307	교직정신	20
교육과정완성도	310	구조감	174
교육기관	309	구조적 변혁	295
교육문제는 사람 문제	87	구체적 정신	298
교육실천의 원리	34	구텐베르크혁명	246
교육은 세계를 변화시키는 일	51	국가가 약속할 것	15
교육은 정치이다	66	국가목표에 동원되는 人才교육	86
교육은 하나이다.	244	국민교육	274
교육을 철학하는 일	270	국민이 약속할 것	15
교육의 관점	236	권력이 된 교사	362
교육의 국가적 목적	164	권력이 된 국가	362
교육의 내재적 가치	266	권력이 된 부모	362
교육의 목적	241	균형과 효율	303
교육의 변혁적 잠재력	11	균형의 추	303
교육의 사회적 목적	164	근본과 현안	368
교육의 자율과 교사의 자주	27	근본적 민주주의	86
교육의 전제주의	265	급진적 경로 변경	28
교육의 토대	152	기득권 특권	304
교육의 평가 방식	295	기득권층의 '보수주의'	92
교육의 헌법적 가치	363	기록과 음미	187

기록이 가능한 교육활동	227	뇌의 운동	63
기술적 사회적 변화	91	능력사회의 그 능력	259
기억의 힘	12	(ㄷ)	
기울어진 운동장	26	다른 세상을 바라보는 눈	47
기초교육	14, 51	다변 다층 학습능력	354
기초에 대해 체계에 대해	244	다정하고 연약한 심성	54
기층문화	84, 291	다층 다양한 유형의 교육	49
기회와 과정의 균등	102	대구 서문시장	96
길들여짐	343	대구가 들어 있다는 것	349
김 수업	68	대구의 상징	350
김다운	146	대자연	159
김동은	60	대책이 아니라 기다림	62
김문환	70	대학교육	272
김민아	27	대학교육의 목표	310
김병하	352	내학의 신빌방책	304
김부태	91	대화와 투쟁	316
김윤상	273	독일은 왜 잘하지	12
김정금	371	동기의 순수성	84
깨우침의 진화	65	동료교사 관계	34
꿈을 꾸는 아이들 개념	295	두 수업이론	74
꿈의 체계화	262	듀이	32
		듀이의 칸트 교육론 이해	288
		떠나고 남는 청년	344
(ㄴ)			
나레이티브 사유	120		
나의 것이 된 지식	193	(ㄹ)	
낭만주의의 뿌리	281	루소	362
내러티브 사유	196		
내면의 자유	164	(ㅁ)	
내재적 역량	166	마음의 역량	259
내적 법칙	86	마음의 의지처	148
내적 질서감	67	만들어가는 학교다움	81
논의공동체	188	말의 관계	112
놀라움	69	말의 사용법	293
농업혁명	181	말의 힘	70

맞춤형 교육	164
맞춤형 인재	164
맥킨타이어	268
머릿속 개념작용	185
머릿속 구상	173
머릿속의 이상적	198
모두를 위한 교육	274
목적을 인간문제	253
문제해결의 지성	247
문화, 공통감각을 가지는 것	65
문화경영	82
문화는 기본적으로 지식에 기반	73
문화비판	66
문화창조력	329
물음을 자아내지 않는 교재	113
물음의 힘	173
미국 사회과학 방법론	331
미국의 교육심리학	254
미래의 경쟁력	317
미완의 존재	175
민과 관의 협치	346
민주 시민 교육	340
민주주의와 교육	164, 288
민주주의의 가치	297
민중교육 이념	42
민초를 대변하는 시민세력	76
민초의 삶의 지혜	53

(ㅂ)

박병원	357
박연우	219
박찬석	50
반다나 시바	351
발달의 자극	267

발달의 정점	130
발달의 지체	267
발달적 변화	266
발생적 인식론	248
배움	158
벌린	280
베르린 대학	88
보이드	150
보증 받은 확신	49
보통교육	274
보편과 보통의 가치	294
보편적 선	162
부족	165
불멸의 영웅	116
브루너	164
비극의식	55
비인칭 요소	312
빈곤과 인종차별	156

(ㅅ)

사과의 기본 문법	57
사람 말	200
사람 사는 세상을 경영하는 천재	99
사람과 사람의 관계	323
사람다움의 특성	15
사람다움의 품위	152
사람도서관	346
사람분별의 체제	151
사람에 대한 예의를 잃어버리는 기제	59
사람을 이해하는 참조체제	283
사람중심 그리고 문화중심	83
사물과 지식활동	43
사색하는 지성	162

사실과 진실	168	생산의 사회성	156
사정의 방식에 의한 선발	315	생존 체계의 구축	181
사회 안전망의 근간	108	서사와 맥락을 지우는 교육	130
사회계약	11	선발전문가	305
사회발전	327	성과를 인간문제	253
사회의 꽃	282	성적우수 인재 교육질서	279
사회의 참여	260	성적우수아,	281
사회적 구원	162	성취도 관점	256
사회적 기제	281	성취의 경험	48
사회적 실천	42	세계 시민 교육	280
사회적인 것	156	세계를 읽는 문해의 개념	44
사회주의 교육체제의 논리	40	세계연관의 마음	137
사회주의가 몰락	246	세상을 만들어간다는 문제의식	81
사회체제의 문제	178	세상을 질문하는 것	202
삶과 교육 간의 내적 연관	121	세상의 질시	243
삶과 분리된 교육	59	세종	90
삶의 경험	146	세종 교사	38
삶의 궤적	222	소시민성	299
삶의 덧없음, 죽음의 일상성	55	손종현	306
삶의 방식 변혁	147	송진경	100
삶의 방향감과 이정표	33	수능점수 맹신	312
삶의 서사구조	330	수월과 평등	328
삶의 이정표	222	수치의 제국	154
삶의 전체성	174	수학을 이야기 하라	179
삶의 지식	124, 203	수행능력	124
삶의 콘텍스트	128	수행적 정체성	176
삶의 현장구성	267	시대고착의 병	78
삶의 현장성	122	시대와 불화하는 교직	76
삶이 되는 교육	261	시대의 문제	289
상대주의	213	시대의 지성	35
상설 교실	343	시대의 지식인	322
생각, 잡념, 정신	244	시민사회의 관심	311
생각에 공감하는 인재	82	시험 순응적 몸과 의식	52
생물멸종의 위기	270	시험국민의 나라	52

식민지 종주국	165, 166
신경진	82
신앙의 힘	235
신체교육법	287
실력지상주의	96
싸움의 방식	81

(ㅇ)

아이들'의' 것	41
아프리카 문해	44
아프리카의 비극	165
앎을 관리당하는 삶	156
애비는 이렇게 살았다	368
애씀의 내적 보상	17
야스퍼스	48
어느 노인의 지독한 사랑	55
역할의 양극화	25
연대와 공분	274
연줄, 연고주의	92
영국여왕의 장례와 아프리카의 비극	57
예	74
예술적 경험	287
오은영	218
오진호	82
우리말	368
우리의 눈을 멀게 하는 상징조작	82
우주 쓰레기	57
원인조작	158
유능한 전달자	345
응답, 단지 반응이 아닌	147
의학적 관계	323
이경숙	52
이상주의자적 열정	151
이순신의 유산	98
이야기꾼	324
이애자	366
이윤갑	343
이재성	339
이정우	369
이진화	348
이태석 신부	235
이해의 양식	288
이홍우	164
이훈도	232
인간 삶에 내재한 학습의 가치	105
인간경험의 구조	157
인간노력	163
인간다움의 조건	71
인간다움의 진화	167
인간다움의 특성을 깨우치는 人材교육	86
인간발달의 과학	84
인간본성의 그 인간은 민중이다	78
인간의 애와 환	163
인간의 얼굴	141
인간학습경험의 서식지	84
인간학습의 가능성 조건	104
인간해방	264
인간해방의 엄중성	49
인류는 품위의 진화이다	63
인류와 지구의 위기 시대	11
인문학	163
인문학적 처방전	323
인술	203
인재와 인재의 구분법	292
인종적 정체성	176
인칭 요소	312

일꾼	324	정신적 성장	241
일류대학	62	정의의 감	53
일반적 교육목표와 일반적 방법	258	조기유학 열풍	23
일타강사	27	조세형	187
임실 치즈 마을	346	조정래	368
임실 치즈 태마파크	346	조정봉	168
임전수	36	주의자ist의 무사상 무정견	131
임진수	373	주재술	310
입직과 입학	282	즐거움과 애씀	218
잉여의 철학	140	지글러	359
		지도를 매개한 대화관계	45
(ㅈ)		지배문화	317
자기교육력	294	지속가능한 미래	11
사기비판	158	지식은 문제 해결의 도구	357
자기의식의 비판	264	지역공동체	85
자기주장의 초월	27	지역소멸의 위기	16
자기해방을 성취하는 근본적 문화력	73	지적 도덕적 성장	19
자발성과 구속	215	지적 비약과 기술의 응용	24
자산(말-돈)	368	지적비약	89
자아실현의 오용 남용	56	지정민	113
자연적 재능	156	직관과 자발성	87
자연적인 것	153	진보이데올로기	257
자원으로서의 현실성	115	진보주의에 가한 비판	46
자유와 존엄의 물음	67	진보주의자적 질문	72
전공단위의 목표	312		
전문성	152	(ㅊ)	
전문적 행위	307	천박한 자본주의	246
전인의 개념	308	천부적 귀여움 관계	297
전형자료화 작업	312	철학적 사유	243
절박함	343	청강생	238
젊은 세대의 미래에 대한 근심	356	체제 편입 교육개념	103
정과 교의 분리	26	체제의 논리	276
정신은 자란다	240	최악의 교육형태	299
정신의 성장	18	최악의 사회악	156

최은정	58	학교와 사회의 역동성	273
치우친 균형론	165	학교의 내신	304
		학력, 학벌의 추구	275
(ㅋ)		학력-학벌기반 연줄사회와 문화	91
칸트의 교육론	150	학문이라고 하지 말고 問學	71
콜버그	72	학생의 배울 권리	20
큰마음	215	학술적인 것	64
		학습경험	42
(ㅌ)		학습경험의 내력	275
타당성 물음의 철학	294	학위수여	272
탈중심화의 모형	142	한국교육의 문제	296
탐구자의 자세	34	한국엘리트의 삶의 문화적 패턴	91
툰즈의 질문	236	합리성에 따르는 활동	45
특별한 장소의 특별한 인간활동	21	합리적 비판적 탐구	268
		합리주의의 오류	157
(ㅍ)		행동주의 심리학	317
페스탈로치	20	행위양식	293
표현과 경청의 교실	80	현대의학	336
프레이리	20	현실성 자원	228
플라톤의 관점	253	현실적 갈망	280
피터즈	263	현장을 구성하는 경험	267
		확립된 가치이자 규범	281
(ㅎ)		황문수	89
하느님은 음악이시다	70